KB119950

문명과 물질

The

Substance

of

Civilization

일러두기

● 한글맞춤법 및 외래어는 국립국어원 표기법에 따라 표기했다.

● 본문에서 글쓴이 주는 미주로, 옮긴이 주는 [ ]로 표기했다.

● 단행본은 《 》로, 작품, 논문, 편 등은 〈 〉로 표기했다.

문명과 물질

물질이
만든
문명

문명이
발견한
물질

스티븐 L. 사스 지음
배상규 옮김

위즈덤하우스

우리 가족 캐런, 애덤, 에릭과
우리 집을 떠받치는 암석에게

| 감사의 글 |

•

이 책을 쓰는 동안 크고 작은 도움을 주신 많은 분들께 감사 인사를 드린다. 이 책이 비과학 전공자에게 이해되도록 가장 많이 도와준 사람은, 이 책의 초고를 읽는 수고를 마다하지 않은 내 아내 캐런이다. 아내는 과학자 특유의 수동태형 문장을 최대한 능동태형으로 바꿔 줬다. 내 아들 에릭과 애덤은 최종 원고를 읽고는 자기들 나름대로 재치있는 손길을 더해줬다. 애덤은 이 책의 제목을 제안해주기도 했다. 아케이드 출판사의 편집자 티모시 벤트 씨는 항상 나를 격려해줬고, 글을 더 이해하기 쉽게 다듬어주었다. 내 친한 친구 샐리 그레고리 콜슈테트에게 특별히 고맙다는 인사를 전한다. 그는 어느 날 내가 고고학 책을 찾아 코넬대학교 올린 도서관을 배회하는 모습을 보고는 내가 올바른 방향으로 가도록 조언을 해줬다. 또한 처음에 원고를 읽고 여러 가지 고마운 제안을 해준 두 재료공학과 학부생 브라이언 엘리엇과 제시카 트랭킥에게도 깊은 감사의 인사를 전한다. 존슨 매티사社의 메이 라이언 씨는 백금을 다룬 장에서 사용한 정보를 찾아내주었다. 마지막으로 공대 교수에게 인문학 전공 학생들 앞에서 강의를 할 수 있도록 기회를 준 코넬대학교에도 감사 인사를 전한다.

이 책을 쓰기까지 위에서 언급한 모든 분들이 많은 도움을 줬지만, 이 책이 담고 있는 내용이나 혹시나 있을지 모를 오류와 관련된 책임은 전적으로 필자에게 있다는 점을 말씀드린다.

뉴욕 이타카에서

스티븐 L. 사스

인류의 문명을 형성한 물질의 모든 것

이타카에 그해 들어 두 번째인가 세 번째로 봄기운이 찾아들었다. 날이 따스해지면서 칙칙한 눈더미가 녹고, 이른 봄에 피는 작고 하얀 꽃인 스노드롭이 여기저기 고개를 내밀었으며, 머리 위로는 V자를 이룬 캐나다기러기 떼가 끼룩끼룩 활기차게 북쪽으로 날아갔다. 나는 코넬대학교에서 학부 2학년을 대상으로 재료공학 강의를 하던 참이었다. 학생들의 표정을 보니 4월 아침의 노곤한 분위기 속에서 강의가 점점 지루해져 가는 모양이었다. 춘곤증에 눈이 감겨가는 학생들의 눈이 번쩍 뜨이게 하려면 어떻게 해야 할까. 그때 나는 학생들에게 강철의 열처리법을 설명하는 중이었다. 반신반의하는 마음으로 나는 강의록을 덮었다.

"놀랍지 않나요?"

내가 말했다.

"뒷마당에서 바비큐 용으로 사용하는 숯이 철을 강철로 만들고, 무른 금속을 단단한 금속으로 바꿔놓잖아요. 게다가 철과 숯은 값도 싸니 얼마나 다행스러워요? 철과 강철이 없었다면 이 세상은 어떤 모습이었을까요?"

내 목소리 톤이 바뀌자 몇몇 학생이 졸린 눈을 떴다. 한 학생이 대답했다.

"음, 콜벳 스포츠카에 철이나 강철이 들어가지 않는다는 건 상상도 못 하겠네요."

"물론 스포츠카도 문명을 대표하기야 하죠."

나는 학생에게 장난스레 말했다.

"학생이 말한 스포츠카뿐 아니라 대도시도 존재하지 못했을 거예요. 장대한 다리나 수많은 사람이 거주하는 고층건물이 없었을 테니까요. 철은 영국의 발명가 헨리 베세머Henry Bessemer 덕분에 19세기 중반 이후부터 값이 저렴해졌어요. 베세머 제강법이 나오기 전에는 연철[탄소가 거의 들어 있지 않은 철로 강철보다 부드럽다]로 만든 철로가 너무 빨리 찌그러져서 철로를 3~6개월마다 교체해줘야 했죠. 요즘 지하철에서 그런 작업을 해야 한다고 생각해보세요."

학생들이 다시 수업에 관심이 생긴 듯해서 나는 이야기를 더 이어갔다.

"한때 철은 금보다 더 귀했어요. 역사상 가장 중요한 기술 혁명은 철을 희귀 금속에서 상용 금속으로 탈바꿈시키면서 일어났어요. 우리는 그 시대를 철기 시대라고 부르죠. 아마 지난 19세기에 어울리는 명칭은 강철 시대일 거예요."

나는 영국이 19세기에 세계 최고의 철강 생산 국가였다고 설명했다. 영국의 최강국 지위는 처음에 앤드류 카네기Andrew Carnegie가 선견지명을 발휘한 미국에 넘어갔다가 다시 독일로 넘어갔다. 영국의 철강업 쇠퇴가 패권 국가로서의 지위가 약화되는 것을 미리 알려주는 전조였다면, 이 이야기가 지난 10여 년간 몇몇 대형 철강 회사가 몰락한 미국에 시사하는 바는 무엇일까? 최근 US스틸은 회사명에서 스틸이라는 글자를 떼어내고 USX사로 변모했다. 하지만 내가 보기에 강철 생산력이 산업 경쟁력의 주요 지표가 되던 시대는 끝이 났다. 강철은 낭만적인 매력을 잃고 기업이나 정부, 대학 연구소에서 쏟아져 나오는 이색적인 신소재의 물결에 밀려나고 말았다. 이제는 실리콘이 한 국가의 경제 상황을 가장 예리하게 보여주는 지표가 되었다. 연간 생산량을 백만 장 단위로 표현하는 '반도체 지표'는 연간 생산량을 백만 톤 단위로 표현하는 기존의 '철강 지표'를 대체했다.

그날 아침 이후로 나는 강의 사이사이에 물질과 국가의 흥망성쇠를 다른 방식으로 설명할 방법이 없을지 고민해보았다. 머릿속에서 전날 밤 워싱턴에서 비행기를 타고 집으로 돌아온 일이 떠올랐다. 항공기는 동체와 엔진을 각각 고강도 알루미늄 합금과 고강도 니켈 합금으로 만든 덕분에 승객을 9킬로미터 상공에서도 편안하게 실어 나를 수 있다. 합금이 매우 중요한 이유는 묘하게도 순금속이 강도가 매우 약하기 때문이다. 강의 시간에 이런 내용을 설명할 때면 나는 더러 약골처럼 보이는 학생에게 지름 2.5센티미터짜리 순알루미늄 막대를 무릎을 이용해서 구부려보라고 부탁한다. 마음속으로 학생이 관절을 다치는 일이 없기를 바라면서 말이다. 다행히 알루미늄은 이제껏 나를 한 번도 실망시킨 적이 없다. 학생들은 언제나 알루미늄 막대를 프레첼 모양으로 구부러뜨리고는 기뻐한다. 그러나 알루미늄은 너무 약해서 비행기 동체 재료로는 사용할 수가 없다. 비행기 동체는 승객을 섭씨 영하 45도의 온도와 에베레스트산 정상부에서 잰 것보다 더 낮은 기압으로부터 보호해야 한다. 합금은 이런 알루미늄 막대보다 강도가 천 배는 좋아질 수 있다.

　항공기 동체의 발전사는 초창기 비행기 동체 설계자들이 물질의 특성을 제대로 파악하지 못한 탓에 대형 사고로 점철되어 있다. 가장 먼저 생각나는 사례는 세계 최초의 상업용 항공기인 영국의 코멧Comet이 로마 인근에서 참혹하게 추락한 사고다. 드 하빌랜드사가 1950년대 초에 제작한 이 항공기는 항공기 설계자가 창문을 직사각형으로 만들었는데, 이 때문에 응력이 가장 커지는 창문 모서리 부 주변에 작은 균열이 생겼다. 균열은 항공기가 이착륙할 때마다 점점 더 커졌고, 결국 항공기 동체가 산산조각나고 말았다. 다행스럽게도 요즘 항공기는 사정이 훨씬 좋아졌다(하지만 나는 비행기를 탈 때마다 강박적으로 문 주변에 자잘한 균열이 없는지 확인한다. 내 동료 교수는 비행기 제조일자를 항상 확인한다). 아주 드물기는 하지만 요즘도 금속피로[금속 재료에 반복적으로 힘을 가하면 강도가 저하되는 현상]가 추락 사고로 이어지기도 한다. 1988년 태평양에서 알로하 항공의 항공기 동체 일부가 뜯겨나간 사고가 바로 그런 사례였다.

코멧이 추락한 사고는 경제계에 커다란 영향을 미쳤다. 영국이 상업 항공기 산업에서 우월한 지위를 잃자, 그 자리를 보잉과 같은 회사가 차지하기 시작했고, 그런 추세는 지금까지도 이어지고 있다. 이로 인해 영국 경제는 막대한 타격을 입었으며, 이 사건은 어쩌면 르네상스 이후 경제 최강국으로 꼽히던 한 나라가 저물어가고 있음을 암시했던 것일지도 모른다.

물질은 국가의 운명뿐 아니라 국가가 번성하고 몰락하는 시기도 규정한다. 석기 시대, 청동기 시대, 철기 시대처럼 특정 시대를 지칭하는 용어에 물질의 이름이 들어가는 걸 보면, 물질과 인류의 문명사는 서로 맞물려 있다. 예컨대, 기원전 2000년대 말기에 동지중해 정세가 격랑에 휩싸이며 청동기가 부족해진 것이 철기 시대가 시작되는 하나의 계기가 되었고, 그 덕분에 이집트에서 탈출한 유대인은 가나안 땅에 그들의 나라를 건설하기가 용이해졌다. 유대인이 신이 약속한 땅인 가나안을 정복하지 못해 절망에 빠져 있던 이유는 그들에게 강철 같은 의지가 없어서가 아니라 철이 부족해서였을 가능성이 높다. 유대인은 청동기 시대에서 철기 시대로 넘어가던 기원전 11세기에 철을 충분히 확보하지 못한 탓에 곤경에 빠져 있었다. 당시 가나안 땅을 다스리던 블레셋은 야금술을 터득하고 있지만, 유대인은 그러지 못했기 때문이었다.《구약성경》에는 물질과 인간의 운명이 연결되어 있다는 언급이 많이 나온다.

당시 이스라엘 땅에는 대장장이가 하나도 없었다. 히브리 사람이 칼이나 창을 만드는 것을 블레셋 사람들이 허용하지 않았기 때문이다. 이스라엘 사람들은 보습이나 곡괭이나 도끼나 낫을 벼릴 일이 있으면, 블레셋 사람에게 가야만 하였다. (중략) 그래서 전쟁이 일어났을 때, 사울과 요나단을 따라나선 모든 군인의 손에는 칼이나 창이 없었다. 오직 사울과 그의 아들 요나단의 손에만 그런 무기가 들려 있었다(〈사무엘 상〉 13장 19~22절).

이렇게 불리한 조건에도 사울은 신의 은총을 잃어버리기 전에 블레셋을 제한적으로나마 물리칠 수 있었다.《구약성경》에는 적혀 있지 않지만, 사울의 승리(그중 하나는 다윗의 빼어난 돌팔매 실력 덕분이었다) 덕분에 이스라엘인은 철을 다루는 기술을 얻었을 것이다. 이 신기술은 훗날 다윗과 솔로몬이 업적을 쌓아가는 과정에 기여했을 것이다.

물질은 역사의 흐름을 이끈다. 철은 아시리아의 사르곤 왕, 뒤이어 바빌론의 네부카드네자르 왕이 가나안 땅을 정복하는 과정에서 큰 보탬이 되었고, 기원전 6세기에 예루살렘이 파괴되고 유대인이 바빌론에 끌려가게 된 원인으로 작용했다. 하지만 페르시아 왕 키루스가 바빌론을 포위하면서 유대인은 바빌론에서 풀려나 팔레스타인으로 돌아왔고, 이 사건은 가마의 온도를 더 높이는 기술 개발의 촉매가 되었다. 가마의 온도가 더 높아지면서 유리불기glass-blowing 기술이 등장하자 유리 제품(그중에서도 특히 유리병)은 희귀품에서 일상용품이 되었고, 투명하면서도 단단한 창문이 세상에 첫 선을 보였다. 그리스는 아테네의 은광 덕분에 페르시아가 에게해로 진출하는 것을 막을 수 있었고, 알렉산더는 트라키아에서 채굴한 금을 발판 삼아 전대미문의 제국을 건설할 수 있었으며, 중국에서 발명된 종이와 화약은 현대 세계를 지금과 같은 모습으로 만들었다.

역사는 인류가 발명 혹은 발견하여 사용, 변용, 남용한 모든 물질을 합금하듯이 버무려낸 것이며, 각 물질은 저마다 자신의 이야기를 간직하고 있다. 다이아몬드나 금, 백금과 같은 물질에 얽힌 이야기는 풍요로움과 신비로움을 담고 있다. 철이나 고무는 장식 재료가 아닌 산업 재료라는 면에서 그보다는 평범한 이야기와 얽혀 있다. 하지만 앞서 언급한 물질은 모두 인류사에 지대한 영향을 미쳐왔으며 각 물질이 가지는 의의를 말하자면 광범위한 시공간을 넘나들어야 한다.

예를 들어 남아메리카는 백금과 고무의 산지였고, 막대한 양의 금과 은이 매장되어 있어서 16세기부터 시작된 스페인의 모험과 불운의 배경이 되었다. 영국은 천연자원 부족이라는 아주 근대적인 문제를 겪었는데, 이 과정에서 일어난 일련의 사건이 산업혁명으로 이어졌다. 마지막으로 미국은 금세기에 일어난 물질 혁신의 중심지이자 실리콘과 광섬유를 기반으로 삼는 컴퓨터 및 정보 혁명의 본거지로 거듭났다.

그렇지만 물질과 관련된 이야기는 항상 각 물질의 특성에서 시작해서 다시 그 주제로 되돌아온다. 예를 들어, 금속은 떨어뜨려도 부서지지 않지만 유리는 산산조각이 나는데 그 이유는 무엇일까. 고무가 유리나 금속과 전혀 다른 물성을 보이는 까닭은 무엇일까(차가울 때는 예외다. 이러한 특성은 1986년 1월 몹시 추웠던 어느 날, 우주 왕복선 챌린저 호가 폭발하면서 참혹하게 드러났다). 원자 크기의 결함이 금속을 약화시키는 원인은 무엇이고, 그런 결함을 이용해서 금속을 다시 강화할 수 있는 이유는 무엇일까. 세라믹의 결함이 금속의 결함과는 특성이 다르고 더 큰 규모로 일어나는 이유는 무엇이며, 이런 결함을 제어하지 못한다면 세라믹은 다음 세기에도 승객을 몇 시간 만에 지구 반바퀴 너머로 실어나르는 극초음속 비행기의 설계도에 들어가는 부품으로 사용하지 못한다는데 그 이유는 무엇일까. 코멧과 알로하 항공사의 사고 원인으로 지목되는 금속 피로 같은 현상이 발생하는 원인은 무엇일까. 그리고 유리섬유와 고강도 탄소섬유가 자연의 건축 재료인 뼈나 나무와 유사해서 선체, 낚싯대, 테니스 라켓, 그리고 1986년에 추가 급유 없이 지구를 한 바퀴 돈 경량 우주 비행선 보이저 호의 재료로 쓰였다는데 그 이유는 또 무엇일까.

물질과 물질의 사용법이 진화하면서 인간 사회는 수렵 채집 사회에서 도시 중심형 정착 사회로 나아가는 근본적인 변화를 맞이했다. 인구 밀집 지역은 그곳을 떠받치는 재료가 더욱 정교해지면서 발전해갔다. 인구 밀도가 높아질수록 건축 자재가 더욱 정교해진 것이다. 이와 마찬가지로 비행기나 고층건물처럼 우리를 더 높은 곳에 오르게 해주는 문물일수록 재료가 더 복잡해진다.

이 책은 "물질이 인류의 문명을 어떻게 형성해왔나?"라는 물음에 대한 답을 찾아나선다. 이것은 아주 중요한 질문이고 그에 대한 답은 하나가 아니라 여러 가지이며, 인형 속에 인형이 계속 포개져 있는 러시아 인형(마트료시카)처럼 서로 연관되어 있다. 재료공학자인 나는 인류의 초창기 시절로 거슬러 올라가 차근차근 짚어보려 한다. 혁신을 이루고 물리적 환경을 개선하여 그 혜택을 누리려는 욕구, 그리고 무엇보다도 가장 중요한 생존의 욕구는 그 기원을 수백만 년 전으로 거슬러 올라가서 찾을 수 있다. 초기 인류는 모두 어쩔 수 없이 재료공학자가 되어 근처에서 발견한 물건을 끊임없이 시험하고 개선해야 했다. 초기 인류가 사용했던 도구와 지금 우리가 사용하는 도구를 비교해보면, 특정 물질을 사용하지 못할 때 우리 삶이 어떤 모습으로 펼쳐질지를 알 수 있다.

초기 인류가 근처에서 찾은 물질은 돌이었다. 그 뒤로는 점토와 점토를 굽는 법을 발견했는데, 이것은 대도시의 성장과 존속에 크게 기여했다. 이 같은 기술 혁신은 8,000년 전 지금의 터키가 있는 아나톨리아 지역에서 일어나 토기의 대량 생산으로 이어졌고, 그 덕분에 요리가 수월해지고 곡물과 액체류의 저장 및 운송이 용이해졌다.

메소포타미아 지역에서 인류 최초의 문자가 점토판에 적힌 상태로 발견되었기에 이제 우리는 점토가 음식 저장 용도뿐 아니라 정보 저장 용도로도 중요한 역할을 했다는 사실을 알고 있다. 내구성이 좋은 점토판 덕분에 고고학자들은 5천 년 전 기록을 아주 상세히 복구할 수 있었다. 점토판은 파피루스보다 천 년 이상 오래도록 보존될 수 있어서 우리는 고대 메소포타미아인의 삶을, 천년 뒤에 팔레스타인에서 일어난 사건들보다 더욱 '분명하게' 알고 있다. 점토는 지금도 저장이라는 측면에서 중요한 역할을 맡고 있다.

점토의 구성 요소 중 하나인 실리콘은 반도체의 성질을 띠고 있어서 현대사회의 주요 정보 저장고인 컴퓨터의 근간을 이룬다.

천연자원이나 농산물 수출만으로 생존할 수 있는 나라는 거의 없다. 대다수 나라의 경제적 안정은 첨단 기기의 제조 및 판매에 달려 있다. 일본은 천연자원과 농경지가 많지 않아서 자원이나 농산물 시장에서는 경쟁력이 형편없지만, 최근까지 기술력만으로 경제를 탄탄하게 지탱하는 모범 사례를 보여준다. 이는 일본이 기존 물질의 개선 및 신소재 개발이라는 끊임없는 수요를 만족시켰다는 뜻이다. 기술 혁신은 대개 기존 물질을 새롭게 사용해보려는 시도 속에서 일어난다. 세키모토 다다히로關本忠弘 전 일본전기주식회사 회장이 말했듯 "물질을 정복하는 자가 기술을 정복한다." 고대 로마인이라면 여기에 세계를 정복한다는 말도 덧붙였을 것이다.

오늘날 실리콘과 같은 물질은 현대인의 생활 방식을 완전히 뒤바꾸고 있다. 다른 물질도 아직 연구 단계여서 그렇지 속속 등장하고 있다. 앞으로는 또 어떤 물질이 발견될까? 어쩌면 극초음속 비행기가 음속의 25배로 날아가게 해줄 물질이 나타날지도 모른다. 그런 물질은 〈스타트렉Star Trek〉 팬들에게 사랑받는 트리타늄이나 딜리시엄 결정체만큼이나 엄청나겠지만, 아직은 우리가 발견해주기만을 기다리고 있다. 현재 국제 사회에서는 특정 온도 아래에서 전기 저항성이 전혀 없는 물질인 고온 초전도체와 관련된 연구가 활발하게 이뤄지고 있다. 이런 물질이 있으면, 고속 자기 부상 열차나 무손실 송전과 같은 다양한 기술 혁신이 가능해진다. 그러나 이러한 과찬이 무색하게도 아직까지 초전도체로 이윤을 보는 곳은 주로 교육용 데모 키트를 판매하거나 연구 재료를 공급하는 회사들이다. 초전도체를 상업적으로 제대로 활용하는 방법은 재료공학자들이 수년간 연구를 더 진행해야 나타날 것이다. 더욱이 이런 활용법은 연구자들이 완전히 다른 목적으로 연구를 진행하는 도중에 운 좋게 우연히 나타날 가능성이 높다.

이런 사례는 항상 존재해왔다. 고대인들이 그랬듯 재료공학자들이 발견하는 것은 대체로 처음에 목표로 삼았던 대상이 아니다. 그리고 초기 인류를 기술 혁신으로 이끈 동기는 지금도 유효하다. 이런 동기들은 그것이 필요이든, 탐욕이든 아니면 멈출 수 없는 호기심이든 우리가 알아차리고 이해할 수 있다면 과거의 실수를 지혜롭게 피하면서도 예전 업적에 버금가는 성공을 거두게 해줄 것이다.

내가 이 책을 쓰는 이유는 이것 말고도 또 있다. 내 두 아들은 풍요로운 사회 속에서 삶을 안전하고 편안하게 만들어주는 문명의 이기를 누리며 자라왔다. 아이들은 비행기를 타면 몇 시간 만에 대륙을 가로질러 아이다호에 있는 조부모님 댁에 갈 수 있다. 큰 아들 애덤은 직통 전화를 건 지 몇 초 만에 이스라엘에 있는 친구와 대화를 나눌 수 있다. 1950년대에 뉴욕에서 고등학교를 다니던 나는 엉덩이 쪽에서 덜렁거리는 계산자를 꺼내 복잡한 계산을 했다. 하지만 내 아들 애덤은 신용카드만 한 10달러짜리 계산기로 재빠르면서도 훨씬 더 정확하게 계산을 한다. 우리 아이들은 이런 놀라운 발명품을 너무도 흔하게 접하기 때문에 그 이면에 무엇이 있는지 거의 알지 못한다. 이 책은 아이들이 이 세상에 있는 물질의 성격을 이해하고 그 안에서 경이감을 느낄 수 있도록 도울 것이다. 재능과 행운과 끈기를 갖춘다면 아이들은 앞으로 놀랍도록 새로운 물질을 발견해낼 것이다.

더불어 나는 발견에 뒤따르는 즐거움이 이 책에 실려 있기를 바란다. 내 연구실 학생들에게 그런 특별한 감정을 전해주고자 할 때나, "당신은 왜 연구가 재밌어요?"라고 물어오는 아내에게 대답할 때면, 나는 고고학자 하워드 카터Howard Carter가 1922년에 투탕카멘 고분을 발굴하던 때의 일화를 들려준다. 하워드 카터가 고분 안을 처음으로 들여다보았을 때 그 뒤에 초조하게 서 있던 후원자 카나번Caernarfon 경이 물었다.

"뭐 좀 보이는 게 있소?"

"그럼요." 하워드 카터가 대답했다.

"엄청난 것이요!"

마지막으로 양해를 구하고자 한다. 나는 금속과 세라믹의 관계에 관심이 많은 재료공학자로서 금속과 세라믹의 원자 구조와 미세 구조를 바꿔 새로운 물질을 만들어내는 연구를 하고 있다. 나는 고고학자도 아니고 역사학자도 아니다. 이 책의 주요 목표는 물질과 역사를 하나로 묶어서 큰 흐름을 전달하는 것이다. 이 책을 쓰면서 나는 고고학 문헌과 역사학 문헌의 여러 저자에게 빚을 졌으며, 그 점에 대해서 무척 감사하게 생각한다.

이 책이 다루는 시간대는 수천 년에서 때로는 수백만 년에 이르기 때문에, 여기서 다루는 인류사의 흐름은 아래에 있는 대략적인 연대표를 참고하기 바란다. 특별한 언급이 없는 한, 기온은 모두 섭씨를 기준으로 표기했다.

역사상의 명칭	기원전
석기 시대	200만 년
전기 구석기 시대	150만 년
후기 구석기 시대	4만 년
신석기 시대	8500년
현세 (빙하기가 끝남)	8000년
금석병용기[쇠붙이와 돌을 같이 쓰던 시기]	4500년
청동기 시대	3150년
아브라함, 이삭, 야곱	1750년
철기 시대	1200년
모세와 출애굽기	1200년
알렉산더 대왕	330년
아우구스투스 황제가 로마를 다스리던 시기	0년

| 차례 |

•

CHAPTER 01
돌과 점토의 시대

CHAPTER 02
금속의 속성

CHAPTER 03
구리와 청동의 시대

CHAPTER 04
금과 은, 그리고 제국의 부흥

CHAPTER
01

돌과
점토의
시대

물질을 찾아낸 초기 인류

열을 가해 만든 최초의 물질, 점토

인류는 어떻게 정착하게 되었을까

신석기 혁명과 점토의 재발견

The
Substance
of
Civilization

쿠라바Kulaba의 대제사장이 점토를 빚어

평판 위에 쓰듯 글씨를 썼으니

이제껏 점토판에 쓴 글씨는

존재하지 않았다,

하지만 태양이 떠오르는 이 순간, 그리되었도다!

쿠라바의 대제사장이 평판 위에 쓰듯 글씨를 쓰니,

그리되었도다!

_ 엔메르카르Enmerkar와 아라타Arratá의 왕들[1]

물질을 찾아낸 초기 인류

아이다호 남부 사막의 세이지브러시 관목 지대. 나는 그곳의
바싹 마른 황량한 대지와 새먼 크리크 저수지의 수변 풍경을 물끄러
미 바라보며 바위에 받쳐놓은 낚싯대 끄트머리의 움직임을 예의주시
하고 있었다. 우리 가족은 아이다호 트윈 폴스에 있는 처갓집에 가서
는 언제나 무지개 송어 낚시에 나선다. 작은 아들 에릭이 척박한 절벽
을 둘러보다가 내게로 달려왔다. 손에는 근처 물가에 흩어져 있는 화
산암 조각과 생김새가 다른 검정색 돌멩이가 들려 있었다.

"아빠, 이게 뭐야?"

나는 손 안에서 거무스름한 돌멩이를 뒤집으며 흑요석이라고 대답
해줬다.

"이건 유리야. 일반적인 돌멩이와는 다르지. 결정을 이룬 고체라기보다는 얼어붙은 액체에 가까워."

원자 구조가 다른 광물과 다르다는 설명을 늘어놓으려는 순간, 에릭의 시선이 다른 곳으로 향했다. 내가 흑요석 조각을 근처 바위 쪽으로 휙 던지자 흑요석은 반짝이는 면도날처럼 산산조각났다.

"이곳에 살던 인디언들과 근동 지역에 살던 고대인들은 흑요석으로 도끼와 화살촉을 만들었어. 흑요석은 조각조각 날카롭게 쪼개지거든."

유리는 장인들이 수천 년 전부터 사용하던 여러 물질 중 하나이며, 사용법이 크게 달라졌을 뿐 오늘날에도 애용된다. 나는 에릭에게 요즘은 핸드폰 회사가 구리 전선을 아주 깨끗한 고순도 유리로 만든 광섬유로 대체해가고 있다고 이야기해줬다.

"그런데," 에릭이 그런 이야기보다 자기가 찾은 흑요석에 관심이 더 많은 듯한 투로 물었다.

"흑요석은 색깔이 왜 까매?"

"투명한 유리는 실리콘, 산소, 나트륨, 칼슘으로 이뤄져 있어."

내가 대답했다.

"하지만 흑요석에는 검은색을 내는 먼지랑 다른 원자들이 약간 섞여 있지. 초기 인류는 이런 종류의 암석으로 도구를 만들었고, 그 덕분에 크게 번성했어. 유리는 지금도 그렇지만 1만 년 전에도 첨단 기술이었단다."

내 설명에 만족한 에릭은 자기 낚싯대를 살펴보고는 다른 돌멩이를 찾으러 나섰다.

며칠 뒤 우리 가족은 로키산맥 국립공원의 장엄한 경관 속에 놓인 커다란 빙퇴석을 바라보고 있었다. 한때 우리 눈앞에 펼쳐진 평야를 가득 메우던 빙하 암설(커다란 바위와 암석)은 이제 보기가 어려워졌지만, 오래전에 녹아내린 빙하는 U자형 계곡을 그 표식으로 남겨놓았다. 관람객들은 모레인 평야 공원에 놓인 안내판 덕분에 암석이 침식하는 이유는 광물을 결합하는 접합제가 약산성수의 공격을 받는 탓이라는 사실을 떠올린다. 대개 암석은 흑요석과 같이 단일한 구조로 이뤄져 있지 않고 몇 가지 성분이 섞여 있다. 이것은 타설이 가능한 인공 석재인 콘크리트와 유사하며, 콘크리트의 경우에는 모르타르가 모래와 단단한 자갈을 결합시킨다. 자연 환경에서 무거운 하중을 지탱하는 것은 단일한 물체가 아니라 언제나 복합 구조체다. 인간도 자연을 모방해서 최첨단 장비에는 복합 물질을 사용한다. 그 이유는 나중에 살펴보도록 하겠다. 일단 지금은 물질사의 첫머리로 되돌아가보자.

초기 인류는 심각한 생존의 위기에 처해 있었다. 그들에게는 연명할 식량, 포식 동물이나 약탈자에 맞설 무기, 위험이 도사리는 환경으로부터 몸을 보호할 보금자리가 필요했다. 생존을 위해 사투를 벌이던 우리 조상들은 주변에서 찾아낸 흑회갈색 암석이 무기나 도구 제작에 유용하다는 사실을 깨달았다. 그중에서도 특히 수석[얇고 날카롭게 쪼개지는 성질 때문에 석기와 부싯돌 제작에 사용된 암석]과 흑요석이 쓸모가 많았다. 인류학자들은 동아프리카 지구대에서 최초의 석기 유적을 발견했다. 인류는 200만 년 이전에 자연을 지배하는 방법을 처음으로 발견했고, 올두바이 협곡에서 발견된 초기 석기 유물은 격지라고 부르는 얇은 돌 조각과 그것을 떼어낸 몸돌로 이뤄져 있었다. 유물이 주로 뼛조각 근처에서 발견되는 것으로 보아, 우리 조상들은 코끼리와 하마에서부터 설치류와 거북에 이르는 다양한 크기의 동물을 도살할 때 이런 석기를 사용한 것으로 보이지만 구체적인 용도는 아직까지 밝혀지지 않고 있다. 날카로운 격지로는 질긴 가죽을 자를 수 있었고, 돌덩이로는 뼈를 부수어서 골수를 얻었다. 인류학자들에 따르면 초기 인류의 식단은 절반 이상이 채식이었기 때문에 초기 인류는 땅속 식물을 캐고 견과류 껍질을 깰 때도 석기를 사용했을 것으로 보인다.

오스트랄로피테쿠스(남방 원숭이)로부터 호모(사람) 속이 갈라져 나오는 시기가 단순한 형태의 석기가 처음 등장하는 시기와 비슷한 것은 우연이 아닐 것이다. 호모 속은 기초적인 도구를 제작한 반면, 오스트랄로피테쿠스는 그러지 못했다는 가설은 아직까지 확실하게 입증되지 않았다. 그러나 도구 제작 능력 덕분에 호모 속이 오스트랄로피테쿠스와의 생존 경쟁에서 유리한 위치를 점해서 오스트랄로피테쿠스가 멸종했으리라는 가설은 충분히 생각해봄 직하다. 한편, 호모 속이 살아남은 까닭은 야생 식물을 채집하고 사냥에 나서는 책임을 공유한 것 등에서도 찾을 수 있다. 수렵채집 집단 안에서 이뤄진 협동은 기술의 전문화가 이뤄지는 첫 걸음이었고, 이것은 그들의 시대와 뒤이은 현 시대에 기술 혁신을 불러왔다.

단순한 석기나 도구는 처음에 아프리카에서만 등장해 아주 천천히 발전해나간 듯한데, 그것은 당시에 음식을 쉽게 구할 수 있었기 때문이다. 먹거리가 풍부한 곳에서는 혁신을 꾀할 필요가 없었다. 하지만 인구가 증가하면서 식량이 부족해지자 초기 인류는 수렵 및 채집 방식을 새롭게 개선해야만 했다.

이 시기는 대략 150만 년 전, 초기 인류가 아프리카로부터 아시아와 유럽으로 퍼져나가던 전기 구석기 시대였다. 바로 이 무렵에 현생인류의 조상인 호모 에렉투스(직립한 사람)가 출현했다. 호모 에렉투스는 오스트랄로피테쿠스와 같은 앞선 종보다 뇌 용량이 컸고, 성큼성큼 걸었으며, 턱과 치아가 크게 발달했다는 점에서 현생 인류와 차이를 보였다. 약 25만 년 전에는 이들보다 뇌 용량이 더 크고, 얼굴 구조가 다른 호모 사피엔스(생각하는 사람)가 새로이 등장했다. 분화는 계속 이루어져 호모 사피엔스 네안데르탈렌시스와 같은 유명한 아종이 등장했고, 약 10만 년 전에는 현생 인류인 호모 사피엔스 사피엔스가 나타나 대략 3만 년 전쯤에 지구상의 다른 인류 종을 모조리 대체하기에 이르렀다.

초기 인류는 가죽 무두질용 긁개뿐 아니라 칼이라든가 톱니가 달린 도구도 제작했지만, 석기를 대표하는 도구는 주먹도끼(두 면이 예리한 각도로 만나는 커다란 절단용 도구)였다. 시간이 흐르며 기술자들은 돌을 쪼는 기술을 정교하게 발전시켰고, 그 기술로 석기를 능숙하게 제작하게 되었다. 그들은 석기의 날을 수고롭게 하나하나 쪼는 대신, 먼저 두툼한 시가 모양의 몸돌을 세심하게 살펴 준비한 다음에 석기 날을 몇 면씩 빠르게 쪼아냈다. 대량 생산의 초기 형태인 셈이었다. '르발루아Levallois 기법'이라 불리는 이 기술의 마지막 단계는 수석의 가장자리를 정확하게 타격해 재손질하는 것이다.

주먹도끼를 송진이나 역청을 발라 나무 손잡이에 고정시키는 방법은 아주 중요한 기술 혁신이었다(재주 좋은 초기 기술자들은 지렛대의 원리를 활용해서 도끼질의 속도를 향상시켰다). 그들은 뼈, 상아, 사슴뿔로 새로운 도구를 제작했다. 그중 하나가 나무 자루를 곧게 교정하는 기구였다. 이 교정 기구가 생기면서 화살이 발명되었고, 화살의 발명으로 원거리 살상이 가능해지자 사냥과 전투 방식이 획기적으로 바뀌었다. 이 무렵 품질이 좋은 돌은 수요가 많아졌고 멀리 있는 곳까지 가서 거래를 트는 일이 잦아졌다. 예를 들어, 구소련 지역에서는 수석이 130킬로미터 떨어진 곳까지 운반되기도 했다.

중북부 유럽의 호모 사피엔스는 혹독한 겨울 추위로부터 살아남기 위해 뼈바늘로 동물 가죽을 엮었다. 모스크바 북부에서는 연원이 2만 2000년 전으로 거슬러 올라가는 가죽 모자, 셔츠, 재킷, 바지, 모카신이 발굴되었다. 여우와 늑대 모피는 추가 보온재 역할을 했다. 당시 사람들은 상당량의 맘모스 뼈로 벽체를 세워서 크고 단단한 주거지도 세웠다. 그들은 돌로 바닥을 깔고, 동물성 기름 램프로 긴 겨울밤을 밝히고, 아궁이로 요리와 난방을 했다. 유적지를 살펴보면, 그들은 불의 온도를 높일 때 공기의 흐름이 어떤 역할을 하는지 알고 있었다. 땔감 쪽에 공기 유입량을 늘리기 위해 바닥에 골을 지우는 식으로 아궁이를 복잡한 형태로 만든 것이다. 수천 년 후에 이 단순한 아이디어는 처음에는 점토를 구울 수 있을 정도로 뜨거운 가마로 이어지고, 그다음에는 구리와 철을 추출하는 가마로, 그다음에는 유리를 녹이고 불 수 있는 가마로 이어진다.

홀로세 혹은 현세가 시작되기 직전에 사용된 석기를 보면, 그때까지도 인류는 수렵 채집 생활을 하고 있었다. 고고학자들은 돌이나 뼈로 제작된 창과 화살촉을 출토했는데, 그 유물들에는 상처 입은 동물이 피를 더 심하게 흘려 빨리 죽도록 홈이 길게 패여 있었다. 독일 북부에서는 화살대가 달린 유물이 출토되었고, 이것으로 미루어볼 때 당시 사냥꾼들은 사냥 도구에 활과 화살을 추가해놓은 상태였다. 바로 이 시기에 뼈로 만든 낚싯바늘은 물론이고 작살과 창, 가죽으로 만든 돌팔매가 등장해 사냥 거리와 속도가 향상되었다. 이렇게 창의 성능이 향상되자 사냥꾼들은 더 크고 위험한 사냥감에 접근할 수 있게 되었다. 이전 빙하기에서 살아남았던 유럽의 매머드나 대형 사슴, 그리고 아프리카의 대형 물소나 대형 말 같은 포유류는 마지막 빙하기가 끝나갈 무렵에는 멸종하고 마는데, 아마도 그 이유는 인류의 사냥 기술과 무기가 더욱 발전했기 때문일 것이다.

열을 가해 만든 최초의 물질, 점토

약 2만 6,000년 전에는 획기적인 발견이 이뤄졌다. 지금의 체코 공화국이 있는 지역에 살던 기술자들은 점토에 빙하가 후퇴하면서 남긴 비옥토인 충적토를 섞어 화덕에서 구웠다(점토를 뜻하는 영어 단어 세라믹ceramic은 구운 물질을 뜻하는 그리스어 케라모스keramos에서 유래 했다). 점토는 인간이 열을 가해 물성을 완전히 바꾼 최초의 물질이 다. 현대에 등장한 여러 물질은 열을 가하면 이와 비슷하게 변형된다. 점토는 부드럽고 말랑하지만 놀랍게도 가마나 화덕에 들어가면 내 열성이 있는 단단한 토기로 변해 액체를 담을 수 있다. 곡물 경작법과 더불어 토기의 출현은 신석기 혁명으로 이어졌고, 이것은 현 이라크 의 유프라테스강과 티그리스강 사이 지역에 위치한 메소포타미아 지 역에서 역사상 최초로 출현한 도시들의 농업 기반이 되었다.

체코 지역의 기술자들은 점토로 비너스상을 만들었다. 흥미롭게도 이 비너스상들은 대개 조각난 상태로 발굴되었는데 학자들은 고대인 이 우리가 알지 못하는 종교 의례를 수행하기 위해서 일부러 비너스 상이 조각나도록 구웠다고 보고 있다. 도기는 1만 2천 년 전 일본인이 처음으로 구워냈지만, 그로부터 시간이 한참 흐른 기원전 7천 년대에 이르러서야 초창기 마을 경제에 기여할 만큼 대량 생산될 수 있었다.

점토를 굽는 토기 제작법의 발견은 인간이 자연을 정복해가는 과 정에서 일어난 기념비적인 사건이었고, 그 중요성은 아무리 강조해 도 지나치지 않다. 그전까지 기술자들이 돌이나 뼈, 나무 등의 재료로 도구나 무기를 만드는 방식은 재료의 형태를 바꾸는 것이었지 재료 의 특성을 바꾸는 것은 아니었다. 점토로 토기를 만들면서 인간은 재 료의 물리적 성질이 완전히 달라질 수 있다는 점을 배웠다.

고대에 재료가 발전해가는 방식은 대개 이처럼 간단한 원리에 기반을 둔다(그러기는 오늘날도 마찬가지다). 초기 인류는 수석과 규질암에 열을 가하면 쉽게 쪼개진다는 사실을 알고 있었으므로, 엄밀히 말해서 점토는 인류가 물성을 처음으로 변화시킨 물질은 아니다. 하지만 점토는 재료의 특성을 완전히 바꿔 중요한 기술 발전을 이끈 첫 사례이므로, 그런 면에서 보자면 최초의 인공 물질이다.

점토는 가단성[고체가 외부의 충격에 깨지지 않고 늘어나는 성질]이 있어서 다소 복잡한 물건인 솥이나 낫을 제작할 때 돌보다 더 유용하다. 점토는 층이 진 원자 구조가 박막이라 불리는 얇은 판을 형성하고, 각 판이 서로 느슨하게 이어지기 때문에 모양을 빚기가 쉽다. 원자 구조의 각 층은 알루미늄 원자 하나를 감싸는 산소 원자 팔면체(한 면이 삼각형인 산소 원자 팔면체 감옥이 중간에 알루미늄 원자 하나를 둘러싼 모습)와 실리콘 원자 하나를 감싸는 산소 원자 사면체(한 면이 삼각형인 산소 원자 사면체 감옥이 중간에 실리콘 원자 하나를 둘러싼 모습)가 규칙적으로 반복 배열되어 있는 형태로 이뤄져 있다. 팔면체와 사면체는 모두 각자의 삼각형 면을 기준으로 기울어 있다. 점토의 결정 구조는 커다란 판상형이며, 팔면체층과 사면체층, 물 분자층이 엮여 있다. 점토의 이 얇은 결정 구조층은 갑판 위에서 카드놀이를 할 때처럼 서로서로 미끄러지듯 이동하기 쉽기 때문에 모양을 빚기가 쉽다. 점토가 토기로 변하는 놀라운 현상은 점토에 열을 가하면 물과 수산기 분자(수소와 산소 원자로 이뤄진 분자)가 떨어져 나가면서 생긴다. 수분이 증발하면 점토는 크게 수축하고, 그러면서 새로운 원자 구조가 형성된다.

원자 구조가 변하면 물성도 변한다. 이런 식의 변화는 탄소 원소에서 훨씬 두드러지게 나타난다. 흑연은 탄소로 이뤄져 있는데, 점토와 마찬가지로 원자 구조에 층이 져 있기 때문에 미끄럽고 부드럽고 색이 까매서 건식 윤활제나 연필심으로 사용된다. 반면 온도와 압력이 아주 높은 환경(자연계에서 그런 곳은 땅속 깊은 곳밖에 없다)에서 흑연은 다이아몬드로 변하고, 원자 배열도 2차원의 층 구조에서 3차원의 망 구조로 바뀐다. 다이아몬드는 이런 구조 덕분에 투명하고 아주 단단하다. 실제로 다이아몬드는 지구상에서 가장 단단한 물질로 알려져 있다.

점토를 굽는 방법은 어떻게 발견되었을까? 어쩌면 어느 벽돌공이 벽돌에 햇볕이 내리쬐었을 때 나타난 효과를 목격했을지도 모른다. 아니면 요리 중에 한가로이 점토를 빚던 여성이 모닥불에 점토를 떨어뜨리고는 나중에 잿더미 속에서 단단하게 굳은 물체를 발견했을지도 모른다. 역사에 기록되지 않은 그런 사소한 사건으로부터 기술 혁명이 일어났다.

우리 선조들은 점토를 토기로 바꾸는 방법을 알아낸 뒤 이 소중한 지식을 적용하고 또 적용해보면서, 열과 역학적 에너지(쉽게 말해서 망치질)로 재료의 특성을 유용하게 바꾸는 방법을 새롭게 개발해냈다. 재료의 구조적 변화는 점토가 토기로 변할 때처럼 원자 수준에서 일어나기도 하고, 금속을 다른 형태로 제작할 때처럼 그보다 더 큰 수준에서 일어나기도 한다. 점토를 구워 토기를 얻는 과정은 일상 속에서 흔히 접할 수 있는 것이지만(아이들이 일상적으로 하는 놀이다), 그 방법을 찾아낸 덕분에 인류는 무수히 많은 재료 혁신을 꾀할 수 있었다.

인류는 어떻게 정착하게 되었을까

대다수 역사학자는 약 1만 년 전인 지난 빙하기 말에 현세가 시작되었다고 본다. 지구의 평균 기온이 오르자 빙원이 후퇴하고 해수면이 120미터 상승해 지금과 같은 수준이 되었으며, 그에 따라 방대한 길이의 해안선은 물론이고 아시아와 북아메리카를 잇는 육로도 잠겨버렸다. 빙하가 후퇴하면서 남긴 충적토는 풀, 혹은 자작나무와 같은 선구 수종[빈 땅에 먼저 들어와 자리를 잡는 나무]이 자라는 비옥한 땅이 되었고, 그러면서 동물들에게는 푸릇푸릇한 초원이 생기고 사냥꾼에게는 풍부한 사냥감이 생겼다. 그때까지도 인류는 돌을 사용해서 도구나 무기를 만들었고, 그래서 현세의 시작은 석기 시대가 끝나가는 시기와 겹친다(신석기와 금석병용기로 구분된다). 각 문명마다 특정 물질을 사용하기 시작하는 시기는 다르며, 지금도 아마존의 몇몇 원주민 부족은 석기를 사용한다. 이 책의 목적상 여기서는 특정 물질이 해당 사회에서 중요한 역할을 담당하기 시작하는 순간을 기준으로 각 시대를 구분할 것이다.

수렵채집을 하는 유목 생활에서 정착 생활로 넘어가는 중요한 변화는 근동 지역에서 처음 나타난 것으로 알려져 있다. 이러한 점진적인 변화의 증거는 나투프 문화(기원전 1만 300년~기원전 8500년)에 남아 있다. 나투프라는 명칭은 '와디 엔 나투프Wadi en Natuf'라는 말에서 왔는데, 와디는 하천 바닥을 뜻하는 아랍어이며, 나투프 문화의 흔적이 처음 발견된 곳은 오늘날의 이스라엘 주변 지역이다. 나투프인은 영구적으로 거주하는 집을 지었고, 때로 이런 가옥의 숫자는 100채가 넘었다. 이들이 정착한 곳은 보통 습지대를 내려다보는 자리에 위치했기 때문에 목을 축이러 오는 사냥감을 잡을 기회가 많았고, 또 물고기를 낚거나 채소류를 구하기도 좋았다. 앞마당이 그들에게는 식품 저장고였던 셈이다. 바다가 내려다보이는 갈멜산의 케바라 동굴과 요르단강에 면한 에이난 지역의 홀라 계곡 쪽 개활지는 모두 사람이 살기에 좋은 장소였다.

고고학자들은 에이난 지역에서 주거지 유적 3개 층을 조사했다. 각 유적지는 석재 원형 가옥 50여 채로 구성되어 있었는데, 각 가옥은 바닥이 지표면 아래에 있고 벽체 높이는 90센티미터였으며 지붕은 원뿔형이나 반구형이었다. 개 이외의 동물을 가축화하거나 곡물을 경작한 흔적이 없는 것을 보면, 분명 이곳 주민들은 계속해서 수렵채집 생활을 했을 것이다. 갈멜산 동굴에서 발견한 어마어마한 양의 가젤 뼈는 그들이 주로 먹던 고기가 가젤이었다는 사실을 알려준다. 또 수석으로 만든 낫날과 돌절구와 같은 분쇄용 도구도 다량 출토되었는데, 이는 나투프인이 야생 곡물을 수확했다는 것을 보여주는 강력한 증거다. 낫날은 상당히 무뎌진 채로, 대개 뼈를 아름답게 깎아서 만든 손잡이에 끼워진 상태로 발견되었다. 상대적으로 음식을 구하기가 쉬워지자 나투프인에게는 자신의 도구를 아주 화려하게 꾸밀 수 있는 여가시간이 생겼다. 나투프인은 작살이나 낚싯바늘, 낚싯봉[낚싯바늘이 물속에 가라앉도록 낚싯줄 끝에 매다는 작은 돌덩이나 쇳덩이] 같은 사냥 및 낚시 도구도 새로 개발했다. 팔레스타인이나 시리아에는 품질이 좋은 흑요석이 존재하지 않았기 때문에 나투프인들은 주변에 있는 재료로 석기와 무기를 제작했다.

나투프인은 영구 정착 생활을 유지하면서도 수렵채집으로 비교적 많은 사람을 먹일 수 있었다. 하지만 조사 결과, 이들은 곡물 경작이나 가축 사육과 같은 여러 가지 혁신을 이루기 직전이었다. 이 같은 혁신이 이뤄지고 난 뒤에는 영구 정착지가 급격히 증가했다.

예리코는 사해 북부 요르단강 하류 쪽의 해수면보다 250미터 낮은 오아시스에 위치하는 곳으로, 초기 농경 정착지를 대표하는 곳이다. 현재 예리코의 고대 유적지는 약 4만 제곱미터에 걸쳐 높이 2미터의 언덕을 이룬 상태로 남아 있으며, 고고학자들에 의해 완전히 발굴된 상태다. 예리코는 오아시스의 지류에 기대어 존재해왔으며, 사람들은 너른 면적에 걸쳐 농사를 지었다. 기원전 8000년 전, 예리코에는 적어도 주민 2,000명이 모여 살았다. 예리코인은 농경과 마르지 않는 물 덕분에 음식을 스스로 충당할 수 있었다. 하지만 사람들이 이곳에 몰려든 이유는 예리코가 소금과 황, 역청과 같이 근처 사해에서 나는 귀중한 광물을 얻을 수 있는 곳이었기 때문이었다.

예리코를 조사한 고고학자들은 불타버린 나투프 신전의 터를 발견했는데, 그곳에는 처음에는 마을이, 그다음에는 적어도 4만 제곱미터에 이르는 도시가 들어섰다. 예리코인은 지표면보다 제법 낮은 곳에

돌바닥을 놓고는 그 위에 햇볕에 말린 진흙 벽돌로 원형 가옥을 지었다. 벽돌은 묘하게도 빵 모양이어서 집을 짓는 과정이 효율적이지는 않았다. 처음에 예리코에는 방어 시설이 없었지만 도시 살림이 부유해져가면서 안전을 위한 성벽이 필요해졌다. 그들은 곡괭이도 없이 바위를 파서 폭 8.8미터, 깊이 2.1미터짜리 해자를 만들었으며, 이는 1만 년 전에 석기로 돌을 팠다는 점을 감안하면 실로 놀라운 일이다. 작업자들은 해자보다 안쪽에 있는 기단부 주위로 잡석을 쌓아서 두께 1.5미터짜리 성벽을 쌓고 또 쌓았다. 예리코인은 내부에 계단이 있는 대형 원형 석탑도 세웠는데, 이 탑은 1만 년이 지난 지금도 높이가 8미터가 넘는다. 탑 상단부에서 시작되는 수로는 하단부에 있는 물웅덩이로 연결된다. 이 같은 방어 시설을 건설하려면 많은 인구와 더불어 재정과 계획 수립을 총괄하는 중앙 기구가 있어야 한다.

이 정도 인구를 유지할 만큼의 곡물을 생산하기 위해 예리코인은 밀을 작물화하고, 도구를 만들고, 땅을 개간하고, 밀을 수확 및 도정하고 마지막으로 수확물을 저장할 방법을 찾아야 했다. 기원전 8000년 무렵에는 시리아와 팔레스타인에서 완전한 농경 마을이 출현하며, 이런 마을은 근동 지역에서 가장 많은 인구를 거느리게 된다.

고고학자들은 예리코 인근에서 초기 농경인이 상대적으로 풍부한 지하수를 활용해, 이웃 유대인의 언덕에서 가져온 야생 곡물을 심고 수확한 증거를 발굴했다. 농업에 기반을 둔 경제로 도약할 수 있었던 큰 발판은 낫으로 수확할 수 있는 밀 품종을 개발한 사건이었다. 야생 곡물은 익으면 이삭이 산산이 흩어져 버리는데, 자연 상태에서는 이

듬해에 곡식이 열리려면 이런 식으로 파종이 되어야 한다. 파종이 되지 않는 곡식은 새와 같은 동물이 씨앗을 퍼뜨려주지 않으면 번식이 되지 않기 때문에 결국 멸종에 이르고 만다. 최초로 농사를 짓던 사람들은 유대인 언덕에 가서 야생 곡물의 줄기를 툭툭 치고는 떨어진 알곡을 자루 안에 주워 모았다. 하지만 종자 변형이 생기면서 일부 야생 곡식은 이삭이 흩어지지 않는 품종이 되었다. 낫으로 밀을 수확할 때, 이삭이 흩어져버리는 품종은 알곡이 모두 땅에 떨어지지만, 이삭이 흩어지지 않는 품종은 알곡을 거두어들일 수 있었다. 예리코의 농부들은 일반적인 야생 밀뿐 아니라 이런 종류의 밀도 파종해 이삭이 흩어지지 않는 밀을 길렀고, 낫을 이용해 효과적으로 수확했다. 이러한 초기 밀 품종들을 교배한 품종은 오늘날에도 재배되고 있다.

밀 재배가 점점 더 널리 퍼지면서 농부들과 상인들은 가죽부대나 가마니나 구덩이보다 더 믿을 만한 저장 수단이 필요했다. 석회석, 대리암, 석영으로 만든 석재 용기는 제작하기가 너무 어려워서 음식을 대량으로 저장하거나 일상적인 요리 도구로 사용하기에 적합하지 않았다. 실제로 그런 그릇들은 대개 종교 행사용으로 쓰였던 듯하다.

기원전 7000년대가 끝나갈 무렵 기술자들은 점토로 냄비를 만들어 불에 굽기 시작했고, 역사상 처음으로 용기를 대량 공급하기에 이르렀다. 드디어 액체와 고체를 대량으로 보관할 수 있게 된 것이다. 토기는 쉽게 깨지는 편이기는 하지만 제작하기가 쉬웠다(고고학자들은 20세기 초기부터 토기 조각이 다량 흩어져 있는 고대 유적지를 발견했다. 토기 조각은 탄소-14 연대측정법과 같은 측정법이 개발되기 전에는 발굴지 내 개별 층의 연대를 구분짓는 수단으로 사용되었다. 하지만 탄소-14 연대측정법은 유물에 유기물이 포함되어 있어야 사용이 가능한데, 유기물은 아쉽게도 쉽게 썩고 만다). 이제 농부들은 먹이를 찾는 동물들로부터 자신의 곡식을 지키고 대량으로 저장할 수 있게 되었다. 예리코의 상인들은 메소포타미아나 아나톨리아 상인들과 거래를 터서 곡식을 흑요석, 공작석[공작새의 날개 빛이 도는 녹색 보석류], 터키석(터키를 거쳐 수입했기에 붙은 이름), 구리와 맞바꿨다. 상인들은 이미 기원전 8300년대부터 곡식과 흑요석을 맞교환했다.

신석기 혁명과 점토의 재발견

인간사는 일정한 속도로 진행되는 법이 없다. 대개 잠잠한 기간이 죽 이어지다가 갑작스레 변화의 물결이 뒤따른다. 극동 지방에서 일어난 신석기 혁명도 마찬가지였다. 이 시기에 들어서면서 농경 마을이 차지하는 면적이 넓어지면서 마을끼리 교류할 기회도 늘었다. 마을 간의 교류는 농업에서 기술 혁신이 추가로 일어나는 계기가 되었고, 이러한 성장 사이클은 계속해서 이어졌다. 기원전 7000년대에는 앞서 언급한 토기의 대량 생산, 양의 가축화, 마을이 섬과 해안가 고지대로 퍼져나간 것, 그리고 마지막으로 대도시가 출현한 것과 같은 중요한 발전이 일어났다. 변화의 중심은 예리코 일대로부터 차탈회위크Çatal höyük가 위치한 아나톨리아로 넘어갔다. 차탈회위크에서는 점토 용기가 기원전 약 6500년에 처음으로 등장했다.

물이 풍부한 콘야평야에 위치한 차탈회위크는 신석기 시대에 커다란 마을에서 어떤 활동이 일어났는지를 여실히 보여준다. 농부들은 토로스산맥에서 발원하여 차탈회위크를 지나는 강 덕분에 간단한 관개법[물을 대는 방법]을 사용할 수 있었다. 아마도 이들이 이룬 성과는 무역 과정에서 배운 예리코의 농법에서 비롯되었을 것이다.

한창 번성하던 시기에 차탈회위크는 햇볕에 말린 벽돌 가옥 1,000채에 주민 5,000명을 거느렸다. 가옥은 언덕 면을 따라 계단식으로 늘어서 있었다. 길거리는 없었다. 주민들은 사다리를 타고 지붕을 통해서 집으로 드나들었다. 단단한 외벽은 약탈꾼을 막아주는 보호막이었다. 각 가옥에는 맨해튼의 소형 아파트 크기에 버금가는 25제곱미터짜리 직사각형 방이 하나 딸려 있었다.

차탈회위크의 경제는 농업, 목축, 야생 소 사냥을 중심으로 돌아갔다. 뿔 길이가 2미터에 달하는 커다란 야생 소를 가축화하는 일은 주민들의 용맹성을 엄격하게 시험하는 과정이었을 것이다. 차탈회위크의 매장지에서는 야생 소의 뿔에 사타구니가 찔린 남성의 유골이 발견되었다. 이곳 주민들은 야생 소를 숭배했는데 이는 그들의 삶이 야생 소를 중심으로 이뤄졌음을 보여주는 것이며, 무엇보다 인상적인 것은 차탈회위크에서 야생 소를 섬기는 신전이 발견되었다는 점이다.

차탈회위크는 인근에 활화산이 있어서 흑요석을 독점하다시피 했다. 주민들은 흑요석을 구리, 납, 조개껍질뿐 아니라, 부싯돌과 각종 도구 제작에 필요한 시리아산 수석과 맞바꾸기도 했다. 이미 기원전

6400년경에는 기술자들이 금속으로 구슬, 목걸이, 대롱을 제작했다. 토기 제작자들도 점토로 토기를 만들고는 두들개와 받침 모루를 이용해 표면을 매끄럽게 다듬었다. 이렇게 되기까지는 오랜 시간이 걸렸다. 이로부터 1500년이 지나서 기원전 5000년대 말기 혹은 4000년대 초기에는 토기용 물레가 발명되었다.

기원전 6000년대에 이르러 차탈회위크는 기술 혁신의 중심지 자리를 잃었고, 그 자리는 대도시 문명을 일으킨 메소포타미아(오늘날의 이라크)로 넘어갔다. 이 대목에 이르면 궁금증이 생길 법하다. 메소포타미아는 근동 지역에서 일어난 초창기 혁신에 일조를 한 것도 아니고, 천연자원이 많은 것도 아닌데 어떻게 인류 최초로 대도시들을 형성했을까. 이번에도 해답은 재료의 사용법과 큰 관련이 있다.

메소포타미아에서 가장 먼저 도시가 형성된 곳은 티그리스강과 유프라테스강 사이에 있는 충적평야와 북부 평원에서 가장 촉촉한 지대로 모두 토질이 가장 비옥한 지역이었다. 북쪽과 동쪽으로 각각 터키 및 페르시아(이란)와 국경을 이루는 산맥은 높이가 해발 3,000미터에 이른다. 유프라테스강 서쪽에는 시리아 사막과 아라비아 사막이 놓여 있다. 홍수가 나면 티그리스강과 유프라테스강이 퇴적토를 실어오기 때문에, 충적평야는 바그다드 북쪽 160킬로미터 지역에서부터 페르시아만에 이르기까지 확장되었다. 이 비옥한 평야는 풍부한 물이 공급되면 생산성이 아주 높아졌다. 의견이 분분하기는 하지만 당시에는 강의 삼각주가 지금보다 적어도 150킬로미터 정도 북쪽에 위치했던 듯하다.

메소포타미아는 오래도록 북쪽의 아시리아와 남쪽의 바빌로니아로 양분되어 있었다. 메소포타미아의 초기 도시인 우르, 우루크, 에리두는 남쪽 바빌로니아에 있는 수메르를 구불구불하게 지나가는 유프라테스강에 면해 있었고, 땅이 평탄해서 관개 수로 건설이 가능했다(유프라테스강은 메소포타미아 평원에서 아라비아만까지 800킬로미터를 흐르는 동안 수면이 50미터밖에 낮아지지 않는다). 그들은 강에 큰 수로를 연결하고, 큰 수로에 2차 수로를 다시 연결했다. 2차 수로는 다시 더 작은 수로로 갈라졌고 도시 전역에 걸쳐 수로망이 이어졌다. 항공사진을 보면 수메르를 복잡하게 가로지르는 수로망이 또렷이 보이며, 수메르인은 이 수로망을 통해 예수가 탄생하기 몇천 년 전에 논밭에 물을 대고, 홍수를 조절하고, 연락을 주고받았다. 반면 티그리스강에서는 초기 도시가 거의 형성되지 않았다. 티그리스강은 유프라테스강보다 물길이 곧고 물살이 세서 농부들이 강둑에 관개 수로를 파기가 더 어려웠다.

이로 인해 남부 메소포타미아는 세계 최초의 대도시들이 탄생한 지역이 되었다. 더불어 토질이 비옥하고 일사량이 풍부한 이곳에서는 농부들이 더 큰 규모의 수로를 만들기 위해 힘을 합쳤고, 그 결과 이제껏 그 누구도 본 적 없는 농경 방식이 나타났다. 수메르인이 유목민이었던 시절부터 존재한 수메르의 신전(사막 속 은닉처나 보물창고의 전신)은 종교생활뿐 아니라 일상생활 속에서도 중요한 역할을 담당했다. 신전은 농부를 위한 정보 센터와 기능공을 후원하는 지원 센터 역할을 했다. 또한 신전 사제는 관개 수로 관리, 수량의 균등 분배, 정기적으로 수로에 쌓인 퇴적토를 치우고 제방을 보수하는 공동 작업을 관장하는 일도 담당했다.

우리는 무역을 비교적 근대에 일어난 현상으로 보지만, 무역은 이미 기원전 4천 년대부터 활발하게 이루어지고 있었다. 비교적 안정적인 조건에서 곡식을 대량 생산하는 기술을 완벽하게 갖추면서부터 수메르인은 남는 곡식을 다른 도시의 상품과 맞바꾸었다. 수메르인은 곡식과 건축용 진흙을 제외하고 나무, 석재, 구리 등 거의 모든 필수품을 수입했다.

기원전 4천 년대 말기, 수메르인은 원자재를 공급하는 원거리 무역로를 다스렸다. 수메르는 남부 메소포타미아에서 최대 800킬로미터 떨어져 있는 시리아와 이란에 상업 식민지와 지방 행정청을 설치했다. 잠다트 나스르의 대형 행정청에서 발굴된 점토판 인장을 보면, 수메르가 중앙 정부 이전 형태인 도시 국가 연맹 체제를 이루고 있었음을 알 수 있다.

식량 수급이 안정화되면서 직업의 전문화가 활발하게 이뤄졌다. 기능공은 자유롭게 자신의 직무에 전념할 수 있게 되었다. 전문화는 기술 혁신의 밑거름이 되었다. 재능 있는 장인(옛 시대의 재료공학자)에게 실험을 하거나 자신의 기술을 갈고 닦을 시간과 지원이 주어졌기 때문이었다.

수메르가 융성하게 발전한 또 하나의 중요한 원인은 문자를 통한 소통 방식이었다. 문자가 있었기에 신전 사제들은 소, 양, 곡식, 양모의 수량을 기록할 수 있었다. 또 상인들은 먼 곳에서 이뤄진 교역 내용을 기록할 수 있었고, 관리들은 토지 대장을 관리해나갈 수 있었다. 토지 대장은 물을 끌어오는 기술로 인해 토지의 가치에 차이가 생기면서부터 의무적으로 작성해야 했다. 사회가 복잡해지면서 정보를 머릿속에 기억해두는 방식은 한계에 부딪혔고, 정보를 저장하고 먼 곳에 있는 사람과 연락해야 할 필요성이 생기면서 문자 개발은 시급한 과제로 떠올랐다.

수메르에서 문자 언어라는 놀라운 도약이 일어난 때는 기원전 4천 년대 말기였고, 문자의 주 용도는 농산물과 관련된 기록이었다. 우루크에서는 상형문자(사물의 모양을 본떠 만든 글자)가 새겨진 점토판이 발굴되었으며, 이것은 이제껏 발견된 것 중에서 가장 이른 시기의 문자 언어였다. 음식 저장에 요긴하게 쓰이던 점토는 기원전 4천 년대 말기에는 정보 저장용으로도 중요하게 쓰였다. 갈대 혹은 끝이 뾰족한 막대기로 그리던 상징 기호는 점점 양식화된 모습으로 발전해갔다. 필경사의 역할은 멋들어진 예술품 제작이 아니라 의사소통이었으므로, 상징 기호는 편의성을 위해 획을 몇 개 긋는 방식으로 체계화되었다.

문자가 사물의 형상을 본따는 방식에서 탈피해가자 필기구는 끄트머리가 꼭 정교할 필요 없이 뭉툭한 것을 써도 무방했다. 이 같은 형식상의 변화 속에서 쐐기 모양의 기호를 묶어서 사용하는 방식이 발전했고, 그러면서 쐐기문자가 탄생했다(쐐기문자를 뜻하는 영어 단어 '큐니어폼cuneiform'은 '쐐기'를 뜻하는 라틴어 '쿠네우스cuneus'에서 유래했다). 물론 문자는 이 시기 이전에 발명되었을 가능성도 있다. 이전 시대 필경사들은 목재판 같은 곳에 기록을 남겼을 텐데 목재는 천년의 세월을 넘어서 발굴되지는 못한다. 기원전 3000년경, 메소포타미아의 필경사들은 상대적으로 잘 썩는 파피루스가 아니라 점토판에 기록을 남겼고 이는 고고학계에 큰 행운이었다. 점토판은 파피루스보다 후대에 전해질 가능성이 훨씬 높기 때문이다.

문자 언어의 발명은 엄청난 결과를 낳았다. 문자 덕분에 기록을 보존할 수 있었을 뿐 아니라 한 세대가 어렵게 얻은 지식을 다음 세대에 전할 수 있었다. 정보를 정확하게 기록하고 열람하고 전달하는 능력이 생기자 중앙집권형 정부는 멀리서도 식민지를 다스릴 수 있었다. 사실을 기록하는 행위 덕분에 정보를 비교하고 가공하는 것이 가능해졌는데, 이는 과학 발전에 필수적인 능력이다.

문자 언어는 문학의 탄생으로도 이어졌다. 가장 오래된 문학 작품으로 꼽히는 《길가메시 서사시》는 기원전 3천 년대에 우루크를 지배하던 왕의 일대기를 담고 있으며, 여기에 담긴 홍수 사건은 성경 속 노아 이야기의 원형일지도 모른다. 기원전 2천 년대에 점토판에 새겨졌지만 그보다 훨씬 오래된 이야기를 들려주는 《길가메시 서사시》는 호메로스나 성경 속에 등장하는 역사적 사실보다도 더 오래되었다. 5000년 전 메소포타미아의 뜨겁고 메마른 도시에서 젖은 점토판에 쐐기를 누른, 이 단순하지만 비범한 행위가 없었다면 오늘날 우리 삶이 어떤 모습이었을지 도무지 상상이 되지 않는다.

고고학자들은 방대한 양의 점토판을 발굴했고, 이를 통해 메소포타미아인의 크고 작은 생활상을 알아낼 수 있었다. 기원전 2000년경에 새겨진 법조문을 보면, 거래를 할 때는 늘 기록을 남겨야 했다. 당시 사람들은 대개 문맹이었기에 상인 간의 거래 내역을 기록하기 위해서 필경사가 고용되었다. 거래 내역을 점토판에 상세히 기록하고 나면, 거래 당사자들은 원통 인장[원통형의 돌로 만든 도장]을 찍는다. 그러고 나면 필경사가 점토판을 점토로 만든 통에 넣는데, 이 통의 겉면에도 점토판에 적힌 내용을 반복해서 새긴다. 분쟁이 생기면 소송 당사자는 법률인보다 먼저 통을 깨고 수정되지 않은 기록물을 획득할 수 있었다.

우르, 우루크, 에리두와 더불어 라가시(다른 도시보다 유프라테스, 티그리스강 지대에서 동쪽에 위치)라는 곳도 융성한 도시를 이루었다. 라가시의 번영은 특히 구데아 왕의 통치에 크게 힘입은 것으로 알려져 있다. 구데아 왕은 자신의 모습을 새긴 조각상에 자신의 업적도 새겼으며, 현재 이 조각상은 전 세계 여러 박물관에 소장되어 있다. 조각상에 새긴 쐐기문자는 구데아 왕이 기원전 3천 년대 말기에 닝기르수[고대 메소포타미아의 풍요의 신] 신을 위한 신전 공사와 교역 활동을 위해 어떤 재료를 입수하려 했는지 알려준다.

삼나무 숲(레바논)에서 삼나무 기둥을 들여왔다.

그가 부둣가에 내렸다······.

구데아가······ 역청과 석고를 확보했다.

마드가(키르쿠크?) 언덕에서······ 선박을 들여왔다.

황금의 땅(아르메니아)에서 왕계 사금을 보내왔다······.

외국에서 가져온 빛나는 값진 금속이 구데아 왕께 도착했다.

멜루하(인더스 계곡)에서 밝은 홍옥수[보석의 일종]를 보내왔다.[2]

아카드 왕국의 통치자였던 구데아와 사르곤은 끝없이 펼쳐진 듯한 평야 지대에서 살았기 때문에, 자신들이 사용하는 원재료가 삼나무와 은, 청금석으로 이뤄진 산에서 나온다고 생각했는데 그중에는 실제로 그런 재료도 있고, 그렇지 않은 재료도 있었다.

메소포타미아의 역사 속에서는 '위대한 사람'이라는 뜻의 루갈이 등장하는데, 루갈은 처음에는 위기의 시대에 선출된 왕이었으나 나중에는 세습되었다. 권좌에 오른 왕은 왕권을 도전받거나 외부 침입자에 의해 권좌에서 쫓겨나기도 했는데 새로 권좌에 오른 인물 역시 권좌에서 쫓겨나기 일쑤였다.

이런 식의 즉위와 폐위는 기원전 1800년, 바빌로니아에서 함무라비라는 강력한 왕이 등장해 메소포타미아 지역 상당수를 자신의 유명한 법전 아래 묶어두기 전까지 지속되었다. 왕과 신하의 도리를 규정하는 함무라비 법전은 돌기둥에 새겨진 상태로 발견되었다. 함무라비 왕이 죽자 바빌로니아 남부 지역은 함무라비 왕국에서 떨어져 나갔고, 기원전 1595년에는 중부 아나톨리아에서 히타이트인이 침략해 들어왔다. 기원전 14세기에는 메소포타미아 북부 평원에 있던 아시리아가 근동 지역의 강자로 대두했다. 아시리아는 이따금 패권을 잃었을 뿐, 기원전 7세기 말까지 근동 지역을 지배했다.

쐐기문자 점토판에는 메소포타미아인의 일상생활뿐 아니라 권력의 변천사가 또렷이 담겨 있다. 메소포타미아 북부에 있던 마리라는 도시에서는 점토판 2만 장이 보관된 서고가 발굴되었다. 이 서고는 왕실 문서고의 일부였으며, 소장 자료는 마리가 함부라비에게 정복되기 전까지 그곳 사람들이 어떤 모습으로 살아왔는지를 보여준다. 마리는 유프라테스 강에 면하고 있어서 주요 산업이 농경이었지만 마리의 중심지는 다양한 산업, 그중에서도 특히 목재와 청동으로 제작하는 고급 전차 산업의 요지였으며, 이 고급 전차는 기원전 2천 년대 초기의 전쟁 양상을 확 바꿔놓았다. 고급 전차가 군대의 기동력을 대폭 향상시켰기 때문이었다.

마리 인구의 20퍼센트에 해당하는 최대 약 10만 명이 목수, 보석 연마공, 대장장이와 같은 기능공이었으며 그들은 모두 급료를 음식, 의복, 기름 등으로 받았다. 기록에 따르면, 향수 제작공은 날마다 기름 1.2리터를 받았으며 이것을 식용유나 비누로 교환할 수 있었다. 마리에서 구리와 청동을 다루는 기능공은 칼, 쟁기, 냄비, 팬, 그리고 족집게까지도 만들어냈다. 무엇보다 가장 놀라운 것은 성경 속에서 역사가 시작되는 시기, 즉 유대인의 조상 아브라함이 메소포타미아 남부 도시 우르를 떠나 가나안 땅으로 떠났던 그 옛 시대에 대해서 우리가 이토록 자세한 정보를 갖고 있다는 점이다.

기원전 3천 년대와 2천 년대의 메소포타미아 도시들, 더 정확하게 말해서 농업으로 자급자족이 가능한 도시 국가들은 수많은 기능공을 거느린 세련된 교역 거점이었다. 이곳에서는 하늘에서 내려왔다고 여겨지는 왕의 지배를 받는 통치 체제가 발전해나갔다. 또한 법전도 등

장했다. 이들 도시의 번영과 안녕은 상당 부분 독특하고 놀라운 물질
로 도구와 무기를 제작했기에 가능했다. 그 물질은 바로 금속이었다.

CHAPTER

02

금속의
속성

사회가 변할수록 물질도 복잡해진다

금속의 주요 특성

두드릴수록 강해지는 이유

The
Substance
of
Civilization

그들은 칼을 쳐서 보습을 만들고

창을 쳐서 낫을 만들 것이니.

— 《이사야》 2장 4절

사회가 변할수록 물질도 복잡해진다

성경 속에서 인류의 조상인 아담은 흙으로 빚어졌으니, 재료와 인류 문화 사이의 상호 관계에 대한 이야기는 땅에서 바로 구할 수 있는 돌과 점토에서부터 시작하는 것이 적절해보인다. 인류 사회가 복잡해져갈수록 인류가 사용하는 재료 역시 복잡한 양상을 띠어갔다.

돌과 점토는 깨지기 쉽기 때문에 사용 폭이 매우 제한적이고, 자귀[목재를 다듬는 도구]와 같이 구부려서 만들어야 하는 도구 재료로는 적합하지가 않다. 반면 금속은 망치로 두드려서 두껍거나 얇은 형태로 가공하기가 쉽고, 구부려서 만들어야 하는 도구 재료로도 사용할 수 있다. 이 시기 장인들은 인류 최초로 특정 용도에 최적화된 도구를 원하는 대로 고안해낼 수 있게 되었다. 장인들이 금속을 추출해서 가공하는 방법을 터득하면서 그들의 작업장에서는 새로운 도구나 개량된 도구가 무수히 탄생했다. 수메르인이 개발한 쟁기가 바로 그런 사례였다. 쟁기는 처음에는 나뭇가지로 만들다가 나중에는 돌로 만들었을 것이다. 하지만 마침내 사람들이 구리를 다룰 줄 알게 되고, 그 구리로 만든 쟁기를 황소에 채우면서 경작 가능한 토지의 면적이 엄청나게 늘었다. 그리고 이는 도시의 탄생으로 이어졌다.

현대 도시는 콘크리트, 유리, 세라믹, 금속과 같은 다양한 재료의 놀라운 특성이 고스란히 담겨 있는 기념비나 다름없다. 금속 중에서는 아마도 철이 가장 중요한 재료일 것이다. 1980년대에 홍콩이나 베이징에 가본 사람이라면 공사 중인 철골 구조물이 하늘을 배경 삼아 T자 모양의 크레인 위로 솟아 있는 모습을 본 적이 있을 것이다. 철재 보가 지탱하는 이러한 구조물은 건물을 외골격이 아닌 내골격으로 지었을 때의 이점을 보여준다.

차탈회위크의 진흙 오두막에서부터 로마 판테온의 솟구쳐오르는 반구형 지붕에 이르기까지, 초기 건물은 외골격을 갖춘 거미나 바닷가재처럼 두꺼운 외부 내력벽으로 하중을 떠받친다. 19세기 말에 건축가들은 인체의 내골격이 하중을 지지하기에 더 효율적이라는 점을 알게 되었다. 이런 지식과 더불어 강철을 값싸게 대량 생산하는 기술을 새로 발견하면서 현대 도시는 지금과 같은 모습을 갖추게 되었다.

뉴욕의 초고층 건물은 상부 구조물의 하중을 기초부에 전달하기 위해 보를 격자형으로 설치하는 방법을 채택하고 있다. 만약 금속이 없었다면 이런 건물을 지을 때 사용하는 대형 크레인도 없었을 것이다. 또 건축가들은 상부 구조물의 하중을 떠받치기 위해 건물 하부에 두꺼운 벽을 세울 수밖에 없었을 것이다. 수메르의 지구라트나 이집트의 피라미드와 같은 고대 건축술에서 잘 나타나고 애용되는 바로 그런 방식으로 말이다. 그랬다면 현대 도시는 나지막이 쪼그려 앉은 건물로 가득했을 것이다. 더불어 창문도 벽체의 강도를 떨어뜨린다는 이유로 많이 내지 못했을 것이다. 중세 시대의 버트레스[건축물을 외부에서 지탱해주는 부벽]는 높다란 내력벽을 보강해서 건물이 높이 오르도록 도와주기는 하지만, 현대 도시와 같이 복잡한 도심 여건 속에서는 사용하기가 어려울 것이다. 더불어 기둥 재료로 강철이 아닌 철을 사용했다면, 보의 단면적과 무게가 3~5배 증가해야 했을 것이다. 강철이 없었다면 교량의 구조도 지금과는 전혀 달랐을 것이다. 19세기 미국인의 야망을 상징하는 브루클린브리지처럼 다리 경간이 장쾌하고 유려하게 뻗어나가기보다는 굵직굵직한 기둥으로 다리 상판을 지탱해야 했을 것이다.

하지만 요즘 들어 강철은 알루미늄으로 대체될 때가 많다. 무게를 따져야 하는 조건에서 알루미늄 합금은 강철만큼이나 경쟁력이 있다. 자동차는 차제를 가볍게 만들어 에너지 효율을 높이고자 엔진 블록에 주철[단단하기는 하나 쉽게 부러지고 강철에 비해 녹이 쉽게 슨다]이 아닌 알루미늄을 사용하게 되었다. 또 고강도 알루미늄 합금은 이미 50년 전부터 항공기 동체의 소재로 사용되어 오고 있다. 테니스 라켓은 제작 소재가 급격하게 바뀐 대표적인 사례일 것이다. 20년 전에는 나무 라켓이 강철 라켓으로 대체되었고, 10년 전에는 강철 라켓이 탄소 섬유 라켓으로 대체되었다.

이 이야기를 듣고 가볍고 단단한 알루미늄이 강철을 대신해서 테니스 라켓에 사용되지 않은 이유가 궁금한 사람이 있을 것이다. 내력 구조체를 설계할 때는 강도 이외에도 고려해야 할 요소들이 또 있다. 테니스 라켓은 적절한 강성[물체에 외력이 가해져도 모양이나 부피가 변하지 않는 단단한 성질]도 갖춰야 한다. 알루미늄은 강철만큼 강성이 좋지 못해서, 같은 하중이 가해졌을 때 강철보다 두 배 더 많이 휜다.

금속의 주요 특성

제대로 된 설명 하나 없이 '강도'니 '강성'이니 하는 용어를 불쑥 써버린 듯하다. 철이나 청동과 같은 금속이 근동 지역의 초기 문명 발상지에서 얼마나 중요한 역할을 했는지, 그리고 각 문명기의 명칭에 금속의 이름이 들어가는 이유가 무엇인지를 이해하려면, 금속의 특성을 살펴봐야만 한다.

금속은 여러 면에서 돌이나 점토와는 전혀 다르다. 금속은 돌이나 점토보다 전기와 열을 훨씬 잘 흘려보낸다. 하지만 전기 전도성은 19세기가 될 때까지는 그리 중요한 성질이 아니었다. 금속이 앞선 시대의 재료를 대체한 주요 원인은 작용 하중에 대한 반응성 때문이었다. 재료는 하중을 받으면 크게 세 가지 상태를 보인다. 첫째는 탄성 변형으로, 이것은 고무 밴드를 잡아당겼다가 놓았을 때와 같이 하중을 가하면 재료의 길이가 변했다가 하중을 제거하면 원상태 그대로 돌아가는 성질을 말한다(고무 밴드는 탄성 변형이 크지만 금속은 그렇지 않다). 둘째는 소성 변형으로, 이것은 페이퍼 클립을 구부렸을 때처럼 하중을 가해서 생긴 길이 혹은 모양의 변화가 하중을 제거한 뒤에도 그대로 남아 있는 성질을 말한다. 셋째는 파괴로, 이것은 유리잔을 떨어뜨렸을 때처럼 하중을 가하면 물체가 두 조각 이상으로 깨지는 것을 말한다.

'강성'도는 일정량의 탄성 변형이 일어나기 위한 하중의 정도를 뜻하며, 하중을 변형량으로 나눠서 계산한다. 이렇게 하면 우리 재료공학자들이 영계수Young's modulus라고 부르는 탄성계수가 나온다(탄성체가 힘을 받았을 때 일어나는 변형률의 정도를 말하며, 토머스 영Thomas Young의 이름에서 따왔다. 토머스 영은 영국 출신의 의사, 과학자, 이집트 학자로 빛의 파동성을 처음으로 밝혀낸 인물이기도 하다). 하중을 받는 면적은 전체 물체의 반응성에 영향을 미치기 때문에, 힘이 1제곱센티미터에 가해지는 것과 100제곱센티미터에 가해지는 것은 영향력이 전혀 다르다. 이러한 차이를 없애고자 '응력'을 계산할 때는 하중을 면적으로 나눠서 구한다. 탄성 변형이 일어나기 위한 응력이 클수록 강성도 커진다. 그래서 강철이 알루미늄보다 강성이 높다는 말은 강철의 탄성계수가 더 크다는 뜻이다.

강성은 교량과 같은 구조물을 지을 때 꼭 염두에 둬야 할 특성이다. 무거운 트럭이 지나갈 때 교량이 구부러지거나 늘어나서는 안 되기 때문이다. 차를 몰고 지나갈 때 교량이 아래로 60센티미터 축 처졌다가 다시 원상태로 돌아온다고 생각해보라. 대개 금속은 고무보다 탄성계수가 1,000배 이상 높다(건축 재료로 고무가 아닌 금속이 사용되는 여러 이유 중 하나다). 내력 구조물을 설계할 때는 하중에 의한 변형을 최소화해야 한다. 건물의 변위는 완전히 제거할 수가 없으며, 심지어 엠파이어 스테이트 빌딩과 같은 고층 건물은 바람이 강하게 불 때 건물이 탄력 있게 구부러지도록 설계한다.

금속의 강도는 영구 변형이 발생하기 전까지 금속이 버틸 수 있는 하중의 정도를 뜻한다. 강도는 보통 '항복 응력'이라는 말로 표현하기도 하며, 단단한 금속은 항복 응력이 높고 무른 금속은 항복 응력이 낮다. 그래서 강철이 철보다 단단하다는 말은 강철이 철에 비해 항복 응력이 높고 소성 변형을 잘 견딘다는 뜻이다. 엔지니어는 내력 구조물을 설계할 때 항복 응력을 상당히 중요하게 따져봐야 한다. 교량이 무거운 트럭이 지나다닐 때마다 늘어나거나 주저앉는다면 그런 교량은 실용성이 별로 없다. 마찬가지로 비행기 날개가 비행 중에 위로 구부러져서 펴지지 않는다면 항공 엔지니어들에게는 악몽이 될 것이다. 따라서 금속 부품을 설계할 때는 예상 하중이 항복 응력을 절대로 초과하지 않게 설계하는 것도 중요하다.

구리와 같은 금속은 세게 두드리거나 구부려도 파괴되거나 바스러지지 않고 모양이 완전히 변하는 놀라운 특성을 갖고 있다. 도기는 세게 두드리거나 구부리면 산산조각나버릴 것이다. 구리는 가단성이 있기 때문에 대장장이들은 실제로 "칼을 쳐서 보습이나 낫을 만들 수 있다." 반면 도기로 낫을 만든다면, 먼저 점토로 모양을 잡은 다음에서늘한 곳에서 조심스레 말리고는 높은 온도에서 구워야 한다. 금속 낫은 제작하기가 쉬울 뿐 아니라 날을 날카롭게 벼리기가 쉽고 내구성이 훨씬 좋다. 반면 도기 낫은 바닥에 떨어뜨리면 산산조각이 날 것이다. 기원전 5000년대 말에 우르에서 멀지 않은 곳에 위치하던 텔 알우바이드라는 마을의 유적지에는 도기 낫 파편이 여기저기 흩어져 있었다. 지금보다 6000년 전 메소포타미아 지역에 이미 "물건을 쓰고 버리는 사회"가 존재했다는 사실에서 우리는 조금이나마 위안을 받을 수 있다.

두드릴수록 강해지는 이유

앞서 나는 순금속이 강도가 꽤 약하다고 언급한 적이 있다. 하지만 순금속은 '가공 경화work-hardening[금속을 가공·변형시켜 금속의 경도를 증가시키는 방법]'라는 과정을 거쳐 소성 변형을 시키면 강도가 좋아지기도 한다. 초기 대장장이들은 구리로 만든 무기나 도구를 망치로 두드려 단단하게 만들 때 이 독특한 현상을 활용했다. 이와 같은 강도 증진법이 없었다면 초기 금속 도구들은 단단한 물체에 부딪치자마자 날이 부러져서 쓸모가 없었을 것이다.

금속이 두드릴수록 강도가 세지는 이유와 관련해서, 지난 70년간의 연구는 가공 경화 과정에 대해 우리에게 많은 것을 알려주었다. 그중에서도 특히 눈에 띄는 것은 가공 경화 과정이 원자 구조와 관련이 있다는 점이다. 결정의 원자 배열은 '단위격자unit cell'라고 부르는 기본 구성 입자로 이뤄진다. 구리는 단위격자가 입방체이고, 각 꼭짓점과 각 면의 중심에 원자가 배열되어 있어서 면심입방구조face centered cubic(FCC)를 이룬다. 이 기본 구성 입자는 3차원상에서 같은 간격을 두고 규칙적으로 반복되며 결정을 형성한다. 암석 상점에 놓여 있는 아름다운 입방형 광물이나 팔면체형 광물은 이처럼 규칙적인 배열을 이루고 있다. 구리의 단위격자는 한 변의 길이가 3.6옹스트롬(스웨덴 물리학자 안데르스 옹스트롬Anders Ångström의 이름에서 따온 단위이며, 1옹스트롬은 0.00000001센티미터, 즉 100억분의 1미터)이다. 3.6옹스트롬은 센티미터 단위로 환산하면 0.000000036센티미터이므로, 구리 결정의 한 변이 1센티미터라면 각 변에는 단위격자가 2천 500만개씩 들어간다.[3]

이런 결정은 상태가 온전하다면 강도가 매우 높다. 이론적으로는 영구 변형 없이 3,447메가파스칼MPa을 견딜 수 있다. 하지만 순수한 구리는 이보다 항복 응력이 훨씬 낮아서 영구 변형이 생기기 전까지 고작 7~70메가파스칼밖에 견디지 못한다. 순도가 더 높은 구리, 예컨대 순도 99.999퍼센트의 구리는, 다시 말해서 원자 10만 개 중에 구리 원소가 아닌 것이 하나 섞여 있다면, 설상가상으로 구리의 항복 응력이 0.7메가파스칼 수준으로 낮아져서 이론상의 강도와 현격하게 차이가 나버린다. 1930년대 이전 과학자들은 이처럼 구리의 이론 강도와 실험 강도가 크게 차이가 나자 당황스러웠고, 그래서 구리의 결정은 불완전하고 '전위dislocation'라고 부르는 결함으로 가득 차 있다고 추측했다.

전위가 어떤 모습인지 알고 싶다면 머릿속에서 원자로 이뤄진 평면을 하나 떠올려보자. 이 평면은 결정의 한쪽에서 다른 쪽으로 쭉 이어지지 않고 중간에 뚝 끊기며, 모서리 부위가 전체 결정을 따라 죽 미끄러진다. 이렇게 해서 틈이 생기면 결정은 강도가 약해진다. 금속의 전위는 하중을 가하면 쉽게 움직이기 때문에 힘을 조금만 가해도 결정의 모양이 변한다. 전위가 결정의 왼쪽에서 오른쪽으로 이동하면, 결정 표면에 원자 평면이 추가로 나타나 계단 모양을 이룬다. 이런 식으로 표면에 계단형 평판이 여럿 나타나면 결정의 형태가 바뀐다. 결정의 강도는 전위에 달려 있다. 전위가 얼마나 쉽게 일어나느냐에 따라 소성 변형이 발생하는 응력이 달라진다. 원자 간의 결합이 늘어나고 줄어드는 것과 관련이 있는 탄성 변형 상태에서는 물체가 원상태로 되돌아갈 수 있지만 소성 변형 상태에서는 그럴 수가 없다.

재료공학자들은 강철과 같은 거의 완전한 재료를 지름 0.0001센티미터 정도로 가늘면서도 앞서 언급한 이론 강도를 갖도록 제작할 수 있다. 이렇게 가느다란 재료는 오래도록 실험실에서나 관심을 가지는 대상이었다. 사람 머리카락 굵기의 5분의 1인 재료는 써먹을 곳이 없어 보일 수도 있다. 하지만 최근에는 이런 재료의 굵기를 키워서 다른 재료에 결합시켜 '복합 재료'를 만들기도 한다. 이 복합 재료에 대해서는 나중에 이야기하도록 하겠다.

전위가 있는 결정은 전위가 움직이는 경로에 장애물을 세워서 강도를 증진할 수 있다. 달리기 선수가 110미터 허들 경기에서 허들을 모두 뛰어넘기 위해서는 더 많은 노력을 기울여야 하듯이 전위 역시

장애물을 넘기 위해서는 더 큰 힘이 필요하다. 이럴 때 사용하는 장애물 중 하나는 또 다른 전위다. 전위는 소성 변형을 통해서 의도적으로 형성할 수 있다. 특정 원자 평면을 따라 결정을 가로지르는 전위는 다른 전위가 얽혀 있는 부위를 뚫고 지나가야 한다. 그렇게 하려면 전위가 거의 없을 때보다 더 큰 힘이 필요하다. 따라서 전위를 추가하면 결정이 더욱 단단해진다. 자동차가 한산한 도로를 달리다가 갑자기 꽉 막힌 교차로에 들어섰다고 상상하면 된다. 소성 변형이 일어나는 동안에 전위는 움직일 뿐 아니라 증식을 하기도 해서 때로는 최대 천 배까지 늘어나기도 한다. 그렇게 되면 전위는 더욱 엉키고, 전위가 많이 엉킬수록 금속은 더욱 단단해진다. 이것이 바로 가공 경화가 일어나는 물리적 원리이며, 전위 망은 가공 경화 과정에서 문자 그대로 망치로 두들겨져서 재료 속으로 들어간다.

독특하게도 금속은 녹는점(혹은 '서냉annealing[서서히 냉각하는 과정]' 온도) 아래로 가열하면, 전위를 더해서 향상시킨 강도가 완전히 사라진다. 그것도 금속을 변형하면서 생긴 형태상의 변화에 아무런 영향을 주지 않고서 말이다. 구리의 적정 서냉 온도는 600도이며, 이 정도 온도는 기원전 수천 년 전에 사용하던 고대 가마에서도 쉽게 얻을 수 있다. 온도가 600도에 이르면 구리 결정 속에 있는 전위는 이리저리 이동하다가 서로 부딪칠 때마다 파괴가 되고, 그로 인해 연속된 평면과 국지적으로 완벽한 결정이 형성된다. 금속의 소성 변형과 서냉 사이클은 매우 중요하다. 변형이 심하게 된 금속은 매우 단단해서 추가적인 영구 변형이 잘 일어나지 않지만 상당히 잘 부러지기도 한다. 금속을 아주 단단하게 만들어주는 과정이 동시에 금속의 파괴 가능성을 높이기도 하는 것이다.

케이크를 온전하게 갖고 있는 것과 먹는 것은 동시에 할 수가 없는 법인데, 자연에서도 그런 일이 벌어진다. 자동차 차체를 만들 때처럼 벽돌 모양의 쇳덩어리를 파손 없이 두께 5센티미터에서 0.05센티미터로 얇게 펴려면, 소성 변형과 서냉 사이클을 여러 번 거쳐야 한다. 소성 변형을 거치며 단단하지만 잘 깨져버리게 된 구리는 섭씨 600도에서 한 시간 가열하면 다시 말랑말랑하고 가단성이 있는 상태로 돌아간다. 토기는 한 번 굽고 나면 다시 말랑해지지 않지만 금속은 말랑해진다.

우리가 다루는 공학 재료는 대개 단일 결정이 아니라 여러 결정이 한데 모여 다결정 고체를 이룬다. 방향이 다른 두 결정이 만나는 면을 우리는 '결정립계grain boundary'라고 부른다. 결정립계는 전위를 포함하는 경우가 많아서 다른 전위가 움직이는 경로를 가로막는 역할을 하기도 한다. 순수한 다결정 금속의 강도를 증진하는 또 다른 방법은 각 결정의 평균 크기를 아주 작게 만드는 것이다. 이렇게 하면 결정립계의 숫자와 면적이 늘어나고 덩달아 전위의 움직임을 가로막는 장애물의 숫자도 늘어난다. 오늘날 결정의 크기를 제어하는 방법은 재료의 기계적 성질을 조절하는 수단으로 널리 쓰이지만, 고대 근동 지역의 대장장이들은 이런 방법을 알지 못했다.

다른 장애물을 끌어와서 전위의 움직임을 방해할 수도 있다. 작고 단단한 입자인 석출물[액체 속에 생긴 고체 물질] 역시 강도를 탁월하게 높여주는 물질이다. 석출물이 생기면 석출 경화가 일어나는데, 이 석출 경화는 비행기 동체용 알루미늄 합금이나 제트 엔진의 터빈 날개용 니켈 초합금의 강도를 높일 때 사용하는 방법이다(자세한 내용은 모두 나중에 다루도록 하겠다).

지금까지 금속의 특성과 그런 특성이 나타나는 이유를 간략하게 살펴봤으니, 이제는 인간이 처음에 금속의 존재를 어떻게 알게 되었고, 또 어떻게 다루었는지를 이야기해보려 한다. 인간의 삶에 처음으로 큰 영향을 미친 금속은 구리와 청동이었으니 그 이야기부터 시작해보자.

구리와
청동의
시대

고농축 상태의 구리를 찾아서
광물을 찾아 나선 탐사자들
고대 사료에 기록된 합금의 흔적

The
Substance
of
Civilization

블레셋 진영에서 가드 사람 골리앗이라는 장수가 싸움을 걸려고 나섰다. 그는 키가
여섯 규빗[1규빗은 약 50센티미터] 하고도 한 뼘이나 더 되었다. 머리에는 놋으로 만
든 투구를 쓰고, 몸에는 비늘 갑옷을 입었는데, 갑옷의 무게는 놋 오천 세겔[1세겔은
11.42그램이므로 약 57킬로그램]이나 되었다. 다리에는 놋으로 만든 각반을 차고, 어깨
에는 놋으로 만든 창을 메고 있었다. 창 자루는 베틀의 용두머리만큼 굵었고, 창날
의 무게는 쇠 육백 세겔이나 되었다. 그의 앞에서는 방패를 든 사람이 걸어 나왔다.

—《구약성경》〈사무엘 상〉 17장 4〜7절

고농축 상태의 구리를 찾아서

고대인은 나무, 돌, 점토처럼 자기 주변에서 찾을 수 있는 재료를 이용했다. 인간은 8,000년에서 9,000년 전쯤에야 금속의 존재를 알아보고는 이런저런 용도로 써보기 시작했다. 왜 그리 오랜 시간이 걸렸는지 의아하다는 생각이 들 법하다. 도보 여행을 해 본 사람이라면 시골 지역에 나무와 돌, 점토가 여기저기 흩어져 있어서 쉽게 주울 수 있다는 사실을 알 것이다. 금속은 그렇지 않다. 아래 도표는 지각에 포함된 금속의 양을 알려주는 것으로, 이를 보면 특정 금속을 찾기가 얼마나 어려운지를 알 수 있다(비교용으로 비금속 원소인 산소와 규소도 같이 적어놓았다).

금속	지각 내 함유량(중량퍼센트)
(산소)	46.0
(규소)	18.0
알루미늄	8.0
철	5.8
마그네슘	4.0
칼슘	2.4
칼륨	2.3
나트륨	2.1
구리	0.0058
납	0.0001
주석	0.00015
은	0.000008
백금	0.000004
금	0.0000004

　구리를 제대로 활용하기 위해서 고대 장인들은 고농축 상태의 구리를 찾아내야 했다. 그들이 찾아야 하는 고농축 구리는 순수한 구리에 가깝거나 아니면 산화구리, 탄산구리, 황화구리와 같은 금속성 물질이 많이 함유된 광석이었다. 철의 경우에도 풍부한 광상이 중요했고, 그런 곳의 광석에는 금속이 50퍼센트 정도 함유되어 있었다. 철은 전체 지각에서 5퍼센트 가량을 차지하므로 철을 경제적으로 추출해내기 위해서 우리 선조들은 철 함유량이 10배 높은 광석을 찾아내야 했다. 금이나 은처럼 희귀한 금속은 추출하려면 함유량이 1,000배 이상이어야 했다.

　지각에는 구리보다 알루미늄이나 철이 더 많이 함유되어 있다는

데 왜 구리는 철보다는 약 3,000년, 알루미늄보다는 약 5,000년 앞서서 재료 혁명을 이끈 첫 번째 금속이 되었을까. 분명히 매장량이 많았기 때문은 아니었다. 구리가 일찍부터 이용된 이유는 광석에서 추출해서 제련하기가 쉬웠기 때문일 것이다. 상업용 알루미늄과 철은 금속 원소와 산소 원자가 섞인 '산화물'이다. 산화알루미늄은 산화철보다 상태가 더욱 안정적인데, 그 말은 산화알루미늄이 산화철보다 구성 원소로 쪼개기가 더 어려워서 광석에서 추출하기가 더 어렵다는 뜻이다. 알루미늄의 안정성은 알루미늄이 철보다 부식에 더 강한 이유이기도 하다. 피복되지 않은 알루미늄은 공기 중에 있는 산소에 노출되면 얇지만 단단한 산화 피막을 빠르게 형성하기 때문에 그 밑에 있는 알루미늄은 추가적인 피해로부터 보호받을 수 있다. 그다음으로는 철광석이 구리광석보다 더 안정적이며, 구리광석은 '환원' 혹은 제련하여 금속으로 되돌리기가 가장 쉽다. 제련은 '산화-환원'이라는 화학 반응을 이용한다. 예컨대 고체 산화구리Cu_2O 분자 하나가 일산화탄소CO 기체 분자 하나와 반응하면, 구리 원소$2Cu$ 두 개와 이산화탄소CO_2 기체 분자 하나가 형성된다. 이것은 일산화탄소가 산소 원자를 하나 더 얻어 이산화탄소가 되려는 경향이 강해서 생기는 '환원' 반응에 의한 현상이며, 그 결과 산화구리는 순수한 구리로 되돌아간다. 이 과정을 거꾸로 돌리면 '산화' 반응이 일어나는데, 그러면 구리가 산소와 반응해서 산화구리가 생긴다.

구리가 철보다 앞서 광범위하게 사용된 이유는 장인들이 구리 광석에서 구리를 추출하는 방법을 제일 먼저 발견했기 때문이다. 기원전 7000년대의 장인들은 구리로 작은 장신구를 만들다가 도구나 의례 용품과 같이 실생활에 더욱 필요한 물건을 만들게 되었다. 금속공들은 산속 개울 바닥에 산재한 녹색 단괴[특정 성분이 농축·응집되어 단단해진 덩어리]에서 상대적으로 순도가 높은 구리를 얻어서 필요한 물건을 만들었다. 이러한 순수한 구리 혹은 '천연' 구리는 대개 매장량이 많지 않지만 더러는 대량으로 발견되기도 한다. 1700년대에 한 모피상은 미시간주 슈피리어호 남쪽 호안에서 우연히 1,360킬로그램짜리 구리 바위를 발견했다. 이 구리 바위는 지금 워싱턴 D.C에 있는 스미소니언 박물관에 소장되어 있다.

사용할 수 있는 구리가 천연 구리뿐이었다면, 장인들은 조그만 장신구나 의례 용품 정도밖에 만들지 못했을 것이다. 하지만 아나톨리아에서 카스피해에 이르는 메소포타미아 북부 지역의 산, 사해 아래 네게브 사막 남쪽에 있는 팀나, 그리고 지중해에 있는 키프로스섬에는 구리가 많이 매장되어 있었다. 키프로스섬에 구리가 많이 매장되어 있었기에, 구리를 뜻하는 영어 단어 '카퍼copper'는 키프로스섬 금속을 뜻하는 라틴어 '쿠프룸cuprum'에서 유래했다. 도구와 무기 제작에 필요한 구리를 충분히 얻기까지 고대 장인들은 두 가지 사실을 발견해내야 했다. 첫째, 그들은 잘 깨지는 바위 같은 광물에 반짝거리고 가단성이 있는 구리가 들어 있다는 사실을 알아내야 했고, 둘째, 제련 기술에 담긴 비밀을 풀어내야 했다.

기원전 4000년 직후 오늘날 이란이 있는 지역에서 금속공들이 구리를 처음으로 제련해냈다. 그들이 구리광석에서 값진 금속을 추출해낸 방법은 지금으로써는 추측만 가능할 뿐이다. 진녹색 공작석과 같이 구리가 다량 함유된 광물은 대체로 아름다워서 아마도 초기 장인들은 그런 광물을 보석용 재료로 여겼을 것이다. 공작석에는 구리와 탄소, 산소, 수소가 들어 있다. 금속공이 공작석을 숯(훌륭한 환원제다. 숯에 든 탄소는 광석에 들어 있는 산소와 강하게 반응하기 때문이다)과 함께 가열하면 이산화탄소 기체와 물이 제거되어 구리 금속만 남는다. 조리용 불은 구리를 제련할 정도로 뜨겁지는 않기에 예전에는 광석을 환원하는 작업이 주로 도자기 가마에서 이뤄졌다. 도자기 가마는 구리 제련에 적정한 1,200도까지 온도가 올라가기 때문이다.

구리가 최초로 제련되는 사건은 도공이 공작석을 가마에 실수로 떨어뜨리면서 일어났을 것이다. 가마에 떨어진 공작석은 불에 탄 나무와 반응했고, 그러면서 공작석이 구리가 되었다. 도공은 가마를 청소하다가 순수한 구리 덩어리를 발견하고는 깜짝 놀라면서 기뻐했을 것이다. 그 당시 구리는 개울 바닥에서나 드문드문 구할 수 있었고, 주로 조그맣고 아주 값비싼 장신구용으로 쓰였다. 이와 유사한 또 다른 가설로는 공작석 조각을 도기에 장식용으로 박아 넣고 가마에서 구워낸 상황을 생각해볼 수 있다. 녹색 돌이 구리로 바뀌는 상황은 마치 마법처럼 보였을 것이다. 이런 과정을 다룰 줄 아는 사람들은 막강한 권력을 거머쥐었을 것이다!

구리가 처음으로 제련된 곳이 가마든 아니든, 우연한 발견은 어느 시대에나 그렇듯 다양한 실험이 일어나는 계기가 되었다. 제련법이 발견되자 광대한 신세계가 장인들의 탐구심을 향해 손짓했다. 고대 장인들은 모든 종류의 광물을 값진 금속으로 바꿔보려 했다. 봇물이 터진 것이다. 구리가 나온 마당에 금이라고 왜 안 되겠는가? 기본 물질을 금이나 은으로 바꿀 수 있다고 믿는 연금술은 틀림없이 제련에 성공했던 고대 시절의 경험으로부터 출현했을 것이다. 현 시대의 화학과 거기서 비롯된 놀라운 재료는 모두 광석을 제련하는 기술에 뿌리를 두고 있다. 우리는 가설 속의 도공에게 큰 빚을 지고 있다.

제련법은 우리에게 금속을 가져다주었지만, 동시에 여러 가지 문제점도 안겨주었다. 도끼날 열 개에서 스무 개를 만들려면 구리 5킬로그램을 제련해야 하고 그러려면 숯 100킬로그램이 필요하다. 나무는 뚜껑을 덮은 구덩이에서 태워 수분과 진을 제거하고 나면 탄소와 재가 섞인 다공성 혼합물만 남아 숯으로 변한다. 숯 450그램을 얻으려면 나무 3킬로그램이 필요하므로 구리 450그램을 얻으려면 나무 60킬로그램이 필요하다. 금속에 대한 수요가 많아지자 제련소는 나무를 무지막지하게 소비했다. 수천 년 후 이 끊임없는 목재 수요 때문에 영국에서는 목재가 부족해졌다. 삼림이 빠르게 사라져가는 상황 속에서 영국인들은 우연히 석탄이라는 형태의 새로운 탄소 공급원을 발견했고, 이는 산업혁명의 원동력이 되었다.

숯 형태의 탄소는 고대 사회가 금속 기반 사회로 나아가는 중요한 발판이었지만, 지금은 뒷마당 바비큐 파티, 예술인의 작업실, 수조용 필터에 사용되는 신세가 되고 말았다. 그러나 흑연, (보석이 아닌 공업용) 다이아몬드, 코크스[석탄으로 만든 연료]는 오늘날에도 중요한 역할을 맡고 있다. 또 탄소는 석탄이나 석유의 형태로 현대사회의 동력이 되어주고 있으며, 폴리머[고분자 화합물]나 탄소 섬유 복합 재료의 구성 요소로서 우리의 물질문화를 뒷받침하고 있다. 우리 인체 역시 대체로 탄소 기반의 폴리머로 이뤄져 있다. 자연에는 재료와 에너지의 원천이 되는 나무와 석탄, 석유가 풍부하다. 하지만 17세기, 18세기 사람들이 점차 나무 대신 석탄을 사용하게 되었듯이 우리도 곧 21세기에 고갈될 석유 대신 사용할 자원을 찾아내야 할 것이다.

역사는 한 가지 원재료가 고갈되면 다른 재료가 발견되거나 완전히 새로운 대체제가 나타난다는 사실을 알려준다. 근동 지역에서 구리에 대한 수요가 높아지면서 산화물 광석과 탄산염 광석 광상이 바닥을 드러내자 제련소는 황이 다량 함유된 광석을 주로 사용하게 되었다. 황이 다량 함유된 광석은 추가로 '구워주는' 과정을 거쳐야 해서 제련하기가 더 까다롭다. 이 추가 과정을 통해 이산화황 상태의 황을 대부분 태우면 구리를 추출하는 마지막 단계에 적합한 산화물·황화물 혼합물이 남는다. 과정이 복잡하기는 하지만 훗날 황화 광석 제련은 기원전 2000년대 말기에 철기 시대를 여는 중요한 계기로 작용했다. 구리가 많이 함유된 황화 광석은 매장량이 풍부할 뿐 아니라 철도 함유하고 있었기 때문이다.

광물을 찾아 나선 탐사자들

고대 탐광자들은 귀중한 광물을 찾아 나설 때면 갈라진 버드

가지나 점치는 막대기를 이용하는 탐사법과 같이 당시로서는 최신식 기술을 활용했다. 그들은 자신의 감각 기관, 그중에서도 특히 후각에 의지하기도 했다. 막대 끝에 마늘 향이 묻어나면 비소가 다량 함유된 광석이라는 뜻인데, 구리 광석은 대개 비소를 함유하고 있다. 또한 탐광자들은 나지막한 향나무가 구리 광석이 있는 지역에서 자랄 때가 많다는 사실도 알았다.

1556년, 독일 출신의 광산학자이자 의사인 게오르기우스 아그리콜라Georgius Agricola는 광산 및 금속에 대한 최초의 과학적 기술서인 《데 레 메탈리카De Re Metallica》를 저술했다. 이 기술서는 광산 기술자이자 미래에 미국 대통령에 오르는 허버트 후버Herbert Hoover가 아내의 도움을 받아 번역했다. 아그리콜라는 탐광자들이 다양한 광물을 어떻게 찾아냈는지 기술한다.

샘물은 구성 성분에 따라 맛이 천차만별이다. 탐광자가 감별하는 이런 물맛은 크게 여섯 가지로 나뉜다. 짠맛 계열의 물은 증발시키면 소금을 얻을 수 있음을 알려주고, 질소 계열은 소다를, 알루미늄 계열은 백반을, 황산 계열은 황을 얻을 수 있음을 알려준다. 역청이 녹아 있는 역청 계열의 물은 그 물을 증발시키는 탐광자에게 색깔로 정체를 드러낸다. (중략) 그러니 근면하고 부지런한 사람은 이런 성질을 살펴보고 활용하면 국가에 이바지할 수 있다.[4]

고대로 다시 돌아가서 이야기하자면, 이집트 파라오가 사용한 구리와 터키석은 시나이 사막 남부에서 채굴되었다. 이 소중한 물질을 찾아나서는 과정은 이집트의 초기 정복 활동과 제국 형성으로 이어졌다. 기원전 1900년대 말, 필경사들은 광산이 관직자와 광부들의 인내심을 어떤 식으로 시험했는지 기록해놓았다. 시나이반도의 엘 카딤에서는 이집트 제12왕조의 파라오 아메넴헤트 3세의 고위 관직자였던 호르-우르-레Hor-ur-Re가 기록한 명문이 발견되었는데, 이 명문은 뙤약볕 아래에서 일하던 이집트 광부들이 연고와 물약으로 치료받지 못하던 시대에 얼마나 가혹한 환경에 처해 있었는지를 생생하게 보여준다.

파라오는 신의 인장을 지닌 자, 국정 기관을 감독하는 자, 무기를 관리하는 자인 호르-우르-레를 이 광산에 보냈다. 이 땅은 두 번째 계절의 세 번째 달(6월)을 맞이했으나 이 시기는 이 광산 지역에 오기에 적절한 때가 전혀 아니었다. 신의 인장을 지닌 자는 이 시기에 이 광산 지역에 올지도 모르는 관리들에게 다음과 같이 말한다.

"그대들은 이곳으로 오게 되었다고 얼굴을 찌푸리지 마시오. 시나이 광산을 주관하는 하토르 여신께서 이번 일을 좋은 기회로 되돌려주실 것이오. 나 역시 그랬다오. 이집트에서 이곳으로 오는 길에 나는 얼굴을 찌푸리고 있었소. 내 경험으로 보건대 이 고지대에 여름이 찾아와 땅이 타오르듯 뜨거워지면 이곳을 배겨낼 만한 피부는 없고, 산은 피부에 물집을 찍어놓는다오. 광산 현장에 도착하던 날, 나는 인부들에게 계속해서 이런 말을 건넸소.

'이 광산에 있는 자들은 얼마나 복된가!'

그러자 그들이 말했소.

'터키석이야 항상 산에 있으니, 이런 계절에 우리가 찾아내야 할 것은 이곳에서 견딜 수 있는 피부입니다. 흔히들 이런 계절에 광석이 난다고 들 하지만 이 힘겨운 여름 동안 저희에게 정말로 간절한 것은 이 시기를 견뎌내게 해줄 피부입니다!'"[5]

고고학자들은 사해 인근 나할 미슈마르에 있는 동굴에서 발굴 작업을 펼치다가 인류가 초창기에 구리를 어떻게 사용했는지를 보여주는 유물을 발견했다. 베두인이 먼저 발견한 이 동굴에 관심을 갖게 된 이스라엘 고고학자들은 기원후 2세기(유대인이 로마에 저항해서 바르 코크바의 난을 일으킨 시기)에서 기원전 4000년대(금석병용기에 속하며, 금석병용기라는 명칭은 그리스어로 '구리'를 뜻하는 '칼코스chalkos'에서 유래함)에 이르는 동굴 바닥 층을 체계적으로 조사했다. 고고학자들은 오늘날 유대인의 사막 보물창고라고 불리는 은닉처를 발굴했고, 거기서 주로 금석병용기에 사용하던 아름다운 금속 유물을 여럿 찾아냈다. 여기서 찾아낸 구리와 구리-비소 합금 유물의 용도와 기원은 아직 제대로 밝혀지지 않았다. 아마도 이 유물은 신전에서 약탈되었거나 아니면 파라오의 약탈을 피해 엔게디에 있던 신전의 유물을 옮겨 묻은 것일지도 모른다.

이 유물 중 다수는 굉장히 복잡한 물체를 통째로 주조할 수 있는 '탈납주조법lost wax'으로 제작되었다. 이외에 또 다른 주조법으로 개방형 틀이나 폐쇄형 틀을 이용하는 방법이 있기는 했지만, 탈납주조법이 나오면서 그전에는 보지 못하던 섬세하고 복잡한 모양을 만드는 것이 가능해졌다. 예컨대 장인은 먼저 단단한 점토 코어 위에 밀랍으로 왕관 모형을 만들고는 밀랍 표면에 무늬를 새긴다. 그다음에 모형을 점토로 감싸 세세한 밀랍 무늬를 모두 채우고는 조심스럽게 아래 위에 구멍을 남겨둔다. 점토가 굳고 나면, 이것을 흙 속에 묻고 굽는다. 굽는 동안 밀랍이 타거나 녹아서 구멍으로 빠져나오면, 즉 탈납되면, 주조용 도기 틀이 만들어진다. 이 안에 액체 금속을 부어서 식히고 굳히고 나면 틀을 부수어 연다. 유대 광야에서 나온 이러한 '왕관'은 기원전 4000년대 장인들이 수준 높은 기술을 보유하고 있었음을 또렷이 보여준다. 고대의 탈납주조법은 지금도 쓰이고 있으며, 중요한 고급 기술에도 적용되고 있다. 제트 터빈 엔진에 들어가는 단결정 날이 바로 그런 사례다.

유대 광야에서 발견된 보물은 근동 지역에서 구리와 구리-비소 합금이 처음으로 널리 사용되기 시작한 기원전 4500~3150년에 제작되었으며, 이것은 금석병용기 장인들의 야금 기술이 절정에 이르렀음을 보여준다. 기원전 3200년경에는 구리에 주석을 첨가하는 청동 제작법이 나오면서 청동기 시대가 시작되지만 구리와 구리-비소 합금은 도구 및 무기용 금속으로 천 년 더 사용된다. 재료로 인류 역사의 시대별 명칭을 구분하는 것은 사실 과학적 행위라기보다는 예술적 행위에 가깝다.

대개 청동과 구리-비소 합금은 중량의 90~95퍼센트가 구리이고 여기에 두 번째 물질인 주석을 소량 섞는다. 제련공은 왜 구리에 주석을 섞기 시작했을까? 하나의 금속 안에 다른 금속을 녹이는 작업은 물에 설탕을 녹이는 것과 흡사하다. 구리 제작공은 먼저 구리를 녹인 물에 주석을 녹이고는 이것을 식히고 굳혔다. 그런데 왜 하필 고대 근동 지역에서 신성하게 여기던 주석을 두 번째 물질로 첨가했을까?

첫째로는 기술상의 이유가 있었다. 우리는 순금속이 본질적으로 강도가 약하고 항복응력이 7메가파스칼도 되지 않는다는 사실을 알고 있다. 고대에 합금을 만드는 것은 두 가지 이점이 있었다. 첫째로는 '고용 경화solid solution hardening'라는 과정을 통해 강도가 증진되고, 둘째로는 녹는점이 낮아져서 주조가 쉬워진다. 고용 경화는 녹는(혹은 용질) 원자가 녹이는(혹은 용매) 원자보다 크거나 작을 때 일어난다. 예를 들어 구리 원자와 비소 원자는 각각 지름이 2.56옹스트롬과 2.51옹스트롬이다. 비소 원자는 구리 원자보다 작기 때문에 전위 선 쪽으로 이끌리는데, 이 전위 선에서는 추가된 원자 평면이 인접한 두 평면 사이를 비집고 들어가는 형국이어서 재료 내 원자 간의 간격이 더 좁다. 다시 말해서 크기가 작은 비소 원자가 국지적 혼잡을 해소해주는 것이다. 이러한 전위에 하중이 가해질 때, 추가 평면상의 비소 원자 무리가 전위의 이동을 방해해서 금속이 더 단단해진다.

천연 구리는 원래부터 귀하지만 광대한 충적토가 펼쳐진 메소포타미아 평야에서는 특히나 더 귀했으며, 바로 이 때문에 점토와 돌로 된 도구에서 금속 도구로 넘어가는 과정이 아주 느릿느릿하게 일어났다. 구리는 최초로 발견되고 나서도 유용한 도구를 제작할 수 있을 정도로 양이 넉넉해지기까지 수천 년이 걸렸다. 고대 상인들은 구리 사업으로 큰 이익을 얻었다. 그들은 구리를 (교역용으로 보이도록) 소가죽처럼 납작한 모양에 무게가 30킬로그램 정도 되게 만들어서 교역에 나섰다. 기원전 3000년대 초 메소포타미아 장인들은 수입한 구리로 화분, 거울, 단검, 괭이, 쟁기를 만들었다. 금속으로 만든 도구는 무척 귀해서 고고학자들에 의해 무수히 출토되는 도기 유물과 달리 출토되는 일이 드물다. 그 이유는 구리가 끊임없이 재활용되었기 때문이다. 우르에서 발견한 쐐기문자 기록을 보면 대장장이들이 재가공 작업을 위해 창고에서 "구리 낫 1,083자루, 구리 괭이 60자루"를 지급받았다는 내용이 나온다.[6]

초창기 구리 유물에는 비소가 소량 포함되어 있는데, 이 비소는 대장장이가 첨가한 것이 아니라 일반적인 구리 광석에 포함되어 있는 불순물이다. 장인들은 고용 경화와 가공 경화를 통해서 구리로 만든 도구나 무기의 강도를 증진할 수 있었다. 청동은 주석이 10중량퍼센트 함유되어 있어서(즉, 주석 10그램을 구리 90그램에 더해서) 순수한 구리보다 강도가 높고, 또 순수한 구리에 비해서 녹는점이 80도 낮아서 주조하기도 더 쉽다(액체에 두 번째 물질을 첨가해 어는점을 낮추는 방법은 일상 속에서 흔히 쓰인다. 예컨대 도로에 소금을 뿌리는 방법은 얼음의 어는점을 0도 이하로 낮춰 얼음을 녹이는 것이다). 구리-비소 합금에서 구리-주석 합금으로 넘어가는 과정에서 재료의 기계적 성질이 약간 개선되었다. 두 합금 모두 도구나 무기를 만들 때 가공 경화로 강도를 증진할 수 있기는 하지만 주조 후에는 구리-주석 합금인 청동 도구의 성질이 더 우수하다.

비소의 문제점은 제련하는 동안 비소가 구리 광석에서 빠져나온다는 것이다. 비소는 공기 중에서 가열하면 삼산화비소가 되는데 삼산화비소는 쉽게 승화하는, 즉 고체가 곧장 기체로 바뀌어버리는 휘발성 성분이다. 비소의 휘발성 때문에 합금 성분에는 커다란 변동성이 생기고, 그 결과 재료의 기계적 성질에도 변동성이 생긴다. 이와 달리 대장장이가 석석(비교적 순수한 산화주석 광석)에 함유된 주석으로 만드는 청동은 구성 성분과 재료의 성질을 일정하게 유지하면서 반복 생산할 수 있었다.

구리-비소 광석인 황비동석(흑회색 황화물)은 비교적 희귀했다. 아마도 장인들은 구리-비소 광석이 바닥나자 어쩔 수 없이 비소가 들어 있지 않은 광물을 제련하다가 우연히 청동을 얻었을 것이다. 비소가 들어 있지 않은 광물은 매장량은 많지만 이런 광물에서 얻은 구리는 품질이 좋지 못했다. 탐광자들은 비소가 들어 있는 다른 광석을 찾다가 황석석(주석과 철을 함유한 구리 황화물)을 황비동석으로 오인한 듯한데, 이 황석석은 합금을 만들면 구리-비소 합금과 비슷한 성질이 나타난다. 하지만 황석석 합금은 사실 청동이다.

고대 사료에 기록된 합금의 흔적

초창기 합금은 각 지역별로 처한 조건이 다르기 때문에 기원

설이 분분한 경우가 많아서, 기원전 2000년대로 거슬러 올라가는 이집트 고분의 벽화는 청동의 유래에 대해 또 다른 이야기를 들려준다. 이집트 고분 벽화를 보면 금속공은 구리와 주석 덩어리를 의도적으로 함께 녹인 듯하다. 이 가설을 뒷받침하듯 마리에서 출토한 쐐기문자에는 다음과 같은 내용이 실려 있다.

세척한 구리 $2\frac{5}{6}$ 미나[고대 이집트의 중량 단위로 1미나는 약 500그램]에 주석 $\frac{1}{3}$ 미나를 더해 8 대 1로 합금을 한다. 그러면 총 3미나 10세겔의 청동이 나온다.[7]

이 문서에는 구리에 주석을 더해서 청동을 제작했다는 이야기가 분명하게 실려 있다. 구리와 주석을 함께 넣은 이유가 무엇이고 그 방법을 어떻게 찾아냈든, 장인들이 청동의 존재를 알게 된 이후로 청동은 1000년 이상 도구와 무기를 만드는 재료로 각광받는다.

구리 제련에는 커다란 대가가 따랐다. 초창기 구리 제련공은 가마에서 흘러나오는 독성 물질인 삼산화비소를 들이마셔야 하는 환경에 노출되었다. 비소는 인체에 쌓이면 신경계 손상과 근위축을 일으킨다. 구리 금속공과 제련공은 불구가 되거나 수명이 짧은 경우가 많았다. 호메로스는 《일리아스Ilias》에서 그리스 신들을 묘사하면서 대장장이인 헤파이스토스를 불구로 그렸다. 헤파이스토스의 증상은 분명 비소 중독이었을 것이다. 헤파이스토스는 로마 신화에서는 불카누스라는 이름으로 등장하는데 불카누스 역시 불구였다. 반면 주석은 인체에 무해하기 때문에 청동이 구리-비소 합금을 대체한 것은 구리 금속공의 건강에 보탬이 되었다.

숱한 위험에도 고대 청동 금속공들은 거대 조각상을 주조하는 놀라운 기술을 발전시켰다. 기원전 1000년경 솔로몬을 도와 예루살렘에 솔로몬 성전을 지은 히람의 티레왕은 높이 23규빗[약 11.5미터]짜리 청동 기둥과 청동 물통을 주조했으며 여기에 얽힌 이야기는《구약성경》〈열왕기〉 편에 실려 있다.

직경은 10규빗이고, 높이는 5규빗이며, 그 주위로 30규빗짜리 줄을 두를 만하다. 바다 모양 물통을 떠받치는 것은 놋쇠 황소 12마리로 3마리는 북쪽을 바라보고, 3마리는 서쪽을 바라보고, 3마리는 남쪽을 바라보고, 3마리는 동쪽을 바라보고 서 있었다. (중략) 왕은 이 기구들을 숙곳과 사르단 사이에 있는 요단 계곡의 진흙에 부어서 만들게 하였다. 기구가 너무 많아서 솔로몬이 그 무게를 달지 못하였으므로, 여기에 사용된 놋쇠의 무게는 아무도 모른다.

이로부터 두 세기 반 뒤, 기원전 704년~681년에 아시리아를 다스린 왕 산헤립은 니네베 중앙 언덕 정상부에 자리 잡은 자신의 "비할 데 없는 궁전"을 이렇게 묘사했다.

사자 8마리가 (지지대 없이) 다리를 들고 서서 달려들 듯한 자세로 서 있는데, 이 사자상은 밝은 구리 340톤으로 주조했다. 거대한 기둥 2개에는 구리 180톤이 들어갔다. (중략) 신을 지키는 산양 네 마리는 은과 구리로 만들었으며……. 내 머리와 가슴이 이끄는 대로 나는 청동 작품을 만들고 청동을 정교하게 단조했다. 나무로 만든 거대한 기둥과 가로대 위에는 넘쳐흐르는 힘과 광채와 풍요로움이 서린 사나운 거대 사자상 12개와 거대 황소상 12개와 거대 암소상 22개가 있는데, 나는 신의 명령에 따라 반 세겔짜리 물건을 만들 때처럼 점토 틀을 만들고 그 안에 청동물을 부어 조각상 공사를 끝마쳤다.[8]

산혜립의 말이 사실이라면 사자 한 마리는 무게가 47톤이고, 크기는 실제 사자의 약 3배다. 각 구리 기둥의 무게는 100톤이며, 이는 보잉 757기가 싣고 이륙할 수 있는 중량보다 약간 적은 수준이다. 50년 뒤 니네베 아슈르바니팔 궁전 돌 조각에 새겨진 산혜립 궁전은 산혜립이 묘사한 대로 청동 기둥이 사자 뒤에 놓여 있는 모습으로 표현되어 있다.

솔로몬이 자신의 성전을 세운 지 400년이 지난 기원전 587년, 바빌로니아 왕 네부카드네자르 2세는 예루살렘을 약탈했다. 두 왕과 관련된 이야기에는 경이로운 금속 작품이 똑같이 등장한다.

칼데아인(바빌로니아인)은 여호와의 성전에 있던 청동 기둥과 연단, 청동 물통을 조각내고는 바빌론으로 가져갔다. (중략) 솔로몬이 여호와의 성전을 위해 만들었던 두 기둥과 연단, 물통에 들어간 청동은 무게를 달 수 없는 수준이었다. 기둥 하나의 높이는 18규빗(9미터)이었고,

기둥 위에는 청동으로 만든 기둥머리가 있었는데 이것은 높이가 3규빗 (1.5미터)이었다.

예루살렘이 함락된 후 이스라엘인들은 바빌론으로 끌려갔고, 그들의 경이로운 청동 작품은 약탈되어 적의 가마 속에서 녹아내렸다.

《구약성경》〈열왕기〉와 산혜립이 묘사하는 엄청난 주조물은 분명 인상적이고 지배자의 자존심을 세워주었겠지만 문자 그대로나 비유적으로나 노동자들의 등골 위에 세워졌다. 재료가 각 시대를 가르는 명칭으로 자리 잡은 이유는 왕을 찬미하는 기능으로 쓰였기 때문이 아니라 일반인들의 일상생활을 비롯한 문화 전반에 커다란 영향을 미쳤기 때문이다. 커다란 주조물은 일반인들의 삶에서는 커다란 골 칫거리에 지나지 않았다. 구리와 청동은 어떤 식으로 자신의 세력권을 넓혀간 것일까?

돌이나 점토, 뼈로 화살촉이나 낫, 망치, 단검, 도끼를 만들던 시절에는 기술공이 그런 물건을 한 번에 하나씩 만들어냈다. 하지만 금속공의 경우에는 먼저 주조 과정을 통해 원하는 물체의 형태를 만든 다음에 망치로 두드려서 날을 날카롭고 단단하게 만들었으며, 이런 방식으로 성능이 좋은 제품을 훨씬 빠르게 생산해냈다. 이것은 오래전에 시도된 또 다른 형태의 대량 생산 체계였다. 청동 금속공은 금속 도구가 구부러지거나 무뎌졌을 때 이를 쉽게 펴고 날카롭게 만들 수 있었다. 무엇보다 의미가 있었던 것은 이제 도구가 용도에 꼭 맞는 형태를 갖추게 되었다는 점이었다. 예를 들어, 목공은 자귀에 아주 얇은 날이 달려 있는 것을 선호한다. 그러면 나무를 정밀하고 얇게 깎아낼 수 있기 때문이다. 자귀와 같은 도구는 금속으로 쉽게 만들 수 있다. 자귀 날을 돌로 조그맣게 만들면 자귀 작업의 정확도가 현저하게 떨어질 뿐 아니라 날이 쉽게 깨지거나 부러진다. 금속 쟁기 역시 나무나 돌로 만든 쟁기보다 성능이 좋았다. 이로 인해 경작 가능한 토지의 면적이 늘어났고, 덕분에 메소포타미아 최초의 도시인 우르, 우루크, 에리두와 같은 도시는 많은 인구를 먹여 살렸으며 남는 식량으로 교역을 하기도 했다.

개량된 것은 쟁기만이 아니었다. 농부와 목동은 쟁기나 수레를 끄는 말이나 소, 당나귀를 부리기가 여간 어렵지 않았을 것이다. 가축이 가죽 재갈을 물어뜯거나 침을 묻히는 통에 재갈이 성할 날이 없었기 때문이다. 청동 재갈과 뺨 끈은 이런 상황에서 획기적인 해결책이 되어주었다. 무엇보다도 장인들은 톱날이나 송곳처럼 돌이나 점토로는 만들기가 사실상 불가능한 전혀 새로운 도구를 선보였다.

전쟁 도구도 개량되었다. 청동 덕분에 금속 갑옷을 만드는 것이 가능해졌다. 물론《구약성경》에 나오는 기원전 1000년경의 다윗과 골리앗 이야기처럼 청동 갑옷이 늘 좋기만 한 것은 아니었다. 다윗은 사울이 건네는 갑옷을 무겁다는 이유로 거절하고는 그 대신 자신의 막대기와 돌팔매용 끈과 돌멩이 다섯 개의 힘을 믿었다. 골리앗의 육중한 청동 갑옷은 이마로 정확하게 날아오는 돌팔매 앞에서는 무용지물이었다. 하지만 다윗은 신의 은총을 받은 특수한 사례였을 뿐, 전쟁이 빈발하던 시기에는 대개 청동기를 갖춘 쪽이 승리를 거뒀다.

구리와 구리 합금은 오늘날 강철과 알루미늄이 그러하듯이 고대 세계를 지배했지만 그 이외의 금속 역시 발견되고 이용되었다. 지금부터는 인간의 탐욕과 떼어놓을 수 없는 두 물질을 살펴보도록 하겠다.

금과 은,
그리고
제국의 부흥

세상을 바꾼 아름다운 금속

그리스를 부유하게 만든 은

화폐의 역사

"오, 황금을 갈망하는 저주받을 탐욕이여!"

– 베르길리우스Vergilius, 《아이네이스Aeneid》

세상을 바꾼 아름다운 금속

우리 조상들은 금과 은을 얻기 위해, 그것도 금과 은이 실질적인 용도로 쓰이기 때문이 아니라 희귀하고 아름답다는 이유로 살인을 저지르고 심지어 문명을 통째로 말살했다. 철과 구리는 산소와 만나면 광택을 잃고 색이 변한다. 사실 철은 공기 중에서 급격하게 산화되어 까만 산화철이 되거나 녹이 슬기 때문에 오래도록 색깔이 검은 금속으로 여겨졌다(대장장이라는 뜻의 영어 단어 '블랙스미스 blacksmith'는 바로 여기서 생긴 말이다). 반면 금은 산소와 반응하지 않았고, 그래서 금의 노란 오렌지 빛과 광택은 사람들에게 특별한 매력으로 다가왔다. 금은 부식되지 않기 때문에 고귀한 금속 중 하나이며, 금의 자태와 가치를 생각해보면 누구라도 그 말에 즉각 동의할 수 있을 것이다. 금은 가단성 덕분에 형태를 잡기가 쉬워서 망치로 두드려 0.0025밀리미터까지 얇게 펼 수 있다. 기원전 2600년경에 조성된 우르의 왕족 고분을 살펴보면 우르 귀족층은 수메르 사제에 버금갈 정도로 부유했고 우르 금세공인은 금세공 기술이 무척 뛰어났다는 점을 알 수 있다. 우르에서 출토된 유물 중에는 당대 수메르인의 복잡한 헤어스타일을 자세히 보여주는 금관과 청금석으로 장식한 단검이 있었는데, 단검은 모양이 무척 현대적이어서 처음에 고고학자들은 이것이 13세기 아라비아 장인이 만든 것이라고 믿었다.

고대 탐광자들은 금을 석영 광맥 속에서 찾거나 아니면 침식 작용에 의해 떨어져 나온 금덩이의 형태로 찾아냈다. 금덩이가 둥그런 이유는 가단성이 있는 금이 하천을 따라 굴러다니기 때문이다. 초창기 광부들은 금을 채취하는 아주 색다른 방법을 고안해냈다. 먼저 석영을 으깨서 물에 푼 다음 이 '현탁액'을 양털 위에 붓는다. 그러면 무거운 금 입자가 가라앉아 양털의 기름기에 들러붙는다. 유명한 그리스 신화 속에서 이아손과 그리스 영웅들은 자신들이 타고 간 배인 아르고호에서 이름을 딴 아르고 원정대를 꾸리고는 황금 양털을 되찾으러 나선다. 신화 속 황금 양털 이야기에는 당시 사람들의 생활상이 반영되어 있다.

근동 지역에서는 대체로 금이 많이 나지 않았지만 이집트는 예외였다. 이집트 광부들은 누비아 사막에 있는 금광 100여 곳에서 금을 채취했다('누비아'는 이집트어로 '황금의 땅'이라는 뜻이다). 순금으로 만든 투탕카멘의 장식함은 놀랍게도 무게가 100킬로그램이 넘으며, 이

것으로 볼 때 분명 이집트 파라오는 막대한 양의 금을 보유하고 있었을 것이다. 파라오의 고분은 금이 한가득 들어 있다는 소문 탓에 오랜 세월에 걸쳐 도굴되었다. 파라오가 가장 탐내던 물건은 파라오가 가장 두려워하던 일, 즉 자신의 마지막 안식처가 훼손되는 사건의 빌미가 되었다.

프리기아의 왕 미다스에 얽힌 전설은 금을 향한 인간의 탐욕을 적나라하게 보여주는 사례다. 미다스는 신에게 황금의 손을 갖게 해달라고 부탁하지만, 바로 그 황금의 손 때문에 자신이 굶어죽을지도 모른다는 공포감에 빠지고 만다. 결국 미다스는 신에게 자신의 재능을 도로 가져가 달라고 요청한다. 좋은 것도 지나치면 독이 될 수 있음을 깨달은 것이다.

금과 달리 은은 공기나 물속의 기체와 재빠르게 반응해 황화은 화합물을 형성하기 때문에 (즉 변색되기 때문에) 자연에서는 보기가 쉽지 않다. 금과 은은 '일렉트럼'이라는 합금 속에서 같이 발견될 때가 많다. 우르의 귀족층 고분에서 출토된 말 재갈 장식 속의 아름다운 당나귀 조각을 보면 알 수 있듯이 일렉트럼은 고대 장인들이 장신구 재료로 가장 선호하는 물질이었다.

고대인은 은을 주로 연광석에서 얻었지만, 은 제련법이 발견되기 전까지 장인들이 사용할 수 있는 은은 양이 아주 적었다. 귀중한 은을 추출하기 위해 제련공은 먼저 연광석에서 은이 소량 들어 있는 납을 뽑아낸다. 그다음에는 '회취법cupellation'을 실시한다. 회취법이란 납을 얇은 다공성 그릇인 '회취' 그릇에 담고는 이것을 은의 녹는점인 961

도 이상으로 가열해 산화시키는 방법이다. 그러면 산화납은 증발하거나 그릇의 미세한 구멍에 흡수되고 그릇 속에는 반짝이는 은 방울만 남는다. 하지만 연광석에서 은을 추출하게 되기까지는, 납이 처음 발견된 기원전 7000년부터 기원전 4000년에 이르는, 3000년이라는 시간이 걸렸다. 그마저도 당시에는 광석의 질과 기술 수준이 낮아서 납 1톤에서 은을 500그램 정도밖에 추출하지 못했다. 서력기원 초기에는 가장 부유한 광산도 납 1톤에서 은 5킬로그램 정도를 생산해낼 뿐이었다. 우리는 고대인들이 연광석에 소량의 은이 들어 있다는 사실을 어떻게 알아냈는지 추측만 할 수 있을 뿐이고, 회취법이라는 놀라운 기술로 극미량의 은을 추출했다는 사실 앞에서는 감탄을 금할 수가 없다.

탐욕은 발명을 이끌어내는 아주 강력한 동기다. 불행히도 회취법은 과정이 복잡할 뿐 아니라 산화납 증기의 대부분이 회취 그릇에서 빠져나가버리는 통에 지저분하기까지 하다. 오늘날 유럽에 있는 여러 호수는 지난 3~4000년간 은을 제련하는 과정에서 배출한 고농도의 납에 오염되어 있다.

납은 광석에서 추출한 초창기 금속 중 하나로, 주로 황화납을 함유한 방연석에서 추출되었다. 방연석은 가열하면 황화납과 산소의 혼합물로 분해되는데, 이 혼합물이 800도에서 반응을 일으키면 납 금속이 형성된다. 납은 구리나 구리 합금에 비해 강도가 훨씬 약해서 도구나 무기 재료로는 적합하지 않았다. 고대에 납은 주로 건축용 블록이나 지붕재를 연결하는 철물로 쓰이거나 아니면 주석과 합금해서 금속을 연결하는 땜납으로 쓰였다.

납은 아주 무르고 모양을 만들기가 좋았기 때문에 기원전 1000년
대 후반 그리스와 로마에서는 납으로 상수도관을 만들었다. 그래서
로마가 멸망한 원인으로 납중독을 의심하는 사람들이 많다. 물이 납
으로 만든 수도관을 통과하면 물에 녹아든 납 성분이 점차 인체의 신
경계와 뼈, 간, 췌장, 치아, 잇몸에 쌓여간다. 납은 적혈구 생산을 방해
해 빈혈을 유발하고 빈혈은 피로, 두통, 현기증을 동반한다. 혈액 속
에 납 성분이 많이 쌓이면 신경계가 손상되어 죽음에 이르기도 한다.

납에서 얻은 성과에 고무된 진취적인 금속공들은 값어치가 떨어지
는 물질을 금과 은으로 바꾸는 새로운 방법을 찾아나섰다. 납에서 은
을 얻었으니 다른 재료에서도 같은 성과를 거둘 수 있으리라는 것이
그들의 생각이었다. 기원전 1200년대에 바빌론을 다스리던 왕 네부
카드네자르 1세(이스라엘인을 대거 포로로 잡아갔던 네부카드네자르 2세
의 먼 조상)는 구리와 청동에 알려지지 않은 광물을 섞어 은을 합성하
려는 시도뿐 아니라 돌가루, 붉은 알칼리성 물질, 우유, 꿀, 와인을 가
열해 귀금속을 만들려는 시도에 대해서도 언급한다. 이런 시도들은
실패하고 말았다. 연금술사들의 노력은 1950년대 초 과학자들이 흑
연을 다이아몬드로 탈바꿈시키는 데 성공하고 나서야 실현된다. 물
론 이것은 연금술이 아니었다. 온도와 압력이 탄소로 이뤄진 다양한
결정의 안정성에 영향을 미친다는 사실을 알게 된 과학자들이, 이를
응용해 탄소의 단일 결정 구조 혹은 '결정상(단일한 물질이 특정한 구조
를 이룬 것)'을 다른 것으로 탈바꿈시킨 결과였다.

그리스를 부유하게 만든 은

기원전 6세기 말에는 아테네 근처의 라우리온에서 은이 다량 함유된 방연석 광산이 발견되었고, 이는 기원전 5세기에 도시 국가 아티카가 부강해지는 아주 중요한 역사적 배경이 되었다. 그리스는 라우리온 광산에서 나는 은을 이용해 3단 노가 달린 군용선으로 대형 함대를 꾸렸고, 이 함대는 기원전 480년 살라미스섬에서 페르시아 크세르크세스 왕의 함대를 물리쳤다. 선대 키루스 왕과 다리우스 왕 시절에 영토를 급격히 팽창했던 대제국 페르시아는 살라미스 해전에서 함대를 잃은 것을 기점으로 운명이 뒤바뀌어버렸다.

기원전 4세기 중반에 등장한 마케도니아 왕 필리포스 2세는 페르시아의 종말을 예고하는 전조나 다름없었다. 필리포스 2세는 트라키아 지방 판가이온 산의 금광을 손에 넣음으로써 무적에 가까운 군대를 양성할 수 있었다. 필리포스 2세의 군대는 팔랑크스라는 새로운 밀집 전투 대형을 사용했으며, 이 전법으로 그리스 도시 국가들을 정복하고 통합했다.

기원전 336년에 필리포스 2세가 암살된 후, 그의 아들 알렉산더 대왕(필리포스 2세 암살에 가담했다는 설이 있다)은 남쪽으로는 이집트에서 동쪽으로는 인더스강에 이르는 정복 전쟁에 나서서 페르시아를 멸망시켰다. 알렉산더의 정복 활동이 낳은 중요한 사건 중 하나는 이집트에 알렉산드리아를 건설한 것이었다. 훗날 알렉산드리아는 인구가 100만 명에 이르렀고, 오랫동안 교육과 무역의 중심지 역할을 했다. 학자들은 이곳 알렉산드리아에서 아람어와 히브리어로 쓰인 구약성경을 그리스어로 옮기기 시작했다.

물론 이런 역사적 사건이 모두 라우리온 광산에서 난 은이나 판가이온 산에서 난 금 때문에 일어났다고 단정적으로 말할 수는 없다. 하지만 금과 은이 가져다준 부가 없었다면 그리스는 페르시아와의 전쟁에서 패했을 것이고, 동지중해의 역사는 상당히 다른 방향으로 흘러갔을 것이다.

납에서 은을 더 효율적으로 추출해낼 수 있었다면, 그리스인들은 훨씬 부유해졌을 것이다. 연광석은 은 함유량의 3분의 1이 추출되지 못한 채 라우리온 인근에 버려졌다. 3세기에 이르러 로마 제련공들은 은이 0.005퍼센트에서 0.010퍼센트 포함된 이러한 제련 찌꺼기 200만 톤을 다시 제련했다. 이 제련 찌꺼기는 1850년대에 들어서 다시 한번 더 제련되었다.

금과 은은 알렉산더 제국의 후계자인 로마가 부흥을 맞이하는 과정에서도 중요한 역할을 했다. 로마는 스페인 시에라모레나산맥의 리오 틴토 유역에 거대한 광산 지구를 설치하고는 공학 기술을 활용해 금과 은이 들어 있는 구리 광석을 제련해 제국 경영의 밑바탕으로 삼았다. 로마는 아우구스투스 황제가 집권하던 시절에 인구가 100만 명에 육박했음에도 해마다 이집트나 북아프리카에 있는 식민지에서 곡물 20만 톤에서 40만 톤을 수입해야 사람들을 먹여 살릴 수 있었다. 로마는 자체 생산하는 곡물이 아주 적었고, 곡물을 확보하기 위한 재원은 세금과 전리품, 광산에서 나오는 수익으로 충당했다.

로마의 광산에서 일하는 노예들은 이루 말할 수 없이 비참한 조건에서 일했다. 일부 광산 노예들은 몇 달 동안이나 햇빛을 보지 못했다. 서기 2세기의 로마 작가 아풀레이우스Apuleius는 《황금 당나귀*Asiuns Aureus*》에서 제분소 노예들의 모습을 그리는데, 이를 통해 우리는 당시 노예들이 얼마나 열악한 상황에 놓여 있었는지를 알 수 있다.

노예들이 걸친 누더기 같은 옷은 그들의 흉터가 난 등을 덮고 있다기보다는 그저 가리고 있을 뿐이었고, 그 사이에 뚫린 구멍으로는 채찍질 자국이 줄지어 있었다. 그러나 그런 옷마저 입지 못하고 아랫도리만 걸친 사람도 있었다. 노예들은 이마에 글씨가 새겨져 있었고, 머리는 반 삭발에 다리에는 족쇄를 차고 있었다.

로마의 제련공들은 황제가 임명한 책임자로부터 끊임없이 스페인 광산의 생산량을 늘리라는 압박을 받았기에 다양한 신기술을 개발해냈다. 그중 하나가 아말감법, 즉 금이나 은이 함유된 광석을 분쇄한 다음에 액체 수은과 접촉시켜서 금이나 은을 얻는 방법으로, 이 수은 혼합물에서 수은을 증발시키면 금과 은이 남는다. 로마인은 스페인 알마덴에 있는 광산에서 진사라고 하는 붉은색 황화수은 광물을 가열한 다음에 이것을 이산화황과 액체 금속으로 분해해 수은을 얻었다. 이로부터 한참 뒤인 1700년대에는 프랑스의 과학자 앙투안 라부아지에Antoine Lavoisier가 수은과 산소의 반응을 연구하는데, 그의 연구는 원소의 성질에 대한 무지의 장막을 걷어내고 화학의 기틀을 공고하게 세우는 아주 중요한 역할을 했다.

　로마의 제련공들은 스페인 광산에서 금과 은을 조금이나마 더 추출하기 위해 '용리liquation[금속 혼합물을 가열해 구성 성분을 분리해내는 방법]'라는 방법을 고안해냈다. 그들은 납 속에 든 금과 은이 구리보다 용해성이 훨씬 높다는 점을 이용해서 금과 은이 함유된 구리를 다량의 납과 함께 녹였는데, 그러면 납이 금과 은을 흡수한다. 구리와 납은 서로에게 녹아들지 않고 또 납은 구리보다 훨씬 낮은 온도에서 녹기 때문에(납은 328도, 구리는 1,083도), 납과 구리 혼합물은 가벼운 가열로 분리하여 금과 은이 가득 든 액체 구리를 뽑아낼 수 있다. 그런 다음에는 회취법으로 납에서 금과 은을 추출해내면 된다.

　로마의 제련공들은 복잡한 화학 공정을 갈고닦아 제국을 떠받쳤고, 또 로마는 새로운 금광을 찾고자 하는 끊임없는 욕구에 이끌려 점점 팽창해나갔다. 서기 2세기 초, 로마는 광대한 제국 내에 있는 금광이라는 금광은 모두 장악하기에 이른다.

　금과 은은 그리스 로마 이전 시대부터 무역 과정에서 중요한 역할을 했다. 현세가 시작되는 기원전 9000년대에는 무역이 물물거래를 바탕으로 이뤄졌다. 물물거래는 예를 들어 밀 판매자가 밀을 판매하는 대가로 청금석을 받기를 거부한다든가 하면 문제가 생겼다. 물론 밀 판매자는 나중에 더 큰 이익이 생기리라는 기대감을 품고 청금석을 받아둘 수도 있겠지만, 판매자와 구매자가 서로에게 필요한 물품을 맞춰야 하는 상황은 특히나 문자가 없는 시절에 무역을 방해했다. 무역이 확대되어가자 어디서나 통용되고 휴대가 용이하고 가치가 일정하게 유지되는 물품이 더욱 필요해졌다(밀의 가치는 유프라테스강의 범람에 따라 오르내렸다). 금과 은은 오래도록 가치가 유지되고 공급량이 상대적으로 부족했기에, 곧 사람들이 가장 선호하는 거래 수단으로 자리 잡았다. '금본위제'가 시작된 것이었다.

은은 저장하고 분할하고 녹여서 새로운 형태로 만들기가 쉽기 때문에 주요 통화 수단이 되었다. 고고학자들이 출토하는 은 보관함에는 무게를 달아 값을 치르기 좋은 보석 조각이 들어 있는 경우가 많다. 초창기 주화의 액면가는 세겔(11.42그램)처럼 무게가 기준이었다. 무게로 액면가를 표시하는 고대인의 방식은 영국의 파운드와 이스라엘의 세겔처럼 지금도 쓰이고 있다. 아브라함은 아내 사라를 묻기 위해 헤브론 인근 막벨라 동굴(이삭과 레베카, 야곱과 레아 등《구약성경》속의 족장과 족장의 아내들이 모두 잠들어 있는 곳으로 유대교도와 이슬람교도 모두에게 순례 장소다)을 400세겔에 매입했는데, 이것은 성경에 기록되어 있는 가장 오래된 은화 거래였다.

금과 은 이외에 '도구 화폐' 역시 또 다른 교환 수단으로 쓰였다. 가마솥, 꼬챙이, 삼발이와 같은 조리 도구는 그 용도에 따라 가치가 매겨졌다.《오디세이Odyssey》에 등장하는 테베 사람 폴리보스는 메넬라오스에게 "은 욕조 두 개, 다리 셋 달린 가마솥 두 개, 금화 10달란트"를 주는데, 이것으로 볼 때 기원전 1000년에는 가마솥의 가치가 아주 높았다는 것을 알 수 있다. 화폐 체계는 먼저 가치 척도가 되는 무게나 단위를 정하고, 은과 같은 귀금속을 그 가치 척도에 맞게 선택하는 식으로 발전해나갔다.

화폐의 역사

세계 최초의 주화는 기원전 7세기 그리스 도시 국가인 리디아에서 처음 나타났다. 화폐 발행인은 일렉트럼 덩어리를 금형으로 내리쳐서 화폐 발행처를 새겨 넣었다. 그다음 세기에는 리디아의 전설적인 왕 크로이소스가 일렉트럼을 순금과 순은으로 대체했다. 이에 따라 다른 도시들도 재빨리 화폐를 바꾸었으며, 그중 아테네는 라우리온 광산에서 나는 은으로 주화를 발행했다. 아마도 아테네의 부엉이 은화는 부엉이가 지혜의 여신이자 아테네의 수호신인 아테나를 상징하다 보니 고대 주화 중에서 가장 잘 알려져 있는 주화일 것이다. 은은 가치가 높았기 때문에 기원전 6세기에는 은화가 일상적인 거래 수단이 아니라 큰돈을 저장하고 운송하는 수단으로만 쓰였다.

아테네가 성장하고 민주주의가 발달해가자 화폐는 서비스 구매 수단으로서 수요가 늘어났다. 아테네인들은 배심원에서부터 동네 상인에게 구매한 물건에 이르기까지 모든 것에 대해 돈을 지불했다. 그 결과 기원전 5세기에 은화보다 가치가 훨씬 낮은 청동 화폐가 처음으로 등장했다. 에게해 지역에서는 기본 무게 단위가 은 1드라크마(드라크마는 '한 움큼'이라는 뜻)였는데, 은 1드라크마는 무게가 3~6그램이었고 아마도 이것은 곡식을 한 움큼 쥐었을 때의 무게였을 것이다. 은화 1드라크마는 기원전 6세기에는 양 한 마리의 값이었고, 한 세기 후에는 건축가의 하루 품삯이었다. 무역을 장려하기 위해 은화 1드라크마는 은화 6오볼로스(오볼로스는 '쇠 꼬챙이'라는 뜻)로 더욱 세분화되었는데, 오볼로스라는 단위는 예전에 쓰던 화폐 도구에서 유래되었다. 오볼로스 역시 중요한 화폐였다. 일반적인 노동자는 하루에 2오볼로스를 벌었고, 오볼로스에서 청동 화폐 칼코스[그리스어로 청동이라는 뜻]가 갈라져 나왔다. 8칼코스는 1오볼로스에 해당했다.

로마의 광대한 영토와 광산에서 흘러드는 금과 은은 호화 수입품 대금으로 쓰이거나 사치스러운 장신구와 장식품 재료로 쓰였다. 하지만 금과 은의 가장 중요한 용도는 어디까지나 화폐로 쓰이는 것이었고, 로마의 주요 수출품은 금화인 아우레우스와 은화인 데나리온이었다(1아우레우스는 25데나리온). 서기 1세기 후반 로마 병사의 1년 연봉은 300데나리온이었다.

황제들은 막대한 부를 손에 넣고는 낭비해버렸다. 아우구스투스 황제의 양자인 티베리우스 황제는 1100억 원에 달하는 부를 축적했지만 그의 후계자인 칼리굴라 황제는 이를 단 4년간의 재임 기간에 탕진해버리고 서기 41년에 암살당했다. 뒤이어 왕위에 오른 칼리굴라의 삼촌 클라우디우스 황제는 조카인 칼리굴라 황제나 후계자인 네로 황제와 비하자면 제법 합리적이었다. 네로 황제는 서기 64년 로마 대화재 이후에 로마를 재건했는데 네로가 지은 건물 중에는 보석과 황금으로 장식해 입이 떡 벌어지는 황금궁전이 있었다. 네로의 낭비벽 때문에 귀금속이 부족해지자 화폐에는 질 낮은 금속이 섞여 들어갔고, 그러면서 아우레우스와 데나리온의 가치가 떨어졌다. 네로의 집권기 동안 데나리온 은화에 들어가는 은의 20퍼센트는 구리, 주석, 납으로 대체되었다.

화폐의 가치가 하락하기 시작하자 로마는 그 흐름을 되돌릴 수가 없었고, 3세기에는 데나리온의 98퍼센트가 구리로 만들어졌다. 화폐에 들어가는 은의 함유량이 낮아지자 그에 상응해서 로마의 물가는 올라갔다. 질 낮은 화폐가 점점 더 많이 발행되자 물가는 오르고 화폐의 가치는 지속적으로 떨어지는 악성 인플레이션이 발생하기 시작했다. 로마 시민들은 불안정한 시기에 제대로 된 가치가 있는 화폐를 간절하게 원했고, 이에 따라 자연스럽게 은 함유량이 높은 화폐는 비축해두었다.

이런 현상은 오늘날에도 나타난다. 국가가 가치 절하된 화폐를 마구 찍어내서 인플레이션이 크게 발생하는 시기에는 금과 다이아몬드가 안전한 피난처로 각광받는다. 질 나쁜 화폐는 구매 수단으로 사용하고 순은 화폐는 비축해두던 로마인들의 경제 패턴은 "나쁜 돈이 좋은 돈을 몰아낸다"는 그레셤의 법칙(런던 왕립 증권 거래소의 설립자인 토머스 그레셤Thomas Gresham의 이름에서 따온 법칙)을 고스란히 보여준다.

3세기 말 무렵 세력이 약해진 로마 제국은 동로마와 서로마로 나뉘었고, 동로마 제국 황제 콘스탄티누스는 수도를 비잔티움으로 옮기고는 수도의 이름을 콘스탄티노플로 바꿨다. 서로마의 몰락과 함께 이전 시대의 독창성이 사라지자 여러 로마 광산은 생산성이 떨어지고 황폐화되어 갔다. 로마는 남아 있는 재정으로 국토를 지키고 평화를 유지하기 위해 안간힘을 썼다. 476년 로마가 침공을 받고 서로마가 멸망하자 점차 주화는 쓰이지 않게 되었다. 유럽은 암흑시대로 접어들었고, 예전처럼 물물 교환의 시대로 되돌아갔다.

동로마(혹은 비잔틴 제국)의 운명은 완전히 달랐다. 동로마는 사용 가능한 금과 은이 여전히 풍부했고, 비잔틴 제국의 주화인 베잔트 금화를 바탕으로 무역이 활발하게 이루어졌다. 비잔티움은 수백 년 동안 번성했지만 결국 이웃 분쟁 국가들에 둘러싸이는 신세가 되고 말았다. 서로마가 멸망하고 나서 약 1000년이 지난 15세기에 동로마는 오스만 제국에 흡수되었다.

금과 은은 도구나 무기로 만들기에는 강도가 너무 약했기 때문에 전적으로 인간의 변덕스러운 탐욕에 따라 가치가 결정되었다. 금과 은에 무심한 사람이 보기에는 그다지 쓸모도 없는 금속 때문에 우리 조상들이 음모를 꾸미고, 전쟁을 치르고, 목숨을 내놓았다는 사실이 기이하기만 할 것이다. 수천 년의 세월 속에서 금과 은이 인류 역사의 발전에 크게 기여한 점이라고는 화폐의 역할을 해줬다는 것뿐이다. 하지만 몇 세기가 지나고 전기와 사진 장치가 발달하면서 이 아름답고 희귀한 물질은 새로운 역할을 얻었다.

철의
시대

The

Substance

of

Civilization

여호와께서 유다 지파와 함께하셨으므로

그들은 산간 지대를 점령하였으나

철 전차를 소유한 골짜기 주민들은 쫓아내지 못하였다.

－《구약성경》〈사사기〉 1장 19절

한때는 금보다 더 값진 금속이었던 철의 운명

황금에서 철로 넘어가는 것이 퇴보로 여겨진다면, 철은 지각에 많이 함유되어 있기는 하지만 순수한 상태로 발견하기가 아주 어려워서 한때는 금보다 값진 금속으로 대접받았다는 사실을 미리 말해두어야겠다. 철은 장인들의 비범한 솜씨 덕분에 금과 은보다 인류 문화에 훨씬 더 크게 기여했다. 철은 석탄과 더불어 근대 세계가 산업화로 접어든 원동력이었다.

철의 운명이 금이나 은과 크게 달라진 이유로는 크게 두 가지를 꼽을 수 있다. 첫째, 철은 탄소를 소량 첨가해 열처리를 하면 강철이 된다. 둘째, 철은 매장량이 상당히 풍부하다. 희귀 금속이던 철과 철 합금은 기원전 1000년대 들어서는 '상용 금속'이 되었고, 그러면서 고

강도가 필요할 때 선택하는 재료가 되었다. 철이 없었다면 지난 5세기 동안 일어난 숱한 기술 혁신은 일어나지 못했거나, 엄청난 난관을 겪고서야 겨우 일어났을 것이다. 산업혁명을 촉발한 발명품은 단연코 증기 기관이었다. 증기 기관은 처음에는 황동으로 만들어졌지만 철로 주조할 수 있게 되고 나서야 대량으로 생산되었다.

아마도 우리 조상들이 처음으로 접한 철은 운석에 들어 있는 철이었을 공산이 크다. 하지만 그런 철은 크기나 수량이 무척 제한적이어서 도구 재료로 사용하기에는 어려움이 따랐다. 더러 대형 운석이 발견되는 일이 있기는 했다. 그린란드 에스키모인들은 수백 년 동안 철 30톤이 함유된 운석에서 철을 가져와 절삭 도구를 만들어왔다. 1890년 해군 제독 로버트 피어리Robert Peary는 엄청난 시간과 노력을 들여 이 운석과 다른 운석을 그린란드에서 미국 자연사 박물관으로 옮겼으며, 이 운석들은 지금도 그곳에 소장되어 있다.

철을 일컬어 수메르인은 "천국의 금속"이라고 부르고, 이집트인은 "천국에서 온 검은 구리"라고 부른 것을 보면, 이들은 철이 하늘에서 내려온 물질임을 알고 있었던 듯하다. 근동 지역의 고대인은 철이 신의 거주지인 천국에서 내려왔다고 생각해서 철을 금보다 더 귀하게 여겼다. 장인들은 철로 보석과 제례용 도구를 만들었다. 칼날이 철로 된 단검은 무척 귀하고 값진 선물이었다. 아나톨리아에서 발견된 기원전 2000년대 초의 기록물을 보면, 한 아시리아 상인이 아수르의 지배자에게 바치기로 했던 철을 비롯한 사치품을 내놓는 대가로 풀려났다는 이야기가 나온다. 쐐기문자 문서에는 다음과 같은 친절한 경고문이 적혀 있었다.

> 어떤 물품이든 밀수를 삼가시오. 티밀키아를 지나려거든 가져가려는
> 철을 티밀키아의 숙소에 놓아둘 것이며, 또 당신이 신뢰하는 동료 한
> 명을 남겨놓고서 혼자 지나가시오.[9]

철은 기원전 2000년대 말에 금속공들이 철광석 제련법을 터득한
덕분에 귀금속에서 상용 금속이 되었고, 그때서야 비로소 철기 시대
가 열렸다.

지중해와 접한 지역에서는 대체로 철이 다량 함유된 광석은 많이
나는 반면, 구리는 특정 지역 몇몇 곳에서만 난다. 철이 다량 함유된
광물에는 대개 고대인이 대자석이라고 부르며 적갈색 안료로 생각하
던 적철석이나 자성을 띤 자철석과 같은 산화물이 들어 있다. "바보
들의 황금"으로 널리 알려진 황철석에도 철이 많이 들어 있다. 《구약
성경》을 보면 고대 근동 지역 사람들이 금속이 들어있는 광석과 무척
친숙했다는 점을 알 수 있다. 모세는 이집트에서 해방된 뒤 오랜 시간
시름에 젖어온 히브리인들에게 부유한 땅이 그들을 기다리고 있다며
다음과 같이 격려한다.

> 여러분의 하나님 여호와께서는 여러분을 좋은 땅으로 데려가실 것이
> 오. 그 땅에는 강이 있고, 연못이 있으며, 골짜기와 언덕에는 샘물이 흐
> 르고 있소. 그 땅에는 밀과 보리가 있고, 포도나무와 무화과나무와 석

류나무가 있으며 올리브 나무와 꿀이 있소. 그 땅에는 먹을 것이 얼마든지 있고, 부족한 것이 없소. 그 땅의 돌을 취하여 쇠를 얻을 수 있고, 언덕에서는 구리를 캘 수 있소. 여러분은 먹고 싶은 것을 마음껏 먹으며, 여러분에게 좋은 땅을 주신 여러분의 하나님 여호와를 찬양하게 될 것이오(〈신명기〉 8장 7~10절).

모세는 철과 구리가 젖과 꿀만큼이나 자신의 추종자들에게 매력적이라는 사실을 알고 있었다.

근동 지역의 자연은 대장장이들에게 관대했지만, 철은 구리보다 제련과 열처리를 하기가 훨씬 어려웠다. 그 과정을 간략하게만 살펴봐도 대장장이들이 어떤 어려움을 겪었을지 알 수 있다.

먼저 적철석과 같은 광석 덩어리를 숯과 함께 가마(아마도 땅속에 구덩이를 파고 점토로 개구부를 막는 수준이었을 것이다) 속에 층층이 넣고, 점토로 된 송풍구를 통해 공기를 불어 넣어 숯을 일산화탄소로 산화시킨다. 그러면 일산화탄소 가스가 광석과 숯이 켜켜이 쌓여 있는 층을 통과하며 적철석과 반응을 일으키면서 적철석에서 철이 나온다. 고대인이 사용하던 가마는 1,200도까지밖에 도달하지 못하지만, 순수한 철은 온도가 1,535도에 이르기 전에는 녹아내리지 않기 때문에 철은 화학 반응이 일어나지 않은 산소와 타지 않은 숯, 그리고 실리카 불순물로 이뤄진 스펀지 모양의 괴철 속에 갇혀 있게 된다. 대장장이는 높은 온도의 괴철을 망치로 두드려서 순도가 매우 높고, 부드럽고, 연성이 있는 연철을 말 그대로 쥐어짜낸다.

철 제련은 세심하게 이뤄져야 한다. 철은 뜨거운 공기에 재차 노출되면 다시 산화가 되고, 탄소를 3~4퍼센트 넣어주면 1,130도에서 녹아내리는 주철을 형성한다. 주철은 잘 부러져서 고대에는 제대로 사용되지 못했다. 반면 탄소 함유량이 0.1퍼센트 미만인 연철은 연성이 있기는 하지만 약 1,500도(18세기 말이 되어서야 도달 가능했던 온도)에서 녹아내리기 때문에 주조가 불가능했다.

그렇다면 도대체 고대 대장장이들은 어떻게 무른 연철을 청동보다 더 나은 금속으로 만들었을까? 더군다나 청동은 연철보다 강도도 더 좋은데 말이다. 이 질문에 답을 하자면 철과 철 합금의 원자 구조 및 미세 구조를 알아보고, 또 철과 철 합금이 어떻게 해서 고온 열처리가 가능한지를 살펴봐야 한다.

탄소 원자 비율의 비밀

순수한 고체 철은 두 가지 결정 상태로 존재할 수 있으며, 고온에서는 오스테나이트austenite라고 부르는 면심입방구조FCC[정육면체의 모든 꼭짓점과 각 면의 중심에 원자가 들어오도록 배열되는 결정 구조]를 이루고, 저온에서는 페라이트ferrite라고 부르는, 원자가 입방체의 꼭짓점과 중심부에 위치하는 체심입방구조BCC[육면체의 꼭짓점과 가운데에 입자가 배열되어 있는 공간 구조]를 이룬다.[10] 두 결정 모두 원자 간의 사이 공간이 넓으며, 모양은 점토의 원자 구조 속에서 산소가 팔면체를 이루는 모습과 비슷하다. 910도가 넘는 온도 속에서는 오스테나이트 철 속에 상당량의 탄소가 녹아들어갈 수 있다. 탄소가 용해되는 과정에서는 사이 공간이 중요한 역할을 한다. 탄소 원자는 비교적 크기가 작아서 사이 공간 속에 들어갈 수 있다. 더 정확하게 말하자면 탄소 원자는 체심 입방 구조 안에 끼어 들어가는 것이며, 그러면 탄소 원자를 감싸는 철 원자들은 완전 결정을 이루는 위치에서 조금 벗어나게 된다.

이처럼 원자가 국지적으로 이동하는 현상은 전위의 이동을 방해해서 고용 경화가 일어나는데, 이때 고용 경화는 철에 집어넣는 탄소의 양을 늘리면 더욱 크게 일어난다. 탄소를 0.9중량퍼센트 첨가한 철 합금은 탄소를 0.1중량퍼센트 첨가한 철 합금보다 강도가 세 배 높다(탄소 1그램이 아닌 9그램을 철 약 1,000그램에 첨가한다는 뜻). 숯을 아주 조금만 더해주면 강도가 현저하게 개선되는 것이다.

철의 강도를 크게 향상시키기 위해서 대장장이들은 탄소 약 0.9중량퍼센트가 들어간 합금을 만들어내야 했다. 이 과정은 쉽지가 않았다. 앞서 말했듯이 18세기 말 이전에는 철을 녹일 수가 없었기 때문에, 구리에 주석을 넣어 청동을 만들 듯이 용해된 철에 탄소를 직접 넣어 고용 경화를 시키는 것이 불가능했다.

대장장이들은 자신이 뭘 하는지도 모른 채 이 문제를 해결해냈다. 그들은 뜨거운 숯불 속에서 철을 오랜 시간 가열하는 침탄법 carburization 이라는 과정을 통해 탄소를 용해시켰다. 탄소 원자는 마치 기름방울이나 물방울이 뜨거운 불판 위에서 튀어 오르듯이 하나의 사이 공간에서 다른 사이 공간으로 뛰어넘어가 철 속으로 이동하거나 녹아들어간다. 고대의 대장장이들은 철을 장시간 가열하는 동안 탄소가 철에 흡수되는 것이 철의 강도를 높이기 위해 꼭 필요한 과정이라는 사실을 전혀 알지 못했다. 실제로 그들은 자신이 철에서 불순물을 제거한다고 생각했다.

탄소가 철의 강도를 높이는 과정에서 맡는 역할은 지금으로부터 200년 전쯤에야 밝혀졌다. 뜨거운 오스테나이트 (면심 입방) 구조의 철-탄소 합금은 서서히 상온 수준으로 식으면 페라이트와 시멘타이트라고 하는 두 가지 상이 공존하는 상태로 변한다. 여기서 시멘타이트는 탄소가 많이 함유된 철-탄소 화합물로 원자 구조가 다소 복잡하다. 페라이트와 시멘타이트는 똑같이 판상형의 미세 구조를 이루는데, 이 미세구조는 현미경으로 보면 그 모양이 진주를 닮아서 펄라이트pearlite라고 부른다. 시멘타이트는 탄소 함량이 높고 페라이트는 탄소 함량이 낮기 때문에 오스테나이트에서 펄라이트가 형성되기까지는 탄소 원자가 용융 과정에서 재배열되는 과정을 거쳐야 해서 시간이 걸린다.

펄라이트는 청동보다 강도가 약간 더 좋을 뿐이다. 철-탄소 합금으로부터 아주 단단한 재료를 생산해내려면 오스테나이트를 찬물에 넣어서 급속 냉각하는 담금질 과정이 필요하다. 담금질은 탄소 원자가 재배열되는 시간을 없애서 오스테나이트가 펄라이트로 변하는 것을 막아준다. 그러면 그 대신 페라이트가 크게 뒤틀린 형태인 마르텐사이트martensite가 새로 형성되는데, 마르텐사이트는 면심입방구조와 체심입방구조의 중간 상태로 굳으며 강철의 밑바탕을 이룬다.

마르텐사이트 속에서는 전위의 이동이 일어나기가 무척 어려워서 마르텐사이트는 연철보다 강도가 다섯 배 강하다. 역사상 최초로 탄소가 적절히 들어간 뜨거운 철을 성급하게 물속에 던져 넣은 대장장이는 그 대가로 강철을 얻고는 무척이나 기뻐했을 것이다. 대장장이들은 철 역시 부러지거나 깨지기 쉽다는 사실을 금세 발견하고는 그 점을 개선하기 위해 철을 적절한 온도로 재가열하는 '템퍼링' 과정을 터득해냈다.

운이 좋았던 우리의 대장장이는 강철을 발견했을 때는 극도의 희열을 느꼈겠지만 그 과정을 다시 재현하지 못해 크나큰 좌절감에 빠지면서 급격한 감정 변화를 겪었을 것이다. 철을 생산하려면 광석을 제련하고, 연철을 뜨거운 온도에서 두드리고, 침탄법으로 적절한 성분을 갖게 해주고, 담금질을 하고, 마지막으로 템퍼링을 거쳐야 하는데 이 과정은 모두 까딱 잘못했다가는 그르치기 십상이다. 놀랍게도 고대 대장장이들은 원리를 제대로 이해하지도 못하고서 강철 제작에 필요한 열처리 법에 통달했다.

고대에는 가마의 온도가 비교적 낮았기 때문에 침탄 과정 중에 철에 녹아들어가는 탄소의 양이 매우 적었다. 이로 인해 강도를 높일 수 있는 부위가 제한적이었기에 예수가 탄생할 즈음에 등장한 솜씨 좋은 대장장이들은 침탄화가 된 철판을 쌓아올리고는 고온에서 망치로 두드려 적층 구조를 만들어 커다란 도구나 무기를 제작했다. 철로 어떤 형태를 만들거나 철판을 합치는 작업은 800도 이상의 온도에서 이

뤄져야 한다(이와 달리 구리나 청동은 상온에서 이런 작업이 가능하다). 벌
겋게 달아오른 뜨거운 철을 주무르기 위해서 대장장이들은 우리가
사용하는 모든 집게 도구나 절삭 도구의 선조격인 철제 집게를 먼저
만들어내야 했다.

철 제작법의 역사

지금까지 언급한 이 모든 요소 때문에 철이 청동을 대신해서
도구와 무기 재료로 자리 잡기까지는 수천 년의 세월이 걸렸다. 타오
르는 숯의 색깔로 온도를 예측해야 하는 어려움 같은 것들 때문에 철
제 도구 제작 과정은 종잡을 수가 없었다. 대장장이들은 이 신비한 과
정을 어디서, 어떻게 발견해냈을까?

철을 만드는 혁신적인 제조법이 어디에서 유래했는지는 여전히 수
수께끼에 싸여 있다. 고고학적 증거에 따르면 키프로스섬이나 아나
톨리아 북부의 흑해와 같이 구리, 납, 철이 든 광석이 있는 지역이 유
력한 지역으로 꼽힌다. 흑해에 있는 몇몇 모래해변은 해변의 80퍼센
트가 마그네타이트로 이뤄져 있다. 기원전 1300년대 중반 히타이트
왕 하투실리 3세가 아시리아 왕 살만에셀 1세에게 보낸 유명한 편지
에는 다음과 같은 내용이 나온다.

내게 좋은 철을 문의하셨는데, 카주와트의 내 저장소에는 보내드릴 수

있는 철이 없습니다. 앞서 답장을 드렸듯이 지금은 철을 제작하기에 좋은 시기가 아닙니다. 대장장이들은 좋은 철을 제작해낼 것이지만 아직은 작업을 다 마치지 못하였습니다. 작업이 다 끝나면 보내드리겠습니다. 오늘은 당신께 철제 단검을 보내드립니다.[11]

고고학자들은 이 편지를 근거로 히타이트가 철을 독점했다고 추론하지만, 그것은 당연히 사실이 아니다. 이 편지는 그저 살만에셀 1세가 적절하지 않은 시기에 철을 보내달라고 요청하자 하투실리 3세가 철제 단검을 선물로 보내며 살만에셀 1세를 달래는 내용일 뿐이다. 또한 좋은 철을 생산하기까지 시간이 많이 걸린다는 이야기로 미루어보건대 히타이트 대장장이도 철을 생산하는 복잡한 공정에는 통달하지 못했을 것이고, 기원전 13세기에는 철제 단검이 왕의 품격에 어울릴 만한 선물이었을 것이다.

철기 시대를 열었을지도 모를 또 다른 지역으로는 키프로스섬이 있으며, 여기서는 철이 함유된 구리 광석 중 하나인 황석석이 발견된다. 키프로스섬에서 출토된 칼날은 기원전 11세기나 12세기로 거슬러 올라가는 시기에 대장장이들이 철에 탄소를 첨가해 철의 강도를 높였음을 보여주는 강력한 증거다.

철 제련법이 어떻게 발견되었느냐는 질문과 관련해서, 가장 설득력 있는 대답은 철이 구리 광석을 제련하는 과정에서 나온 부산물이라는 것이다. 철을 추출할 때 가장 중요한 단계는 숯의 일부를 산화시켜 기체 화합물인 일산화탄소를 생성하는 것이며, 일산화탄소는 철

광석이 철로 환원되는 과정에서 가장 중요한 요소다. 모든 구리 광석에는 원치 않는 불순물이 들어 있고, 불순물은 제련 후에 '맥석'이라는 잔여물의 형태로 남는다.

맥석은 녹는점과 점성이 높아서 그 속에 구리를 미세하게 흩어져 있는 물방울의 형태로 가둬놓기 때문에 근본적으로 쓸모가 없다. 구리 제련공들은 이 문제를 금속 산화물인 '용제'를 더해줌으로써 극복했다. 용제는 맥석과 반응하여 녹는점을 낮추고 유동성을 높인다. 맥석보다 밀도가 높은 구리는 뭉쳐져서 커다란 금속 덩어리가 되어 가라앉기 때문에 산소와 접촉하지 않는다.

우연찮게도 구리 광석에 가장 흔히 사용하는 용제는 적철석이며, 적철석은 우리가 이미 알고 있듯이 산화철이다. 구리 제련 과정에서 숯과 산소가 반응해서 생성되는 이산화탄소-일산화탄소 기체 혼합물은 적철석을 철 금속으로 환원시킬 때 딱 필요한 물질이다. 실제로 최근 발굴한 고대 구리 제련용 가마에서는 철 입자가 발견되었다. 이런저런 퍼즐 조각이 딱딱 맞아 들어가는 셈이다.

제철 기술은 몇몇 개별 사건을 계기로 더욱 발전해나갔다. 그중 하나는 청동이 부족해진 일이었다. 기원전 13세기와 12세기에 대규모 인구 이동이 일어나며 이집트는 힘이 약해지고 히타이트 제국은 더욱 몰락해갔는데, 두 나라는 모두 해당 지역에서 영향력을 크게 발휘하던 국가들이었다. 대규모 인구 이동으로 인해 오랜 세월에 걸쳐 다져진 무역로가 끊기자 주석 공급이 중단되었다. 기원전 13세기 말에 작성된 문서에는 대장장이 400명이 일하던 그리스 필로스 지방에 청동이 부족해졌다고 기록되어 있다. 상황이 무척 나빴던지 필로스의 관리들은 외부 세력이 쳐들어오자 화살과 창을 공급하기 위해 제례용 용기마저 청동 제작용 가마에 집어넣었다.[12] 고대 점토 서판에 따르면 주석은 공급량이 늘 안정적이지 못했고, 공급이 부족해지자 값이 마구 요동쳤다. 아시리아 상인들이 터키 중부 카이세리 평원에 위치한 아시리아의 상업 식민지 퀼테페에서 기원전 1950년에서 1850년 사이에 작성한 편지에는 주석과 직물 무역과 관련해서 당나귀의 적재량(65킬로그램), 당나귀를 모는 사람이 물품을 적재한 방법, 세금 지불 내역 등 아주 상세한 사항들이 적혀 있다. 이를 통해 우리는 아시리아 상인이 주석의 가격을 100퍼센트 인상했고 운송비는 물품의 10퍼센트였다는 사실을 알게 되었다. 주석 가격은 주석 1미나에 은 6세겔에서 12세겔, 혹은 은 1온스에 주석 4~10온스 사이를 오르내렸다.[13]

청동이 귀해지면서 철은 더욱 귀한 대접을 받았고, 기원전 12세기 무렵 히타이트 제국이 멸망함에 따라 대장장이들이 아나톨리아를 떠나 남쪽으로 도피하면서 철은 고대 근동 지역으로 빠르게 퍼져나갔다. 제철 기술은 가나안 해안을 따라 정착한 팔레스타인 지역의 블레셋인들에게 도달한 듯하다(하지만 내가 인용한《구약성경》〈사무엘〉 편은 블레셋인과 히브리인의 분쟁을 다루면서도 철에 대해서는 아무런 언급을 하지 않는다). 하지만《구약성경》〈사사기〉에는 가나안 땅을 차지하기 위해 전쟁에 나선 이스라엘인이 철이 부족해서 어려움을 겪는다는 이야기가 나온다.

가나안 땅의 왕 야빈은 철 전차 900대를 가지고 있었으며 20년 동안 이스라엘 자손을 잔인하게 억압하였기에, 이스라엘 자손은 여호와를 향해 부르짖었다.

제철 기술의 혁신은 철 가격에 커다란 영향을 미쳤다. 기원전 19세기에는 은 40온스로 철 1온스를 살 수 있었으니 은과 철의 가격은 40대 1이었다. 기원전 7세기가 되면 제철 기술이 발달하면서 은 1온스로 철 2,000온스를 살 수 있게 되어 은과 철의 가격은 1대 2,000이 되었다. 다시 말해서 (은의 가치가 일정하게 유지되었다고 가정한다면) 1200년 동안 철의 가격이 8,000분의 1로 곤두박질친 것이다. 오늘날 은 1온스는 5달러 미만이고, 철 1온스는 2.5센트이니 은 1온스로 철 200온스가량을 살 수 있다. 철은 지금보다 기원전 7세기에 값이 더 저렴했던 것처럼 보이는데 사실 그것은 은의 공급량이 고대보다 현대에 들어서 훨씬 많이 늘어났기 때문이다. 철이 점점 더 구하기가 쉬워지고 그에 따라 값이 크게 떨어지자 서력기원 이전의 1000년 동안에는 생활 전반에 걸쳐 커다란 변화가 생겼다.

《오디세이》9권에는 기원전 8세기의 대장장이들이 담금질로 철의 강도를 높였음을 여실히 보여주는 증거가 등장한다. 오디세우스는 그와 그의 동료들이 뜨거운 말뚝으로 외눈박이 거인 폴리페모스의 눈을 멀게 하는 장면에서 담금질 과정을 묘사한다.

동지들은 끝이 뾰족한 올리브 나무 말뚝을 움켜잡고 그자의 눈에 찔러 넣었고, 나는 말뚝 위에 매달려 말뚝을 돌렸소. 마치 누군가가 도래송 곳으로 선재에 구멍을 뚫고 밑에서는 동료들이 가죽 끈을 잡고 그것을 돌려대면 도래송곳이 계속해서 돌아가듯이 말이오. 그렇게 우리는 끝이 벌겋게 달아오른 말뚝을 움켜잡고 그자의 눈 안에서 마구 돌려댔소. 피가 뜨거운 말뚝 주위로 흘러내렸소. 불기운이 그자의 양 눈꺼풀과 눈썹까지 모조리 태웠고, 안구도 불타며 불길 속에서 그 뿌리가 치직 타들어갔소. 마치 대장장이가 커다란 도끼나 자귀를 담금질하기 위해 (그래야 철이 단단해지니까) 찬물에 담그면 슉슉거리며 요란한 소리가 나듯이, 그의 눈도 올리브 나무 말뚝 주위에서 슉슉 소리를 냈소.[14]

오디세우스가 이해하고 있었듯이 무기와 무기를 사용하는 군사 작전에서는 철의 강도가 아주 중요했다. 아시리아는 살만에셀 3세가 제철 기술을 보유한 국가들을 정복한 기원전 9세기에 철기 시대로 접어든다. 살만에셀 3세가 집권하던 시절에 아시리아의 보물 창고는 철제 전리품과 공물로 넘쳐흘렀다. 코르사바드에서는 살만에셀 3세의 뒤를 이은 사라곤 2세의 보물 창고가 발굴되었는데, 그 안에는 곡괭이, 망치, 보습을 만들 수 있는 쇳덩어리 160톤이 "철로 만든 벽체"처럼 쌓여 있었다. 살만에셀 3세가 "전쟁에서 거둬들인 철제 검을 날카롭게 갈아두라고" 명령한 것에서 잘 나타나듯이 아시리아 군대는 철제 병장기를 더욱 많이 갖추기를 바랐고, 그에 따라 아시리아의 철 소비량도 늘어만 갔다.[15]

사르곤 2세는 울루라는 도시를 정복하는 과정에서 "돌로 쌓은 단단한 성채를 (중략) 항아리라도 되는 듯이 철제 도끼와 철제 단검으로 내리쳤다"며 자랑스러워했다.[16] 시간이 흐르면서 철제 검은 아시리아 군대의 막강한 힘을 상징하는 무기가 되었다. 아시리아 왕들은 자신의 병사들을 아수르 신이 보내준 도구로 여겼다.

"아수르 신이 주신 철제 단검에 힘입어 이 나라를 온통 불바다로 만들었노라."

철기가 흔해지자 죄수들에게 채우는 족쇄나 수갑도 철로 만들었다. 아시리아의 어느 왕은 "정복한 나라의 왕을 철제 수갑으로 결박했다"고 으스대며 자신의 막강한 권력을 뽐냈다.

아시리아는 야만적인 철권통치로 유명했기에 억압에 시달리던 이웃 국가들로서는 아시리아가 멸망하기를 학수고대했다.《구약성경》〈나훔서〉는 아시리아의 수도 니네베가 몰락하리라는 것을 소름 끼치도록 생생하게 예언한다.

전차들이 질풍처럼 거리를 휩쓸고, 광장에서 이리저리 내달리니 (중략) 피의 성에 화가 내릴 것이다. 사기와 약탈이 판을 치고 강탈이 끊이지 않는구나. 획획거리는 채찍 소리, 윙윙거리는 전차 바퀴 소리, 뛰어다니는 말, 내달리는 전차! 격돌하는 기병, 번쩍이는 칼, 빛나는 창, 수많은 사상자, 시체 더미, 헤아릴 수 없는 주검들, 시체에 걸려 넘어지는 사람들……. 니네베가 망해가는구나. 누가 니네베를 위해 슬퍼하랴(〈나훔서〉 2장 4절, 3장 1~3절).

실제로 니네베는 기원전 612년 메디아와 바빌로니아 연합군에 함락되었고, 워낙 철저하게 파괴된 탓에 두 번 다시 복구되지 못했다. 니네베 유적지에는 학문적으로 매우 의미가 큰 아슈르바니팔 도서관이 묻혀 있었고, 고고학자들은 바로 여기에서 《길가메시 서사시》의 첫 판본을 찾아냈다.

진기한 재료에서 상용 재료로

강철을 의미하는 단어 '스틸still'은 '단단하다'는 뜻의 고대 게르만어 '스타stah' 혹은 '스테그steg'에서 비롯된 것으로 알려져 있으며, 지금도 철이나 강철은 힘을 상징한다. 나치는 선전 활동을 펼 때면 '철권'이라든가 베니토 무솔리니Benito Mussolini와 아돌프 히틀러Adolf Hitler가 파시스트 국가의 힘을 보여주려 맺은 강철 조약을 자주 들먹였다. 미국의 위대한 야구 선수 루 게릭Lou Gehrig은 꾸준함의 대명사였기에 '철마'라는 별명으로 불렸다. 그리고 이오시프 비사리오노비치 주가슈빌리Iosif Vissarionovich Dzhugashvili는 자신의 이름을 '강철'이라는 뜻의 '스탈린Stalin'으로 바꾸고는 소련을 그 이름에 걸맞은 방식으로 통치했다.

강철 무기의 우수성을 인식했던 로마는 엘바섬과 노리쿰 지방(오늘날 오스트리아)에 철이 풍부하게 매장되어 있고 톨레도에 뛰어난 검 제작자들이 있어서 그 덕을 톡톡히 누렸다. 갈리아족의 연철 검은 로마군의 톨레도산産 강철 검과 맞붙으면 구부러져버렸으며, 당시 기록에 따르면 "로마군의 강철 검은 너무 날카로워서 베어지지 않는 투구가 없었다"고 한다. 불운한 갈리아족은 칼을 휘두를 때마다, 매번 구부러진 칼날을 무릎에 대고 펴야 전투를 계속해서 치를 수 있었다.

구리와 구리의 뒤를 이은 철이 진기한 재료에서 상용 금속으로 바뀐 사건은 기술 혁명의 씨앗을 뿌리는 것이었다. 나무를 재단하고 자르고 구멍을 뚫는 일에서부터 작물을 심고 광석을 채취하는 일에 이르기까지 장인들은 용도에 꼭 맞는 도구를 제작할 수 있게 되었다. 자귀와 송곳은 날이 청동기 때보다 더 날카로워졌을 뿐 아니라 날의 날카로움이 훨씬 더 오래 유지되었다. 철기가 나오면서 북부 유럽의 숲은 개간되어 농지가 되었고, 이로 인해 식량 공급량과 인구가 크게 증가했다. 구리 1파운드 제련에는 숯 20파운드가 필요했으나 철 1파운드 제련에는 숯 8파운드만이 필요해서 숯 소비량이 60퍼센트 절감되는 것도 철이 구리에 비해서 갖는 또 다른 이점이었다. 철 제련에 따르는 부작용은 먼 훗날에 가서야 나타난다. 철은 구리에 비해서 제련 과정에 들어가는 나무는 훨씬 적었지만, 구리에 비해 소비량이 훨씬 많아서 광산과 제련소가 있는 곳은 나무가 급속하게 베여나갔다. 이 때문에 제련소 인근 지역으로까지 민둥산이 퍼져나갔다.

오늘날 전 세계에서 생산되는 철과 강철은 연간 5~10억 톤이다. 동네 철물점에 가보면 우리가 무수히 많은 강철 도구로부터 도움을 받고 있다는 사실을 알 수 있다. 주둥이가 긴 펜치, 드라이버, 톱은 지금도 강철로 만들고 있으며, 강철만큼 성능 좋고 값싼 재료도 없다. 선박, 교량, 철제 대들보도 모두 강철로 만들지만 고정밀 선반이나 밀링 머신, 드릴 프레스처럼 다른 도구를 만드는 도구들도 강철로 만든다. 각종 운송 수단도 고장력 강판으로 만들며, 각종 기기의 대량 생산을 뒷받침하는 무수히 많은 호환부품 역시 마찬가지다. 알루미늄이나 니켈처럼 중요한 금속이 새롭게 등장한 지는 불과 100년쯤밖에 되지 않았다. 이런 금속들은 산업계를 넘어 우리 일상 속에서 철이나 강철에 버금가는 역할을 하기 시작했다.

철은 인류사에 새로운 재료가 등장하는 소중한 계기가 되어주기도 했다. 철은 녹는점이 높은 탓에 고대에는 주조가 불가능했지만, 이러한 특성은 유리불기 작업에는 오히려 큰 도움이 되었다. 유리불기라는 혁신적인 기법에서는 녹아내리지 않는 관이 방울 모양의 용융 유리를 지탱해줘야 한다. 유리는 우리가 지금까지 살펴봤던 재료와는 성격이 완전히 다르다.

유리의
등장

유리는 왜 약할까

유리를 처음 발견한 인류

불투명한 유리에서 투명한 유리로

The
Substance
of
Civilization

내가 어렸을 때에는 말하는 것이 어린아이와 같고,

깨닫는 것이 어린아이와 같고,

생각하는 것이 어린아이와 같다가

장성한 사람이 되어서는 어린아이의 일을 버렸노라.

우리가 지금은 거울로 보는 것 같이 희미하나

그때는 얼굴과 얼굴을 대하여 볼 것이요,

지금은 내가 부분적으로 아나

그때는 주께서 나를 아신 것 같이 내가 온전히 알리라.

― 〈고린도전서〉 13장 11~12절

유리는 왜 약할까

산산조각난 유리창을 보면서 나는 애써 화를 참았다. 큰아들 애덤이 잘못 던진 테니스공이 차고 문을 강타한 탓에 유리 조각이 땅바닥에 널브러져 있었다. 애덤은 겸연쩍어하며 빗자루와 쓰레받기를 들고 다시 나타났다. 우리는 깨진 유리창의 치수를 잰 뒤 유리를 사러 이타카 시내로 나갔다. 유리 가게 주인은 판유리를 갖다놓고 치수를 재더니 유리 표면을 다이아몬드 칼로 긋고는 그 선을 따라 유리를 솜씨 좋게 비틀어 뚝딱 떼어냈다.

유리는 어찌나 약한지 쉽게 깨져버린다. 유리는 이제껏 무거운 하중을 나르는 용도로는 사용된 적이 없고, 빠르게 날아오는 테니스공에 맞으면 깨지기 십상이다. 유리는 판유리 상태로는 강도가 약하지만 머리카락만큼 가느다란 상태에서는 강철만큼이나 강하다. 이와 달리 금속은 굵기가 굵든 얇든 항복 강도와 파괴 강도가 똑같이 유지된다. 순금속은 산산조각나지 않는다. 그렇다면 의문이 들 법하다. 유리는 왜 크기에 따라 이토록 다른 특성을 보이는 걸까? 그리고 왜 그리도 약할까?

사실 유리는, 물과 비슷하되 물보다 점성이 훨씬 높은 액체가 과냉각, 즉 얼어붙어 있는 상태다. 실제로 유리는 결정이 아닌 비결정성 구조를 이루고 있다. 유리는 원자 수준에서 특정한 장거리 규칙성 혹은 주기성을 가지지 않는다. 결정은 원자로 이뤄진 단위격자가 3차원으로 규칙성 있게 반복된다. 반면 유리는 원자 수준의 구성단위가 무질서하게 배열되어 있다. 이 같은 차이는 실리카(이산화규소SiO_2)의 구조를 살펴보면 잘 드러난다. 실리카는 유리를 이루는 재료이고, 이 실리카를 이루는 구성단위는 규산사면체SiO_4이다. 규산사면체는 앞서 점토의 구조에서 보았듯이 산소 원자 네 개가 실리콘 원자 하나를 감싸는 형태다. 실리카 한 개 층은 결정성일 수도 있고 비결정성일 수도 있다. 두 가지 상태 모두에서 인접한 사면체는 꼭짓점을 공유하는데, 이때 유리의 경우에는 무질서한 망을 이루고, 결정의 경우에는 규칙성이 있는 패턴을 이룬다. 실리카든 금속이든 비결정성 고체는 유리라고 부른다.

유리는 가열하면 말랑해지기 때문에 얇은 판 모양으로 만들거나, 튜브 혹은 막대 모양으로 뽑거나, 싹둑 자르거나, 틀에 붓거나, 거품 모양으로 불 수 있다. 그리고 식으면 도기나 금속과 유사하게 탄력성이 있는 결정질 고체처럼 굳는다. 유리는 만드는 방법에 따라 투명, 반투명, 불투명이 될 수도 있고, 색깔이 있거나 없을 수도 있다. 요즘은 유리를 초고순도로 만들 수도 있으며, 이러한 유리로 만든 광섬유를 통해 정보가 레이저 빛의 형태로 멀리까지 전달된다. 광섬유 케이블은 전류로 정보를 전달하는 구리 전선을 빠르게 대체해나가고 있다. 또한 유리는 가볍고 불투수성이며 청소가 용이하다. 유리가 우리 일상 속에서 여러 역할을 맡게 된 것은 그다지 놀랄 만한 일이 아니다.

구리, 소금, 얼음과 같은 순수한 결정 물질은 녹는점이라는 특정한 온도에 이르면 고체에서 액체로 변하고 부피가 급작스럽게 늘어난다. 물이 고체에서 액체로 변할 때도 이와 같은 부피 변화가 생긴다. 얼음이 물에 뜨는 이유는 물 분자가 액체 상태일 때보다 고체 상태일 때 더 큰 공간을 차지하기 때문이다. 유리는 과냉각된 액체에서부터 일반적인 액체로 변하기 때문에 고체에서 액체로 변하는 과정이 다른 물질과는 완전히 다르며 경도와 점성뿐 아니라 부피도 온도에 따라 지속적으로 변한다. 이러한 특성은 유리를 파손 없이 재빠르게 만들어낼 방법을 찾던 고대 장인들에게 무척 중요했다.

냉각 과정에서 실리카 유리가 형성되느냐 마느냐는 실리카 사면체가 스스로 정렬하는 능력에 달려 있으며, 이것은 다시 액체 상태의 유리가 얼마나 빠르게 냉각하느냐에 달려 있다. 녹아 있던 실리카가 빠르게 식고 나면 '용융 실리카'라고 부르는 유리가 형성된다. 반면 적절한 조건에서 아주 느리게 식으면 석영이나 크리스토발라이트와 같은 몇몇 결정 구조로 굳는데, 석영은 낮은 온도에서 안정되고, 다이아몬드와 비슷하게 입방형 단위격자로 이뤄진 크리스토발라이트는 고온에서 안정된다.

석영과 크리스토발라이트는 모두 규산사면체가 3차원의 망 구조를 이룬다(독자 중에는 어떻게 규산사면체가 실리카를 이루는지 의아한 사람들이 있을 것이다. 사면체는 3차원 구조 속에서 두 사면체가 각 꼭짓점에 있는 산소 원자들을 서로 공유하는 식으로 꼭짓점을 맞대고 배열된다. 각 꼭짓점에 있는 산소 원자 반 개는 각 사면체에 속하는 것으로 계산하기 때문에, 사면체 하나에 들어 있는 산소 원자의 개수는 꼭짓점 4곳당 산소 원자 $\frac{1}{2}$씩으로 계산해서 2개가 된다. 그래서 사면체의 꼭짓점에 있는 산소 원자 2개와 중심부에 있는 실리콘 원자 1개가 실리카의 구성을 이루는 것이다).

실리카는 원자 구조에 빈 공간이 많기 때문에 밀도, 즉 부피당 중량이 낮다. 규칙적인 구조는 비규칙적인 구조보다 항상 안정적이며, 유리는 낮은 온도에 오랜 시간 놓아두면 탈유리화devitrification가 진행되어 그 안에 결정이 생기고 만다. 유리는 기술적으로 중요한, 준안정적metastable인 재료 중 하나다. 여기서 준안정적이라는 말은 가장 안정적인 상태는 아니지만 그래도 꽤 유용하다는 뜻이다. 놀랍게도 다이아몬드, 그리고 강철 속의 마르텐사이트 역시 준안정적인 물질이다. 만약 신께서 준안정적 구조를 안정적인 구조로 순식간에 바꾸는 마법의 스위치를 건네주신다면, 티파니 보석상에 진열된 청백색 다이아몬드를 연필심용 흑연 덩어리로 바꿀 수 있을 것이다.

모든 유리창은 결국 뿌옇게 변하고 산산조각이 나게 되어 있다. 도시 역시 강철 대들보가 고층건물의 무게를 이기지 못하고 주저앉는 탓에 모조리 무너져 내릴 것이다. 그 뒤에 남는 건 엄청난 혼란일 것이므로, 우리는 영영 준안정적인 상태에 머물러 있어야 할지도 모른다. 하지만 정말이지 다행스럽게도 유리는 상온에서 결정이 생기기까지 수천 년이 걸리기 때문에, 수많은 세대를 거치는 동안에도 유리다운 특성을 유지한다.

유리를 처음 발견한 인류

유리는 어떻게 해서 인류사에 등장하게 되었고 그 시기는 언제일까? 앞서 살펴본 흑요석은 실리카가 땅속 깊은 곳에서 녹아 있다가 화산 활동으로 지표로 올라온 뒤에 냉각 경화된 것으로, 자연적으로 생성된 검은색 반투명 유리다. 고대인들은 흑요석을 쪼개서 도구나 무기를 만들었으며, 기원전 7000년대 차탈회위크에서는 흑요석이 중요한 교역품이었다. 순수한 실리카는 1,713도에서 녹지만, 이 정도 온도는 18세기 후반 이전까지 통제된 조건에서는 얻을 수가 없었기에, 실리카의 녹는점을 낮추기 위해서 이집트인에게 천연 탄산소다로 알려졌던 탄산나트륨을 추가하는 방법이 쓰였다.

이집트의 종교생활자들은 스스로를 정화하기 위해 탄산소다(최초의 치약)를 씹거나 탄산소다 용액으로 몸을 씻었다. 이집트 사제들은 미라를 만들 때 탄산소다를 사용했다. 실리카는 모래의 형태로 어디서나 구할 수 있었지만, 유리 제작에 필요한 탄산소다가 가장 많이 나는 곳은 나일강 삼각주에 인접한 서부 사막의 한 오아시스였으며, 이곳은 지금도 와디 나트룬[탄산소다를 의미하는 단어 '나트론natron'과 유사한 명칭]이라고 불린다. 나일강이 범람하는 시기가 되면 물이 이 오아시스에 스며들어 조그만 웅덩이들을 형성하는데, 뜨거운 여름철에 이 웅덩이들이 바짝 마르면 유리 제조에 꼭 필요한 재료인 탄산나트륨과 중탄산나트륨(베이킹소다)이 남는다. 레반트 지역이라고 불리는 시리아-팔레스티나 해안가에서는 식물과 나무를 태운 재에서 그와 비슷한 역할을 하는 물질을 얻었으며, 거기에는 나트륨 대신 칼륨이 많이 들어 있었다.

규산나트륨 유리는 실리카가 탄산소다와 반응할 때 생성된다. 순수한 실리카는 온도가 1,713도에 이르기 전까지는 고체 상태를 유지하지만, 탄산소다는 850도에서 녹아내리고는 실리카와 격렬하게 반응하여 이산화탄소를 생성한다. 탄산소다로부터 생성되는 산화나트륨은 '망상조직 변형체network modifier'로, 실리카 사면체의 연결망을 끊고, 순수한 실리카의 점성과 녹는점을 떨어뜨려 실리카가 예전보다 비규칙적인 구조를 이루게 한다. 문제는 규산나트륨 유리는 물에 노출되면 사실상 쓸모가 없는 수준으로 상태가 나빠진다는 점이었다. 유리의 내수성耐水性을 높이기 위해 고대 유리공은 석회와 산화칼슘을 첨가하는 방법을 터득해냈다. 칼슘과 나트륨 원자는 유리의 망 구조 속에서 무작위로 자리를 차지한다. 칼슘은 유리의 망 구조를 더욱 단단하게 만들어준다. 칼슘과 산소 원자의 화학적 결합이 나트륨과 산소 원자의 화학적 결합보다 50퍼센트 더 강하기 때문이다.

유리를 처음으로 만든 사람이 누구인가를 논할 때면, 모든 고고학적 증거는 특정한 한 지역을 가리킨다. 그곳은 가나안-페니키아 해안으로 알려진 지중해 지역으로 남쪽으로는 갈멜산, 북쪽으로는 타르수스[터키 남부 도시]에 걸쳐져 있다. 페니키아인은 연안을 따라 정착한 가나안 사람들이었으며, 처음에는 지역 내에서 물물교환을 하다가 나중에는 원거리 무역 상인이 되었다. 페니키아 연안은 기원전 3000년 전에 혁신의 요람 역할을 하던 메소포타미아를 재화, 사상, 장인들을 위한 거대 시장이던 이집트와 연결하는 육교였다. 단정할 수는 없지만 유리를 처음으로 제작한 사람들은 갈멜산과 오늘날의 하이파[이스라엘의 도시] 북쪽을 흐르는 벨루스라는 조그만 강의 어귀에 살았던 듯하다. 플리니우스Gaius Plinius가 기원후 1세기에 저술한《자연사Natural History》는 플리니우스가 살던 시대보다 훨씬 오래전에 그 지역을 오가던 그리스 상인들에게 상식으로 통하던 지식이 무엇이었는지를 알려주는 동시에, 이 지역과 유리 제작을 이어주는 강력한 증거들을 담고 있다.

페니키아라고 알려진 시리아 쪽 땅과 유대 지방의 국경 지대에는 갈멜산 저지대에 칸델리아라는 습지가 있다. 이 습지는 벨루스강의 발원지로 여겨지며, 벨루스강은 이곳으로부터 8킬로미터를 가로질러 식민지 프톨레마이오(아코, 오늘날의 아크레) 인근의 바다로 흘러든다. 벨루스강은 제례용 성수로 여겨지기는 했지만 흐름이 느릿느릿했고 식수로 쓰기에 부적합했다.

벨루스강은 물이 탁하고 물살이 깊은 물길을 따라 흘러서, 강의 모래는 간조 시기에만 드러났다. 그래서 모래는 파도가 밀려와 불순물을 씻어 내줄 때만 반짝거렸다. 게다가 모래는 바로 그럴 때라야 톡 쏘는 듯한 소금물의 영향을 받아 쓸모 있는 상태가 된다. 이런 모래 해변은 800미 터가 채 되지 않지만 유리는 오랜 세월 동안 오직 이 지역에서만 생산 되었다.

풍문에 따르면 천연소다(탄산소다)를 취급하는 상인들의 배가 이곳에 정박하고는 해안가에 뿔뿔이 흩어져서 식사를 준비했다고 한다. 하지 만 어디에도 가마솥을 받칠 돌이 없어서 상인들은 소다 덩어리를 꺼내 와서 그 위에 가마솥을 올렸다. 소다가 가열이 되면서 해변 모래와 완 전히 뒤섞이자 처음 보는 반투명한 액체 줄기가 흘러나왔다. 유리가 처 음으로 발견되는 순간이었다.[17]

이 지역의 모래는 대략 실리카 80퍼센트, 석회 9퍼센트로 이뤄져 있었기에 좋은 유리를 만들기 위해서는 탄산소다와 뜨거운 불만 갖 추면 되었는데, 상인들이 마침 딱 그렇게 했던 것이다.

그러나 플리니우스의 이야기는 안타깝게도 흥미롭기는 하지만 신 빙성이 없다. 모닥불로는 유리 형성 반응에 필요한 850도 이상의 온 도에 도달할 수가 없다. 최초의 유리는 완전히 다른 방식으로 탄생했 을 가능성이 높다. 기원전 4000년대 혹은 그 이전 시기에는 유리와 엇 비슷한 파이안스faience라는 물질이 있었다. 파이안스는 도기용 도료 로 쓰였으며, 제작 방법은 실리카와 탄산소다와 석회로 혼합물을 만든 다음에 탄산소다가 녹아서 실리카 알갱이를 코팅할 때까지 가열하는 것이었다. 냉각 과정에서 탄산소다 액이 실리카 및 석회와 약하게 반응하면 실리카 알갱이들이 서로 결합하여 얇은 유리층 형태로 굳는다. 아마도 인류 최초의 유리는, 파이안스를 만드는 사람들이 가마의 온도를 높이는 과정에서 탄산소다가 실리카와 강하게 반응하고 그로 인해 실리카가 완전히 녹아내리면서 탄생했을 것이다.

유리 산업은 기원전 1600년대 근동 지역에서 나타난 것으로 알려져 있지만, 그 시기에는 이미 유리공이 중요한 기술을 개발해내 유리로 그릇과 같이 아주 유용한 도구를 만들어내고 있었을 것이다. 유리는 그 이전인 기원전 4000년대부터는 주로 도기에 바르는 유약으로 쓰였고, 기원전 3000년대부터는 구슬과 같은 작은 장신구 재료로 쓰였다. 처음에 유리는 금속과 함께 장식용 재료로 쓰였다. 유리는 비교적 많은 숫자의 유리 용기를 경제적으로 만들 수 있게 된 이후에야 인간의 일상 속에서 중요한 역할을 맡기 시작했다.

기원전 1600년대에 메소포타미아와 레반테의 유리공은 물렁해진 유리를 다루는 기술과 그와 관련된 도구를 개선시켰기에 이제는 유리를 코어 주위로 돌돌 말아 용기를 만들어낼 수 있게 되었다. 유리 장인들은 먼저 금속 막대 주위에 점토나 배설물로 유리 용기의 속 모양을 만든다. 그리고 녹여놓은 유리 덩어리에서 얇은 유리 가닥을 뽑은 뒤에 미리 만들어 놓은 코어 주변에 감는다. 그다음에는 '마베링 marvering'이라고 부르는, 유리를 가열하고 돌판 위에 굴려서 표면을 매끄럽게 다듬는 과정을 거친다. 그러고는 그 위에 색상이 있는 유리 가닥을 다양한 방식으로 감아서 장식한 뒤에 다시 마베링을 거쳐 표면을 매끄럽게 다듬는다. 마지막으로 손잡이와 밑판을 붙인 다음에 용기를 식히고 나면 코어를 떼어내서 제거한다.

이렇듯 '코어' 기법은 시간이 많이 걸리고 7~10센티미터쯤 되는 자그마한 물건을 만들 때만 적합하기 때문에 저장 용기나 음료 용기 제작에는 적합하지 않았다. 효율이라는 관점에서 봤을 때, 틀을 이용해서 유리의 형태를 만드는 작업 방식은 명판, 펜던트, 컵, 그릇을 만들 때나 아주 요긴했다. 유리병을 빠르게 생산하는 단순한 기술은 이로부터 수천 년이 더 지나고 나서야 등장했다.

그릇은 동그랗고 납작한 유리 조각을 쌓는 방식으로 만들기도 했다. 먼저 유리공은 여러 색깔의 유리 가닥을 막대 모양을 이루는 패턴으로 배열해서 한꺼번에 녹이고는 이 유리 막대를 가느다랗게 늘인다. 그다음에는 유리 막대를 얇게 자른 뒤에 모양을 잡아주는 외부 틀 안에 그릇 모양으로 쌓고는 가마 속에서 녹인다. 마지막으로 내외부 표면을 닦아주면 밀레피오리라고 부르는, 아주 아름다운 모자이크 문양의 그릇이 탄생한다.

기원전 1500년 전, 이집트의 파라오 투트모시스 3세가 페니키아와 시리아를 정복하자 이집트에서도 코어 기법을 이용하는 유리 공방이 등장한다. 카르낙에 있는 아몬-레 신전의 명문에는 투트모시스 3세가 기원전 1478년 메기도[이스라엘 북부에 있던 고대 도시]에서 대승을 거뒀다고 기록하고 있는데, 거기에 적힌 전리품 목록에는 녹인 돌이라는 항목이 포함되어 있다. 녹인 돌은 아마도 반투명 유리 조각을 의미할 것이다. 이 명문은 레반트 해안 일대에 유리가 존재했음을 알려주는 최초의 증거 문서다. 투트모시스 3세 등 당대의 이집트인들이 묻혔던 고분에서는 색상이 아름다운 컵과 화분이 발굴되었다.

기원전 2000년대 후반 아코 위쪽에 위치한 시돈, 티레, 비블로스에서 출항하는 가나안-페니키아 지역의 대형 선단은 벨루스강 일대를 지중해 무역로의 주요 거점으로 만들었다. 여행길에 오른 상인들은 기원전 14세기와 13세기에 유리 제작과 유리공에 대한 소식을 키프로스섬과 에게해 일대에 전했다. 또한 이들 페니키아인과 그들의 이웃인 아람족은 인류 문화에서 유리 제작보다 훨씬 중요한 발견을 다른 지역으로 전달하기도 했다. 이와 관련된 이야기를 잠시 다루고 넘어가보기로 하자.

기원전 2000년대 들어 가나안 사람들은 무역 내역을 간편하게 기록해둘 수 있는 수단이 필요해졌고, 그래서 음소 문자를 고안해냈다. 문자는 크게 세 가지 유형으로 나뉜다. 첫째는 표의문자다. 표의문자는 각 단어마다 표의문자 혹은 상형문자를 사용해야 해서 복잡한 생각을 표현하려면 수백 내지 수천 개의 문자가 필요하다. 둘째는 음절문자다. 음절문자는 특정한 소리를 내는 각 음절(자음과 모음으로 구성)마다 기호가 주어지기 때문에 의사 전달을 위해서 최대 100개 정도의 기호가 필요하다. 셋째는 음소문자다. 음소문자는 주요 소리마다 특정 기호가 주어지며 대체로 50개 미만의 기호가 문자 체계를 이룬다. 기원전 2000년대 말에 이르러 페니키아인이 아주 훌륭한 문자 체계를 고안해내자 이 문자는 아람족이 사용하는 문자로 채택되었고, 아시리아와 페르시아에서는 문자 표기의 기준으로 자리 잡았다. 페니키아 문자는 서쪽으로 퍼져나가 그리스인과 로마인의 마음을 사로잡았다. 서양 문자는 모두 페니키아 문자나 아람 문자에 뿌리를 두고 있다고 봐도 된다.

가나안-페니키아 해안과 메소포타미아에서는 기원전 1200년대까지 유리 제작이 활발하게 이뤄졌지만 이후 3세기 동안은 침체기가 찾아왔고, 이집트에서는 그 침체기가 더욱 길었다. 고고학자들은 이 기간에 해당되는 유리 유물을 거의 발굴하지 못했다. 유리 제작이 중단된 것은 서지중해에서 건너왔다고 추정되는 해양 민족의 연이은 습격으로 인해 히타이트 제국이 멸망하고 이집트가 몰락하는 등 동지중해 일대가 혼란에 휩싸인 정세와 연관이 있었다. 이렇듯 동지중해에 암흑기가 찾아오자 무역과 공예품 생산에 지장이 생겼다.

현대인의 정신 세계와 기술 세계의 중요한 면면은 상당 부분 동지중해에서 일어난 대격동으로부터 비롯되었다. 무역 중단으로 주석이 부족해지면서 청동의 가격이 요동치자 혁신적인 대장장이들은 철을 귀금속에서 상용 금속으로 변화시키기 위해 노력하게 되었다. 대격동이 몰고 온 또 다른 결과는 정치적 공백이었고, 그 덕분에 평소 같으면 강대국의 속국이었을 소규모 국가들이 잠시나마 자주권을 찾을 수 있었다. 이렇게 해서 탄생한 대표적인 국가가 바로 이스라엘이다. 운이 좋았든, 아니면 신이 도와줬든 바로 이 시기에 모세는 히브리인을 시나이 사막 너머 가나안 땅으로 인도했다. 인근 강대국들의 간섭이 사라지면서 이스라엘인은 수백 년 동안 자국의 운명을 스스로 개척해나갈 수 있었다.

실제로 청동기에서 철기로 넘어가는 시대에 근동 지역에서 일어난 사건들은 서구 문명 형성에 결정적인 역할을 했다. 또 이 시기에는 해양 민족 중 하나인 블레셋인이 가나안 해안 쪽 갈멜산 남부 평야로 쳐들어와 다섯 도시(아슈도드, 아슈켈론, 가자, 가트, 에크론) 연맹체를 세우고는 그 땅에 팔레스타인이라는 이름을 붙였다. 얼마 후 이스라엘의 12지파가 동쪽에서부터 요르단강을 건너와서는 해안가로부터 안으로 들어와 있는 구릉지대에 자리를 잡았다. 기원전 11세기, 이스라엘인은 이웃 국가들의 간섭을 받게 되는데 그 대표적인 나라가 팔레스타인으로, 팔레스타인은 이스라엘의 종교 중심지인 실로에 쳐들어와 성궤를 앗아갔다. 이스라엘은 초대 왕인 사울 아래 결집해서 자신의 땅에서 블레셋인을 몰아낸다. 계속해서 전쟁을 치르던 사울 왕과 그의 아들 요나단은 팔레스타인 땅의 에스드라엘론 평야로 쳐들어가지만 전투에서 패배해 전사하고 말며, 이로 인해 슬픔에 북받친 다윗이 두 사람의 주검 앞에서 슬픈 노래를 부르는 대목이 《구약성경》〈사무엘 하〉 초반부에 나온다.

이스라엘인들은 다윗을 왕으로 추대하고 블레셋의 다섯 도시 연맹체를 정복하고는 연맹 국가를 세운다. 다윗 왕과 그의 아들인 솔로몬 왕이 집권하던 수십 년 동안에 이스라엘은 레반트 지역에서 가장 강력하고 번성하는 국가가 되었다. 하지만 이스라엘인에게는 불행하게도 이 시기에 접어들어 근동 지역의 교차로이던 이 지역에서는 오래도록 유지되던 평화로운 분위기가 사라져버렸다. 국가를 하나로 걸

집한 것은 왕의 권력 때문이었기에 솔로몬 왕이 죽고 나자 이스라엘은 북이스라엘과 남유다 왕국으로 양분되고 말았다. 서로 다툼을 벌이던 두 나라는 이윽고 남쪽에서는 부활한 이집트, 북쪽에서는 아람족, 그리고 설상가상으로 북서쪽에서는 아시리아의 분노를 샀다. 기원전 8, 9세기 들어 끊임없이 일어난 분쟁 속에서 북이스라엘의 수도 사마리아는 아시리아 왕 살만에셀 5세에 의해 포위되었고, 결국 기원전 722년 살만에셀 5세의 뒤를 이은 사르곤 2세의 침략을 받고 함락되었다.

유리 공예 붐을 일으킨 유리불기

이런 혼란스러운 사건들에도, 아니 어쩌면 이런 사건들 덕분에 유리 공예는 기원전 1000년대 초반에 페니키아 해안과 메소포타미아 일대에서 활기를 되찾았다. 유리 공예가 부활했음을 보여주는 증거 중에 하나는 유리 덩이에서 떼어내 사르곤 2세의 명문을 적어 놓은 것으로 유명한 컵이 있으며, 이 유물은 현재 영국박물관에 소장되어 있다. 전해지는 이야기에 따르면, 시바 여왕은 솔로몬 왕을 만나기 위해 그의 궁전에 왔다가 자기 앞에 물웅덩이가 있는 것을 보고는 그 위로 건너가기 위해서 (매끈한) 다리가 드러날 만큼 치맛자락을 걷어 올렸다. 그러자 솔로몬 왕은 웃으면서 자신의 궁전이 유리로 덮여 있다고 시바 여왕에게 알려주었다.[18]

메소포타미아의 유리 산업은 전쟁을 치르던 아시리아가 자국의 수도를 치장하고자 유리공들을 강제로 끌어오면서 부활했다. 아시리아와 바빌로니아의 왕들은 농사를 지어야 할 남성들로 대규모 병력을 꾸려야 하는 문제에 지속적으로 시달렸기에 정복지의 인구를 모두 끌고 와 농사 일손을 채웠다. 아시리아의 뒤를 이은 바빌로니아의 네부카드네자르 왕은 기원전 587년에 예루살렘을 잔혹하게 짓밟고 솔로몬 성전을 파괴했으며, 이스라엘인을 바빌론으로 끌고 가기까지 했다. 그로부터 50년이 채 되지 않아 이번에는 바빌론이 페르시아의 키루스 대왕에게 무너졌다. 키루스나 다리우스와 같이 계몽된 페르시아의 군주들은 동맹 체제를 확립한 뒤 이스라엘인을 예루살렘으로 돌려보내 성전을 다시 짓게 해주었다. 《구약성경》〈에스라서〉에는 그와 관련된 이야기가 남아 있다.

페르시아 왕 키루스가 말한다. "하늘의 하나님 여호와께서 이 세상 모든 나라를 내게 주셨다. 그리고 나를 세우셔서 유다 땅 예루살렘에 성전을 지으라 하셨다. 그러므로 너희 중 그의 백성들은 예루살렘으로 돌아가거라. 너희 하나님께서 너희와 함께 계시기를 바란다. 너희는 예루살렘에 계신 이스라엘의 하나님을 위해 성전을 지어라."

바빌론에서 풀려나 고향으로 돌아온 이스라엘인들은 문화와 기술의 중심지에서 포로 생활을 하며 익힌 지식을 잘 활용했다. 한편 갈릴리 지방에서는 서력기원 직전에 유리가 제작되었음을 알려주는 증거

자료가 많이 발굴되었다. 아마도 가장 놀라운 유물은 베이트 셰아림 [유대인 귀족 계급의 분묘군]의 수조 바닥에서 나온 가로 330센티미터, 세로 190센티미터, 두께 45센티미터, 무게 8톤인 유리판일 것이다.[19] 산딸기 색에 녹색 줄무늬가 있는 이 거대한 유리판이 어떤 용도로 쓰일 예정이었는지는 아직까지 밝혀지지 않고 있다. 유리판은 2000년도 더 전에 제작되고 나서 그 자리에 그대로 놓여 있었기에, 아마도 대담했던 유리 제작자는 운송에 실패한 유리를 다시 녹여서 사용할 계획이었을 것이다. 그렇게 큰 유리는 코닝사가 팔로마 천문대의 지름 5미터짜리 망원경용으로 제작한 광학 유리 두 장을 제외하고는 오늘날에도 찾아보기가 어렵다.

지금까지 살펴본 역사는 유리 기술의 발원지로 여겨지는 레반트 해안과 메소포타미아에서 일어난 사건들에 초점을 맞추고 있다. 하지만 기원전 15세기, 14세기에 코어 기법으로 만든 이집트 그릇을 보면 알 수 있듯이 이집트도 유리 산업을 선도하는 국가였다. 실제로 기원전 1500년대의 유리 공예에 대한 자세한 정보는 이집트의 엘-아마르나와 말카테에서 발굴한 유리 공방에서 얻은 것이며, 발굴된 공방에서는 석영 자갈, 안료, 유리 막대가 발견되었다.

앞선 시대의 물물 교환이 밀 재배, 축산업, 대규모 경작에 필요한 도구와 기술의 개발을 이끌어냈듯이 근동 지역에서 일어난 무역은 유리 공예에 혁신을 불러왔다. 메소포타미아에서는 기원전 6, 7세기에 고온 가마가 개발되면서 용융 유리(녹인 유리)가 더욱 액체에 가까워졌다. 니네베 아슈르바니팔 도서관에서는 의술, 화학, 지질학, 연금술과 관련된 기원전 7세기의 쐐기문자 기록물이 발견되었는데 거기에는 세련된 유리 공예와 고온 가마에 대한 내용도 적혀 있었다. 유리공은 용융 유리의 색깔로 가마의 온도를 가늠하는 법을 터득했다. 기록물에 따르면 유리는 "붉은빛", "녹색/노란빛", "노란 황금빛"을 띠는데, 노란 황금빛은 가장 높은 온도를 가리켰다.[20]

가마 성능이 개선되면서 유리불기기법이 등장하자 사치품이던 유리는 금세 일상용품으로 자리잡았다. 유리불기라는 혁신적인 기술은 어쩌면 바빌론에서 예루살렘으로 돌아온 유대인들이 촉매가 되어서 탄생했을지도 모르며, 기원전 1세기 시돈에서 처음으로 사용되었다. 그 말은 고온 가마가 개발되고 나서 500년 후에 어느 천재적인 유리공이 등장해서 유리를 불기 시작했다는 뜻이다. 500년이라는 시간차는 2000년 전에 기술 개발이 이뤄지기까지 얼마나 오랜 시간이 걸렸는지를 여실히 보여준다. 현대에는 기술 개발과 대량 생산 사이에 걸리는 시간이 급격하게 짧아져서 고작 몇 년밖에 걸리지 않을 때도 많다.

고온 가마가 생기면서 이제 고대 유리공은 1미터 50센티미터짜리 철제 취관blowpipe 끄트머리로 용융 유리 덩이를 집어 올리고는 방울 모양으로 불어서 재빠르게 유리병을 만들어냈다. 단순한 물건은 전체 제작 과정에 단 몇 분밖에 소요되지 않았다. 유리불기는 유리를 입바람으로 쉽게 불 수 있을 정도로 뜨겁게 녹일 수 있게 되고 나서야 실현 가능한 기법이었다. 방울 모양의 용융 유리가 처지지 않고 대칭을 이루도록 유리공은 돌판 위에서 취관을 계속해서 돌려주며 나무주걱과 집게로 모양을 잡아주고는 마지막으로 큰 가위로 싹둑 떼어냈다. 유리는 경화 과정 중에 계속해서 구조가 변하기 때문에, 방울 모양의 용융 유리는 몇 번이고 식혔다가 다시 가열해도 금이 가지 않는다. 유리는 고체에서 점성이 있는 액체로 변할 때 부피가 온도에 따라 점진적으로 변하기 때문에, 비결정성 상태를 유지하며 냉각 및 재가열과 같은 온도 변화 속에서도 깨지지 않는다. 물론 유리 물체는 강철을 담금질할 때처럼 급격하게 가열하거나 냉각하면, 유리 전체에 걸쳐 온도 및 원자 간의 공간상에 커다란 차이가 생기면서 내부 응력이 커지기 때문에 산산조각이 난다.

유리불기공은 뜨거운 유리 덩이를 흔들어주거나 자체 하중에 의해 처지도록 하여 눈물방울 모양으로 바꾼다. 그다음에는 유리 덩이의 바닥에 폰틸이라고 부르는 쇠막대를 붙여 취관을 떼어내고는 테두리와 손잡이를 붙인다. 유리불기 과정에서는 온도 분포가 불균형해서 유리 내부에 응력이 쌓이기 때문에 이를 완화하기 위해 유리공은 유리 제품을 재가열했다가 하루 동안 다시 상온 수준으로 천천히 식힌다. 예수 시대에 개발된 유리불기법은 지금까지도 큰 변화 없이 그대로 쓰이고 있다. 철은 녹는점이 높다는 특성 때문에 제련공과 대장장이에게 골칫거리를 안겨주었지만, 이제 그 특성은 도리어 장점이 되어 철로 만든 취관을 찔러 넣어 유리 덩이를 안전하게 집어 올릴 수 있게 되었다.

또한 유리공은 용융 유리를 틀 속에 넣어서 불기도 했는데, 그렇게 되면서 모양과 크기, 장식이 똑같은 용기를 빠르게 재생산할 수 있게 되었다. 이 작업에 필요한 도구는 한쪽에 걸쇠가 달린, 병이나 화분 모양의 두 조각짜리 틀뿐이었다. 입으로 모양 틀에 바람을 불어넣으면 용융 유리의 형태가 틀 내부의 형태와 똑같아진다. 입바람이 코어 기법에서 사용하는 코어를 대체한 셈이다. 그러면서 값싼 유리 식기, 저장 용기, 화분이 널리 쓰이게 되었고 곧 유리 제품이 도기를 대체하기에 이르렀다. 기원후 40년경에 로마에서 등장한 사각 유리병은 그 뒤에 등장하는 모든 유리병의 원형이자 고대 사회의 근간이 되었다. 기원전 1세기 전에는 음료수 용기를 만들려면 돌이나 유리를 갈거나, 아니면 점토를 물레나 코어나 모양 틀을 이용해서 빚고는 조심스레 말리고 구워야 했다. 유리불기법은 이처럼 시간과 노력이 많이 들어가는 제작 방식을 단순하고 우아한 과정으로 바꿔놓았다. 유리 용기는 제작이 쉬울 뿐 아니라 위생적이기도 했다. 유약을 바르지 않은 도기는 냄새가 배거나 찌꺼기가 끼기 마련이었지만 유리 용기는 그렇지 않았다.

한때는 마케도니아 왕의 의전용 방패나 투탕카멘의 황금 가면을 장식할 만큼 귀했던 유리는 서력기원이 시작될 무렵이면 쉽게 생산할 수 있는 제품이 되었다. 로마 시대에는 사회의 다양한 계층이 수없이 많은 유리 용기를 사용했다. 유리병 이외에도 사람 머리 모양이나, 원형 경기장 속 전차와 검투사를 보여주는 콜로세움 기념품 같은 것도 인기가 좋았다. 자신의 공예 솜씨에 큰 자부심을 가졌던 아르타스Artas, 필리포스Philippos, 에니온Ennion과 같은 유리 장인들은 유리불기용 점토 틀에 자신의 이름을 새겨 넣을 때가 많았다. 그들은 그 시대의 티파니Tiffany, 라리크Lalique, 스튜벤Steuben이었다. 에니온은 기원후 첫 반세기 동안 특히 유명했던 듯하다. 그는 시리아와 이탈리아에 차려놓은 자신의 공장에서 손잡이가 없는 유리병, 손잡이가 둘 달린 유리병, 틀에 넣고 불어서 만든 컵을 제작해 로마 제국 전역에 팔았다.

서력기원에 접어들고 첫 세기 동안에는 뛰어난 유리 장인이 방울 모양의 유리 덩이에 구멍을 내고 펴서 판유리를 만드는 등 급격한 기술 발전이 이뤄졌다. 취관이 유리판에 붙어 있던 자리에는 자국이 또렷이 남는다. 최초의 유리창은 예수 시대에 등장한다. 유리불기공들은, 서쪽과 북쪽으로 손강과 론강과 라인강을 넘어 유럽의 심장부로 깊숙이 뻗어나가던 로마군의 뒤를 따라가면서 판유리를 만드는 혁신적인 기술을 퍼뜨렸다. 그 결과 기원후 2세기에는 갈리아 지방, 브리타니아 지방, 콜로니아 아그리피넨시스(오늘날의 쾰른)가 중심지인 라인 지방의 신도시에 유리 공장이 들어선다. 천 년 후 이들 지역의 유리 장인들은 여러 중세 성당을 수놓는 찬란한 스테인드글라스를 제작한다.

불투명한 유리에서 투명한 유리로

유리의 큰 장점은 투명하다는 것이지만 초창기 유리는 불투명했다. 유리 속에 들어간 기포나 조그만 입자가 빛을 강하게 산란시켰기 때문이다. 또한 유리는 철과 같은 불순물이 섞여 들어가면 색상을 띤다. 기원전 1000년 동안 유리공은 금속산화물을 첨가해 유리의 색상을 조절하는 방법을 발견했다. 그러면서 유리의 화학적 조성이 더 복잡해졌다. 용융 유리에 구리나 철을 첨가하는 것은 유리를 가열할 때의 대기 상태에 따라 다른 효과를 낳는다. 구리가 5~25중량퍼센트 함유된 유리는 일반적인 공기인 중성 대기나 산화성 대기에서 가열하면 투명한 파란색을 띤다. 하지만 똑같은 유리를 환원성 대기, 즉 산소가 적은 대기 속에서 가열하면 구리가 조그맣고 붉은 산화제1구리 입자 형태가 되기 때문에 유리가 불투명한 선홍색을 띤다. 그래서 구리가 첨가된 푸른 유리는 폐쇄 용기나 숯이 들어 있는 곳처럼 산소양이 제한되는 환경에서 가열하면 붉은색으로 변한다. 샤르트르 성당, 생트샤펠 성당, 쾰른 성당을 비롯해서 여러 중세 시대의 성당에 사용한 장엄한 스테인드글라스는 앞서 말한 구리의 화학적 성질을 알아낸 덕분에 아름다운 색상을 띠게 되었다.

유리 장인들은 무색 수정(석영)으로 만든 그릇이나 화분을 애호하는 사람들을 만족시키기 위해 산화 안티모니로 철과 같은 불순물을 탈색하는 방법을 터득했다. 무색 유리는 시장에서 아주 높은 값을 받았다. 요즘에야 흔하디흔한 물건이지만 말이다.

산화 안티모니를 첨가하면 왜 무색 유리가 형성될까? 금속에 든 원자는 양성자(양전하)와 전자(음전하)의 숫자가 같기 때문에 중성(전하를 띠지 않음)이다. 화합물 속 특정 금속 원자들은 가까운 거리 내에서 전자의 숫자가 다를 수가 있다. 철이 바로 그런 사례로, 철은 산소와 결합해 두 가지 다른 화합물인 FeO와 Fe_2O_3를 형성할 수 있다. 철은

FeO 상태에서는 Fe^{2+}로 존재하는데, 이것은 전자 2개를 잃고 +2가를 가졌다는 뜻이다. 전하량을 가진 원자는 이온이라고 부른다. 양전하를 가진 철 이온은 음전하를 가진 산소 이온에 이끌려 반응을 하고 화합물을 형성한다. Fe^{2+}이온은 +2가인 이온 한 개이므로 −2가인 O^{2-} 이온 한 개와 균형을 이루고, 그렇게 해서 생긴 중성 화합물은 FeO로 표기된다. 철은 Fe_2O_3 상태에서는 Fe^{3+}로 존재한다. Fe^{2+} 이온은 대기 중에 포함된 산소량이 바뀌면 Fe^{3+} 이온으로 변할 수 있다.

유리에 산화 안티모니를 첨가하는 것은 고농도 산소를 첨가하는 것과 같다. 안티모니는 유리를 탈색시키는데 그 이유는 원자가 빛을 흡수하는 방식이 인근에 있는 전자의 숫자에 달려 있기 때문이다. 전자는 빛을 흡수하고는 빠른 진동을 통해 빛을 재방출한다. 청색광은 파장이 4,500옹스트롬(1옹스트롬은 100억분의 1미터)인 반면, 적색광은 파장이 6,500옹스트롬이며, 우리가 눈으로 볼 수 있는 파장의 범위는 4,000옹스트롬에서 7000옹스트롬이다. 백색광에는 눈으로 볼 수 있는 모든 파장이 들어 있으며 각 파장에 해당하는 색깔이 골고루 나타난다. 만약 유리 내 금속 불순물이 백색광에 포함된 특정 파장만을 흡수한다면, 그 파장은 사라진다. 그 결과 유리를 통과하거나 유리에 반사되는 빛 속의 색깔은 남아 있는 파장으로만 구성된다. 산화 안티모니를 첨가하면 철 불순물의 상태가 Fe^{2+}에서 Fe^{3+}로 바뀐다. 그러면 유리의 색상이 옅은 녹색에서 옅은 노란색으로 바뀌는데 우리는 이 옅은 노란색을 무색이라고 여긴다.

앞서 말했듯 유리는 그 안에 들어간 기포나 미세 입자가 빛을 산란시키면 불투명해진다. 이때 불투명도는 산란된 빛의 파장과 미세 입자의 간격 및 크기에 따라 다르다. 작고 가까이 모여 있는 미세 입자의 수가 많으면 빛이 통과하기가 어려워지기 때문에, 유리는 불투명해진다. 그래서 미세한 산화제1구리 입자가 들어 있는 유리는 색깔이 붉은 동시에 불투명할 수도 있다.

유리의 색상을 조절하는 법을 발견하면서 상상력이 풍부한 유리공들은 놀라운 예술 작품을 제작하는데, 그 대표적인 사례는 기원후 4세기에 제작되어 현재 영국박물관에 소장되어 있는 리쿠르구스의 컵이다. 이 컵에는 트라키아의 왕 리쿠르구스의 이름이 붙어 있는데, 전설에 따르면 그는 디오니소스를 격노케 하였고 그 대가로 트라키아에 디오니소스의 저주가 내린다. 리쿠르구스의 컵을 보면 리쿠르구스가 포도넝쿨에 결박되어 있는 모습이 표현되어 있다. 이 컵에 사용된 유리에는 금과 은이 소량 들어 있어서 빛을 반사시킬 때는 비췻빛이 나고, 빛을 투과시킬 때는 자홍빛이 난다. 이처럼 멋들어진 컷글라스 컵[칼로 여러 모양을 새긴 유리그릇]을 만든 솜씨는 지금 봐도 대단하다. 더구나 그 당시 유리공들이 사용했을 단순한 도구들을 생각해보면 더욱 놀랍다. 돌을 깎고, 갈고, 윤을 내는 기술은 유리 공예에도 잘 들어맞았다. 리쿠르구스의 컵은 '새장 모양의 컵' 혹은 디아트레타 diatreta 컵의 일종으로, 당시 유리공의 솜씨가 얼마나 훌륭했는지를 보여준다. 그들은 주조나 유리불기로 두께가 두꺼운 컵을 만들어 낸 다음에 컵의 둘레를 따라 우아한 형태가 남도록 컵의 외피와 몸체 사이 부분을 갈아냈다.

로마 제국 시대부터 13세기 말에 이르는 천여 년의 시간 동안 유리는 오직 식기, 용기, 유리창으로만 사용되었다. 유리가 과학용 소재로 처음 사용된 것은 1200년대 후반 안경에 들어가는 렌즈가 나왔을 때부터이며, 그 후 1500년대와 1600년대에 광학 망원경과 현미경이 등장하면서 관찰 활동에 신기원이 열렸다. 망원경 덕분에 갈릴레오는 태양 주위를 도는 행성의 움직임을 추적할 수 있었다. 현미경 덕분에 레이우엔훅Leeuwenhoek은 박테리아를 발견했다. 오늘날 유리는 레이저 빛을 이용하는 정보 통신 광섬유('전자 초고속도로')나 유리섬유 강화재, 텔레비전 브라운관용 투명 덮개로 쓰인다.

지금까지는 유리의 장점에 대해서만 다뤘지만 사실 유리는 쉽게 깨진다. 이런 면에서 보자면 금속 부품은 유리 부품에 비해 커다란 장점이 있다. 대개 금속은 제 기능을 상실하기 전에 소성 변형을 거치기 때문에(금속 피로의 사례에서 보았듯이 늘 그렇지는 않다) 파괴가 일어나기 전에 그 징후가 여실히 드러난다. 유리는 뾰족한 물건 때문에 균열이 간다든가 해서 표면에 결함이 생기면 그곳의 국부 응력이 작용 응력보다 훨씬 커지면서 별다른 징후 없이 와장창 깨져버린다. 균열은 길면 길수록 작은 하중에도 더 쉽게 연장된다. 제작 과정이나 그 후속 과정에서 생긴 균열은 유리의 파괴 강도를 결정한다.

유리에 생기는 균열은 이번 장 초반 부에 언급한 유리의 기묘하고 독특한 성질이 왜 발생하는지를 설명해준다. 머리카락 굵기의 유리 섬유는 두꺼운 유리판보다 강도가 훨씬 높은데, 그 이유는 유리는 치수가 클수록 균열이 기다랗게 (그리고 더 심각하게) 생길 확률이 높아지기 때문이다. 가느다란 유리섬유는 특성상 균열이 짧막하게 밖에 생기지 않고 이런 균열이 더 커지려면 커다란 응력이 필요하다. 그렇기 때문에 가느다란 유리섬유는 굵은 섬유보다 강도가 더 좋다.

 판유리를 크기에 맞게 자르려면, 나와 애덤이 유리 가게에서 보았듯이 다이아몬드 칼로 잘라야 한다. 이처럼 균열에 매우 취약한 성질은 비행기 설계자에게는 커다란 걱정거리이기 때문에, 여객선 유리창과 객실 사이에는 투명한 플라스틱 보호막을 설치한다. 플라스틱 보호막은 여러분이 생각하는 것처럼 승객을 보호하기 위한 장치가 아니라 유리창을 승객과 승객의 다이아몬드 반지로부터 지키기 위한 장치다. 또한 플라스틱 보호막은 사람의 몸에서 나오는 유분이 유리에 묻지 않도록 차단하는 역할도 한다. 유기성 유분은 유리에 난 균열을 더욱 키우는 경우가 많기 때문이다. 금속도 균열이 나 있는 경우가 있지만, 전위가 이동하는 곳에 생기는 국지적인 소성 변형이 균열부가 더 커지기 전에 균열부 끄트머리의 높은 응력을 완화한다. 유리는 전위가 없기 때문에 균열부 끄트머리의 높은 응력을 완화하지 못하고 쩍쩍 갈라지며 산산조각이 난다.

 균열과 취성brittleness[소성 변형이 거의 일어나지 않고 파괴되는 현상] 사이의 상관관계를 이해하면 유리가 가지는 파괴에 대한 저항력, 재료 공학 용어로는 파괴 인성이라고 부르는 능력을 향상시킬 수 있다. 균열을 양쪽에서 잡아당기는 인장 응력은 유리에 가장 큰 해를 끼친다. 그렇기에 압축 응력으로 균열의 양단을 밀어서 모아주면 파괴에 대한 저항력이 향상된다. 유리 표면에 압축 응력을 주려면 유리를 냉각하는 동안 유리 내부를, 흠이 많이 생기는 표면부보다 더 많이 수축시키면 된다. 이런 유리를 만드는 방법 중 하나는 유리의 화학적 조성을 신중하게 선택하는 것인데, 그 이유는 냉각 과정에서 유리가 수축하는 양이 유리의 조성 방식에 달려 있기 때문이다. 유리 층 하나를 두 외부 유리 층 사이에 끼운 상태에서 냉각 과정으로 약간 수축을 시키면, 내부 유리 층이 외부 유리 층보다 더 많이 수축하면서 외부 표면이 압축된다.

전해오는 이야기에 따르면 서력기원이 시작되는 무렵에 한 유리공이 깨지지 않는 유리를 발명해냈다. 이 용감무쌍한 발명가는 티베리우스 황제에게 자신이 발명한 유리를 선보이기 위해 유리그릇을 바닥에 떨어뜨렸는데 유리그릇은 그저 찌그러지기만 했다. 발명가는 찌그러진 부위를 망치로 펴냈다(이런 유리는 오늘날에는 존재하지 않으며, 아마 예전에도 존재한 적이 없었을 것이다). 깜짝 놀란 티베리우스 황제는 비범한 유리 장인을 향해 이 발명품의 존재를 다른 사람에게 말한 적이 있냐고 물었다. 그런 적이 없다고 그가 대답하자 티베리우스 황제는 자기 손에 들어온 유리 제품의 가치를 지킬 속셈으로 불운한 발명가의 목을 쳤다. 놀라운 발명은 그렇게 사라지고 말았다.[21]

기원전 1000년대에 철에 이어 유리도 귀중품에서 일상 용품으로 탈바꿈했다. 우리는 여기서 소중한 교훈을 얻을 수 있다. 재료는 채취에서부터 유용한 제품으로 만드는 과정까지의 경제성에 비례해서 인류 사회에 막대한 영향을 미친다.

지난 세기 들어 유리는 통신이나 복합 소재용 유리섬유 등 새로운 용도로도 쓰이게 되었다. 예수 시대로 다시 돌아가 보면, 유리를 이루는 물질인 모래와 석회 등은 로마에 들어선 대형 건물을 지을 때도 대단히 요긴하게 쓰였다. 예를 들어 실리카는 로마의 대표적인 발명품 중 하나인 콘크리트의 구성 재료로써, 요즘도 그렇지만 2000년 전에도 중요한 물질이었다. 그래서 지금부터는 작은 것을 만드는 재료로부터 거대한 것을 만드는 재료로 넘어가보려 한다.

장구한
세월을
견뎌낸
건물들

현대 도시의 기틀이 된 콘크리트와 강철

시멘트에 관한 최초의 기록

The
Substance
of
Civilization

길가메시는 우루크에 성벽, 장대한 성채를 쌓고 하늘의 신 아누와 사랑의 신 이슈타르를 위해 에안나라고 불리는 신령스러운 신전을 지었다. 오늘날까지도 여전한 그곳을 보라. 돌림띠가 지나가는 외벽은 구릿빛으로 번쩍이며, 내벽은 그 무엇에도 비견할 수 없다. 장구한 세월이 묻어나는 돌계단을 만져보라. 사랑과 전쟁의 여신 이슈타르가 살던 에안나 신전에 다가서보라. 훗날 그 어떤 왕도 그 누구도 그와 같은 업적은 이루지 못하리라. 우루크의 성벽에 올라 걸어보라. 토대부를 살펴보고 석공술을 눈여겨보라. 구워낸 벽돌이 참 멋지지 않은가. 일곱 현인이 그 기초를 세웠노라.[22]

─《길가메시 서사시》

현대 도시의 기틀이 된 콘크리트와 강철

나는 아들 에릭과 함께 이타카 시내를 가로지르는 보행자 전용 상점가 커먼스Commons의 인도에 편히 앉은 채로 여름 재즈 콘서트를 감상하고 있었다. 그러다가 문득 주변 건물을 둘러보았다. 소도시 중심가의 한쪽 면에는 황갈색이나 백색 벽돌로 지은 건물이 3~5층 높이로 죽 늘어서 있었고, 그 맞은편에는 전면부를 붉은 벽돌과 콘크리트로 마감한 백화점이 들어서 있었다. 적어도 지난 200년 동안 이들 건물에 사용한 건축 자재에는 큰 변화가 없었다. 여기서 쓰인 벽돌은 수메르인이 지구라트를 지을 때 쓰던 것과 본질적으로 똑같다. 그리고 서력기원이 시작되기 직전, 로마의 공학자들은 거대 건축물 축조에 필요한 콘크리트를 개발해냈다.

콘크리트와 강철이 존재하지 않았다면 어떤 일이 벌어졌을까? 이 타카 시내에는 11층짜리 좁다란 건물이 들어서 있다. 이 건물은 돌과 나무만으로는 짓지 못했을 것이다. 건물 골조나 다리 경간을 지탱하는 강철이 없었다면 뉴욕과 같은 도시는 훨씬 작은 규모로 개발되었을 것이다. 현대와 앞선 시대의 재료공학자들은 현대 도시의 기틀을 형성하는 데 기여했다.

인류는 보호·안전·저장용 공간을 짓거나 신을 섬기거나 스스로의 업적을 기리기 위해 건물을 지었다. 우리는 흙을 다져 벽체를 세움으로써 처음으로 구조물다운 구조물을 세웠다. 또 햇볕에 말린 진흙 벽돌을 쌓아올리기도 했다. 벽돌 벽은 겉면에 진흙을 바른 다음에 햇볕에 말리면 단단한 진흙 벽체가 되었다. 근동 지역에서 흔히 볼 수 있는 흙더미들(고대 건축의 잔존물이 쌓여서 생긴 언덕)은 당시에 진흙 벽돌 구조물이 널리 지어졌지만 수명이 짧았다는 사실을 알려준다. 이처럼 건조한 기후대에서 살았던 사람들조차 계속해서 무너져 내리는 집을 지속적으로 보수해야 했다. 이집트인은 잘라낸 돌을 쌓아서 피라미드를 세웠던 반면, 미케네인은 돌이 제자리에 고정되게끔 돌 사이에 조그만 쐐깃돌을 끼워서 둥근 천장을 만들었다.

수메르인은 거대한 지구라트를 지을 때 진흙 벽돌을 아주 인상적인 방식으로 사용했다. 그들은 먼저 햇볕에 말린 벽돌로 중심 구조체를 만든 다음에 가마에서 '구운 벽돌'로 중심 구조체를 몇 겹에 걸쳐 덮었다. 이것은 드물게 폭우가 쏟아지는 메소포타미아 지방에서 건물의 중심 구조체를 지키기 위한 조치였다. 그리고 역청 모르타르로 외부층을 결합하고 방수막을 형성해서 내부 진흙 벽돌을 보호했다. 두터운 벽체 사이에는 배수로를 내서 상부에 놓인 계단식 정원에서 스며드는 물을 배출시켰다. 지구라트는 뜨겁고 메마른 메소포타미아 평원 위에 우뚝 솟은 채로 수목이 우거져 있었기에, 그 광경은 일상을 살아가던 수메르인들에게 아주 인상적인 모습이었을 것이다. 그로부터 수천 년이 더 흐른 뒤에 초기 지구라트를 계승해서 지은 바빌론의 공중정원은 세계 7대 불가사의 중 하나로 꼽힌다.

역청을 사용한 것은 크나큰 혁신이었다. 오늘날 석유 정류 과정에서 끈적거리는 잔여물의 형태로 생산되어 주로 고속도로용 아스팔트나 지붕 코팅재로 사용되는 역청은 기원전 3000년대에는 초강력 접착제로 쓰였다. 역청은 오늘날 바그다드로부터 서쪽으로 140킬로미터 떨어진, 바빌론 북부 유프라테스강에 면한 히트(아카드어로 '역청'이라는 뜻)라는 도시 인근에서 솟아올랐다. 수메르인은 비교적 낮은 온도(550~600도)에서 구워낸 다공성 벽돌을 역청으로 단단하게 결합시켰다. 역청은 대개 냄새가 고약한 천연가스와 함께 발견될 때가 많았기에 수메르인은 역청을 펄펄 끓어오르는 지하세계의 배설물이라고 여겼고, 쐐기문자로 표기할 때는 '우물'과 '깊은 연못'을 의미하는 두 기호를 써서 나타냈다. 역청은 악령의 상징이 되었고, 아마도 그 때문에 성경은 역청이 많이 나는 피치 호수를 "지옥 같은 피치 호수"라고 묘사하는 듯하다. 고대인은 천연가스를 신이 보내는 전갈로 여겼다. 기원전 9세기 초 아시리아 왕 투쿨티 니누르타는 이런 글을 남겼다.

히트의 맞은편 역청 산지와 가까운 곳, 나는 우스메타 바위에서 신의 음성이 흘러나오는 그곳에 진을 쳤다.

땅속에서 올라오는 삼출물 중에서 무게가 더 가볍고 점성이 더 낮은 물질은 예전에는 나프타라고 불렸고 지금은 가솔린이라고 부르는데, 워낙에 불이 잘 붙어서 고대에는 골칫거리였다. 종교 사제들은 물속에 떨어뜨린 기름이 퍼지는 모양을 살펴보고 그에 따라 예언을 하곤 했다. 실제로 교활한 예언가들은 기름의 종류를 세심하게 골라서 기름이 퍼지는 모양(과 그에 따른 예언)을 조종했다. 그리스어 '나프타 naphta'는 기원전 2000년대에 바빌로니아에서 예언용 도구를 일컫는 말이던 '나프투naptu'에서 비롯됐다. 히트에서 솟아나던 역청과 나프타는 메소포타미아에 엄청난 양의 석유가 매장되어 있음을 알려주는 단서였으며, 이 석유 매장층은 오늘날 페르시아만 인근 국가들의 주요 수입원 역할을 한다.

역청 채취는 상대적으로 쉬운 작업이었다. 역청은 사해의 물 위로 떠올랐기에, 기원전 8000년대에 예리코에서 온 상인들은 당밀처럼 끈끈한 역청을 나룻배 위로 떠올릴 수 있었다. 역청은 말린 다음에 조그만 덩어리로 잘라서 판매했다. 역청은 방수와 벽돌 접착 이외에도 도끼날을 나무 손잡이에 끼울 때나 장신구에 유색 보석을 붙일 때도 사용되었다.

점토, 석회, 석고(황산칼슘)는 인류가 불을 이용해서 더 값진 물건으로 변모시킨 최초의 재료들이었다. 처음에 수메르인과 이집트인은 석회와 석고를 벽이나 바닥 미장재로만 사용했다. 그러다가 석회는 유리의 내구성을 높이는 유리용 재료로 쓰이게 되었고, 석고는 기원전 3000년대와 2000년대에 이집트의 거대 피라미드 건축에 쓰이게 되었다. 하지만 석고 모르타르는 석공들에게 골칫거리를 안겨주었다. 대개 석고 모르타르는 태운(탈수한) 광물과 태우지 않은 광물의 혼합물이어서 굳는 정도가 일정치 않았다. 이집트인은 석고 모르타르를 접착제가 아니라 거석을 밀고 줄을 맞출 때 쓰는 윤활제로 더 많이 사용했다.

석회 모르타르는 처음에 크레타섬과 그리스에서 쓰였고, 나중에 로마 공학자들의 손을 거쳐 완벽한 재료로 거듭났다. 석공은 백악이라는 석회질 암석과 주성분이 탄산칼슘인 조개껍데기를 900도 이상으로 가열했는데, 그러면 두 재료가 석회로 분해되었다. 그리스인은 석회에 산토리니섬의 화산암을 섞어 고강도 내수성 시멘트를 고안해 냈다. 훗날 로마인은 베수비우스 산과 로마 인근의 화산 산맥에서 포촐라나pozzolana라고 부르는 화산재 형태의 입자를 발견했는데, 포촐라나는 물속에서도 잘 굳는 수경성 시멘트의 재료인 알루미나와 실리카의 보고였다.

로마 공학자들은 처음에는 석회 시멘트를 벽돌이나 석재용 모르타르로 쓰다가 나중에는 타설이 가능한 경이로운 석재인 콘크리트의 경화제로 썼다. 시멘트는 물과 만나 '비화작용[흙덩어리 등이 부서져내리는 현상]'을 일으키는데, 그러면 석회가 물을 빨아들이는 과정에서 다량의 열과 함께 수산화칼슘이 생성된다. 그러면 원자 구조가 결정과 비결정의 중간 상태를 이루는, 젤리와 같은 '토버모라이트' 겔이 수산화칼슘과 화산재를 단단히 결합시킨다.

지금까지도 제자리에 우뚝 서 있는 교량이나 수로는 2000년 전 로마 공학자들의 건축술이 얼마나 뛰어났는지를 여실히 보여준다. 로마 시대의 수도교는 오늘날 이스라엘의 카이사레아 수도교에서부터 프랑스 가르동강을 가로질러 님Nimes으로 물을 실어나르던 웅장한 가르교에 이르기까지 지중해 연안 지대에 많이 남아 있다. 수도교는 잘라낸 석재를 포졸란 모르타르로 붙여서 지었고, 내부에 수경성 시멘트를 발랐다. 트라야누스 황제가 집권하던 기원후 1세기에 지은 세고비아 수도교는 지금도 아세베다강의 물을 실어 나르는 용도로 쓰인다. 로마인의 건축 솜씨는 오늘날 포르투갈과 스페인 국경 지대인 카세레스 지방의 타구스강을 가로지르는, 높이 55미터, 길이 35미터짜리 교량에서 뚜렷하게 드러난다(이 교량은 훗날 '다리'를 뜻하는 아라비아어 '알칸타라'로 개명되었다).

트라야누스 황제를 위해 알칸타라 교를 세운 공학자는 이 다리가 영원토록 이 자리에 서 있을 것이라고 장담했다. 그 장담이 무색하지 않게도, 지금 알칸타라 교에는 4차선 도로가 지나간다. 로마인이 사용한 모르타르는 강도가 워낙 좋았기에, 후대의 공학자들은 로마인에게 틀림없이 그들만의 비법이 있었으리라고 추측했다. 18세기 후반 프랑스의 노동자들은 로마 모르타르의 우수성이 벽돌이나 석재에 접착이 잘 되게끔 모르타르를 완전히 배합한 다음에 제자리에 채워 넣은 것에 있었다는, 중요하지만 그리 새로울 것은 없는 사실을 알아냈다.

시멘트에 관한 최초의 기록

기원후 1세기, 로마 작가 비트루비우스Vitruvius는 시멘트와 비슷한 재료의 제조 방법 및 특성에 대해서 최초의 기록을 남겨놓았다.

석재는 다른 물질과 마찬가지로 원소로 이뤄져 있는데, 그중에서 공기의 함량이 가장 높은 것은 무르고, 물의 함량이 가장 높은 것은 수분 덕분에 차지고, 불의 함량이 가장 높은 것은 깨지기 쉽다. 잘게 으깬 석재를 굽지 않은 모래와 섞으면 경화나 접착 현상이 일어나지 않는다. 하지만 이들 재료를 가마에 넣고 강렬한 열기를 쐬어주면 예전과 같은 단단함이 사라진다. 이렇게 불에 타서 생석회가 되고 강도를 잃으면 바스러지고 구멍이 숭숭 나고 (중략) 여기에 물을 넣어 불기운을 잠재우면 다시 생기가 돌며, 여기에 섞여 들어온 물이 반응을 일으킨다. 그러면 석회 물질은 냉각되고 아주 뜨거운 열은 방출된다.[23]

자신을 후원하는 황제를 위해 거대 기념물을 설계하던 로마 건축가들은 점점 더 거대해져가는 건축물을 기둥 없이 세우는 방법을 터득해냈다. 이를 위해 그들은 반원통 볼트와 돔을 이용했으며, 반원통 볼트와 돔은 기본적으로 아치였다. 볼트와 돔을 지을 때 처음에는 쐐깃돌을 이용했지만, 건축물의 경간이 커질수록 석재를 쌓는 동안 천장을 받쳐줘야 하는 거대한 나무 골조가 감당하기 어려울 정도로 커지고 비용이 많이 들었다. 수고로이 채취, 가공, 수송한 석재로 천장,

벽체, 기초부를 더욱 크게 만들어야 하는 어려움에 직면한 로마 공학자들은 콘크리트를 타설해서 건물을 짓는 기발한 생각을 도출해냈다. 시멘트와 파쇄석, 모래를 섞어서 만든 콘크리트는 건축계에 혁명을 불러왔다. 모래와 자갈은 어디서나 구할 수 있는 재료였기 때문에 멀리서 들여와야 하는 재료는 시멘트밖에 없었다. 시멘트로 모래와 자갈을 결합시키면 인조 석재가 탄생하는데, 이것의 장점은 나무 거푸집 안에 타설하여 원하는 모양을 얻을 수 있다는 점이었다. 돔과 천장에 경량 콘크리트와 벽돌로 만든 아치형 늑재를 사용하게 되면서부터 로마 공학자들은 천장 늑재 사이의 조그만 개별 공간에 콘크리트를 타설할 수 있게 되었다.

로마인의 콘크리트 축조술이 얼마나 뛰어났는지는 판테온(만신전)을 보면 잘 알 수 있다. 기원전 1세기에 아그리파가 세운 판테온은 전소되었다가 기원후 115년에서 125년 사이에 하드리아누스 황제에 의해 재건되었다. 지금도 로마에 우뚝 서 있는 판테온은 웅장한 돔에 벽돌 아치 골조를 사용했다. 판테온의 돔은 내부 지름 43미터에 완벽한 반구형을 이루고 있으며, 천장에 들어간 콘크리트 5천 톤을 지탱하는 두께 6미터짜리 원통형 벽체 위에 얹혀 있다. 돔에 콘크리트를 타설할 때는 돔을 세 층으로 나누어서 골재를 달리 썼다. 가장 위층은 속돌이라는 가벼운 석재를 넣어서 타설했고, 중간층은 화산암을 넣어서 타설했으며, 가장 아래층에는 벽돌 조각을 넣어서 타설했다. 더불어 돔 하부에서 상부로 올라가면서 콘크리트 층의 밀도와 두께를 낮춤으로써 콘크리트의 전체 하중을 줄였다.

기원후 5세기에 로마가 멸망하자 고품질 모르타르 제조법은 잊히고 말았다. 중세 시대에 색슨족과 노르만족의 석공들은 화산재가 들어가지 않은 석회를 제대로 굽지도 않고서 첨가해 질 낮은 모르타르를 만들었다. 로마 시대로부터 거의 천 년이 지난 기원후 14세기가 되어서야 모르타르의 질이 향상되기 시작했다. 석공들은 로마인이 사용하던 배합비를 다시 찾아냈으며, 이 배합비는 오늘날에도 비율이 가장 좋은 것으로 평가받는다. 18세기 후반, 존 스미턴John Smeaton은 시멘트의 화학적 조성을 체계적으로 연구했다. 스미턴은 영국 에디스턴 로크에 등대를 새로 세우고자 남들보다 앞서 모르타르 제작에 필요한 최적의 재료를 연구했다. 1756년 스미턴은 수경성 시멘트를 생산하려면 석회석에 점토를 첨가해야 한다는 사실을 발견했고, 이를 계기로 오늘날과 같은 시멘트 산업이 탄생하게 되었다.

로마 시대를 지나 스미턴이 시멘트 제조법을 찾아내고 주철이 싼값에 대량으로 공급되는 시대가 오기 전까지, 건물과 교량을 짓는 재료는 별로 달라지지 않았다. 기원후 5세기, 서로마 제국이 게르만족의 침입에 무릎을 꿇자 지금까지 우리가 살펴봤던 세계에 암흑기가 찾아왔다. 재료는 발전하지 못하고 퇴보했다. 수백 년에 걸쳐 유리의 질은 조악해졌다. 중세 시대에 사용한 모르타르는 천 년 전 로마에서 사용한 모르타르에 비해 품질이 훨씬 떨어졌다. 앞선 천 년은 창의성과 혁신이 용솟음치는 시대였고, 로마 제국에 이르러 재료의 세련화가 절정에 이르렀지만 그런 시대는 저물고 말았다.

역사학자들은 암흑시대가 얼마나 짙은 '암흑'에 휩싸여 있었는지를 두고 갑론을박을 벌여왔다. 하지만 재료라는 관점에서 보자면 의문의 여지가 별로 없다. 재료를 실험하는 일이 드물어졌고, 기술은 지역적 관심사에 머물거나 당면한 생존 문제를 보장해주는 수준에 머물렀다. 신 재료는 발견 과정이 복잡하기 때문에, 새로운 차원의 기술 지식이 필요했다. 그리고 이러한 전문 지식은 과학적 방법, 즉 체계적인 실험 방법의 발달에 달려 있었다.

CHAPTER

08

동양에서
건너온
혁신

팍스 로마나와 광산의 시대
새로운 문물과 발명의 전성기

The
Substance
of
Civilization

파피루스의 본질은 인류 문명이 달려 있던 두루마리로서,

무엇보다 그 수명과 거기에 담긴 기억으로써 언급되어야 한다.[24]

– 플리니우스, 《자연사》

팍스 로마나와 광산의 시대

유럽은 500년 가까이 평화를 유지해주던 서로마 제국이 붕괴하면서 정치적 혼란에 빠져들었다. 기원전 1세기 말 아우구스투스 황제가 집권한 이래로 팍스 로마나Pax Romana가 이어지던 200년 동안 유럽의 정세는 제법 안정적이었다.

물론 '안정'이라는 말은 상대적인 의미에서 그렇다는 뜻이다. 팍스 로마나 시대에도 로마 제국의 북부 국경 지대에서 게르만족이 분쟁을 일으켰고, 팔레스타인 지역의 유대인이 두 차례에 걸쳐 반란을 일으켰다. 유대인이 일으킨 첫 번째 반란은 기원후 66년에 시작되었다가 베스파시아누스 황제의 아들 티투스가 예루살렘과 성전을 파괴함으로써 끝이 났다. 그로부터 몇 년 후, 사해 인근 사막에 외따로 떨어져 있던 마사다 성채도 함락되었다. 베스파시아누스는 아들의 승리를 기리고자 주화와 지금도 로마에 남아 있는 티투스 개선문에 "유대를 정복하다"라는 문구를 새겨 넣었다. 두 번째 반란은 바르 코크바의 주도 아래 132년에서 135년에 걸쳐 일어났지만 이 역시 하드리아누스가 파병한 로마군에 의해 진압되었다.

기원후 3세기, 디오클레티아누스 황제는 광대하고 다양한 영토를 한 사람이 통치하기란 불가능하다는 점을 깨닫고는 로마 제국을 동로마와 서로마로 양분했다. 제국의 정세는 점점 더 혼란스러워졌다. 군대가 황제 자리를 쥐락펴락했고, 410년에는 서고트족이 로마를 함락시키고 스페인으로 이동해 정착했으며, 455년에는 반달족이 로마를 약탈하더니, 급기야 476년에는 마지막 황제 로물루스 아우구스툴루스가 폐위되기에 이르렀다. 재건을 위한 재원이 부족해지고 로마의 광산이 고갈되어가자 브리튼 섬과 같은 곳에서는 화폐 제조에 필요한 금과 은이 부족해져서 물물교환을 할 수밖에 없어졌고, 그러면서 유럽 내 상당수 지역이 암흑 속으로 빠져들었다. 이후 천 년 동안 장인들은 앞선 로마인들이 사용하던 것과 똑같은 재료로 도구와 무기, 용기를 제작했다. 화약이나 종이처럼 이 시기에 발견되어 훗날 세계사의 향방에 커다란 영향을 미치는 물질은 동양에서 건너왔다.

근동 지역에서 등장한 주요 종교 셋 중 둘은 로마 시대가 열리고 나서 천 년 사이에 등장했다. 그 두 종교는 바로 서력기원의 시작과 함께 탄생한 기독교와 기원후 7세기에 발흥한 이슬람교이다. 기독교는 티베리우스 황제가 집권하던 시기에 팔레스타인 땅에서 출현했다.

기독교도는 서기 33년에 예수가 로마에 의해 십자가에 못 박히고 난 뒤로 이따금씩 박해를 받는 처지에 놓였다.[25] 4세기 초, 밀비우스 다리 전투를 앞두고 있던 콘스탄티누스 대제는 하늘에 떠오른 밝은 십자가에서 "이 표시와 더불어 승리하리라"라는 문구를 목격했다. 그 환영에 고무된 콘스탄티누스는 만약 자신이 경쟁자를 물리치고 왕위를 차지하게 된다면, 기독교를 로마 제국의 공식 종교로 인정하겠노라고 말한다. 콘스탄티누스는 전투에서 승리했고, 자신이 내건 약속을 지켰다.

　7세기 초에 이슬람교가 등장하자 한때 로마가 다스리던 지역의 정치적·군사적 권한이 다시 근동 지역으로 되돌아갔고, 이것은 다시 기술이 발전의 경로에 오르는 중요한 계기가 되었다. 이번에는 기술 발전이 인도나 중국과 같은 극동 지역에서 일어났다. 이슬람교를 창시한 무함마드는 622년 메카에서 메디나로 쫓겨났으나 630년 다시 돌아와 메카를 점령했다. 632년에 무함마드가 사망하자 아부 바크르가 칼리프로 추대되었고, 종교 전파를 위한 지하드, 즉 성전이 메카와 메디나를 휩쓸었다. 이슬람은 한 세기만에 동쪽으로는 비잔틴 제국과 페르시아 영토 일부를 뒤덮고 인도 부근까지 퍼져나갔으며, 서쪽으로는 로마 제국에 속했던 북아프리카 해안 지역과 스페인으로까지 영역을 넓혔다. 그러면서 비잔틴 제국의 주요 도시였던 알렉산드리아와 안티오크도 이슬람교의 세력권 안에 들어왔다. 두 도시의 이슬람교 장인들은 기독교와 페르시아 장인의 기술을 흡수했다. 이슬람교 지역을 지나 근동으로 이어지는 무역로는 인도와 중국으로부터 사상과 이국적인 물품을 들여오는 통로가 되었다. 이 시기의 공예품은 이슬람 문화에 타 문화가 융합되면서 대단히 색다르고 아름다웠다. 유리공이 가장 애용하는 장식은 기하학적 디자인, 식물 문양, 그리고 코란에서 따온 구절이었다. 한 이슬람 작가는 그와 같은 유리 제품을 두고 이렇게 말했다.

그는 무엇이든 입에는 달콤하고 눈에는 아름다운 것을 우리 앞에 선보였다. (중략) 그는 꽃병을 내놓았는데 그 꽃병은 공기가 엉겨 있는 듯도 하고, 햇살에 비치는 티끌을 응축해놓은 듯도 하고, 너른 평야에 비치는 빛살로 만든 듯도 하고, 하얀 진주의 껍질을 벗겨놓은 듯도 했다.[26]

이슬람 문화를 대표하는 제품은 다마스쿠스 검이다. 다마스쿠스 검은 탄소가 1.5~2.0중량 퍼센트 함유된 고탄소 강철로 제작했으며, 소량의 인과 황도 들어 있다. 이 검을 만들기 위해 인도에서 들여오는 강철은 '우츠' 강철이라고 불린다. 다마스커스 검의 칼날에는 표면에 독특한 무늬가 새겨져 있는데, 이는 옅은 색 시멘타이트와 짙은 색 펄라이트 입자가 문양을 이룬 것이다. 다마스쿠스 대장장이들은 검의 강도와 유연성을 최적화하기 위해서 강철의 냉각 속도를 조절하는 독특하고도 소름끼치는 열처리법을 고안해냈다.

장인은 칼날을 상온에서 부드럽고 얇게 단련한 다음 삼나무 숯불 속에 던져 넣는다. 바알 신께 바치는 기도를 암송하면서 칼날을 넣었다가 뺐

다가 해주다보면 칼날이 동쪽 사막에서 떠오르는 태양처럼 붉은색을 띤다. 그러고는 재빨리 칼날 전체를 노예의 등과 허벅지에서 가장 두툼한 부위에 여섯 번에 걸쳐 관통시키는데 그러면 칼날이 황제의 색인 자주색으로 변할 것이다. 그런 다음에 장인이 오른손으로 칼날을 한 번 휘둘렀을 때 노예의 머리가 몸에서 잘려나간다면, 그러면서도 칼날에 흠집이나 균열이 생기지 않는다면, 그리고 칼날이 몸통 주위에서 구부러질지언정 부러지지 않는다면, 그 칼은 바알 신께 바쳐도 좋은 신성하고 완벽한 무기로 받아들여진다. 그러면 칼의 주인은 칼을 놋쇠 장식에 푸르스름한 자줏빛 낙타털 벨트를 맨 당나귀 가죽 칼집에 집어넣을 것이다.[27]

새로운 문물과 발명의 전성기

아마도 12세기와 13세기에 동양에서 서양으로 건너온 개념 중에서 가장 중요한 것은 아라비아 숫자일 테지만, 사실 아라비아 숫자는 인도의 힌두 수학자가 만들어낸 체계다. 유럽에서는 숫자를 로마 기수법으로 써왔으나 로마 기수법으로는 큰 숫자를 표기하기가 상당히 불편했다. 예를 들어 아라비아 숫자 1,372는 로마 숫자로는 MCCCLXXII로 표기한다. 로마 숫자는 특히 곱하기나 나누기와 같은 간단한 숫자 계산에 적합하지 않다.

12세기 말, 북아프리카에 머물던 이탈리아 상인 레오나르도 피보나치Leonardo Fibonacci는 아랍 상인으로부터 인도식 숫자 체계를 배운다. 인도 숫자에서는 정수의 값이 자릿수의 위치에 따라 정해진다. 오른쪽 끝에서부터 시작되는 자릿수는 왼쪽으로 두 번째 자리는 십의 자리이고, 세 번째 자리는 백의 자리가 되는 식으로 진행된다. 인도식 기수법은 자릿수를 비워놓아도 된다는 개념에 바탕을 둔다. 인도식 기수법 이전에는 숫자 0의 개념을 사용하지 않았다. 이탈리아로 돌아온 피보나치는 아라비아 숫자를 알리는 책을 썼고, 오늘날 아라비아 숫자는 전 세계에서 사용되고 있다. 수학은 재료의 역사와 밀접하게 연결되어 있지는 않지만, 만일 세계가 투박한 로마 기수법을 사용해왔다면 지난 200년간과 같이 정량적 과학이 발전하지는 못했을 것이다. 아랍 세계는 아라비아 숫자와 인도에서 건너온 수학 이외에도 연금술이나 천문학과 같은 전문 지식을 전파하는 중요한 역할을 했다.

과학과 기술의 가치를 깨달은 칼리프들은 과학 기술 연구를 장려하고 그리스, 근동, 극동 지역의 주요 저서를 아라비아어로 옮기라고 명했다. 무엇보다도 이 같은 지식 전파는 이베리아 반도에서부터 인더스강에 이르는 이슬람 세계를 아라비아어 아래로 단일하게 통합하는 효과를 낳았다. 아라비아어 번역본은 유럽인들이 고대 학자들의 위대한 저서를 접할 수 있는 유일한 경로인 경우가 많았다.

칼리프 알마문이 9세기 초 바그다드에 바이트 알 히크마(지혜의 집)를 설립한 것처럼, 칼리프들은 과학과 기술의 발전을 촉진하기 위해 과학 학술원을 세웠다. 학술원 연구자들의 임무 중 하나는 다른 나라의 귀한 연구물을 찾아 아라비아어로 옮기는 것이었다. 게다가 바그다드와 다마스쿠스에서는 지혜의 집에 천체 관측소가 부설되었다. 1004년, 칼리프 알 하킴은 카이로 궁전에 다르 알-키크마(과학원)를 세웠다. 이런 학술 기관은 오늘날의 연구 중심 대학과 마찬가지로 학자들을 임용하고 당대의 중요한 주제에 대해 토론하기 위해 세미나를 열었다. 모스크 역시 스승과 제자들이 기둥이나 한쪽 공간에 모여 배움을 나누는 장소였다. 바로 이런 분위기 속에서 마드라사(학교)가 등장했고, 마드라사는 대학으로 발전해서 여러 분야에 대한 가르침을 전했다. 그중에서 가장 유명한 대학 중 하나는 10세기에 카이로에 설립된 알-아즈하르al-Azhar였다. 칼리프는 학자들을 자주 궁전으로 초빙했고, 오늘날 정부가 기초 과학 발전을 위해 대학과 국책 연구소에 재정을 지원해주듯이 학자들이 연구와 저술에 집중할 수 있도록 지원해줬다.

유럽은 이슬람 국가가 전달한 지식과 혁신으로부터 큰 도움을 받아 암흑시대로부터 벗어났다. 특히 스페인의 이슬람교도들은 르네상스로 이어지는 기술이 전파되는 과정에서 큰 역할을 했다. 하지만 기술이 전파되기 위해서는 새로운 매개체가 필요했다.

앞서 살펴봤듯이 문자가 처음으로 등장하는 시기는 기원전 3000년경이었다. 정보를 멀리 혹은 후대에 전하기 위해서는 더는 비범한 기억력이나 구전에 기댈 필요가 없어진 것이다. 하지만 필경사는 필사본을 한 번에 하나씩밖에 작성하지 못했기에 필사본을 여럿 만드는 작업은 지루하고 시간과 비용이 많이 들었다. 그 결과 글을 읽고 쓸 줄 아는 사람은 많지 않았다. 그렇기에 필사본을 빠르고 값싸게 만드는 새로운 방법은 문자 발명 그 자체만큼이나 중요했다.

종이와 인쇄 기술은 자연의 법칙을 이해하고 법률을 형성하는 데 커다란 도움이 되었다. 문자는 민주적인 정부의 출현과 성장, 존속과 아주 밀접하게 연결되어 있다. 나치 독일의 분서 사건, 그리고 더 가깝게는 러시아와 독일이 강박적으로 복사기를 관리하던 일이나 독재 정권이 출판물을 두려워하던 일을 돌이켜보자. 인쇄기와 활자가 등장하면서 지식은 더는 소수 종교인의 전유물이 아니게 되었다. 그들이 독점하던 책과 정보는 이제 수많은 사람이 접할 수 있는 것이 되었다. 마인츠에 있는 요하네스 구텐베르크의 상점에 인쇄기가 들어온 지 약 50년 뒤에 종교 개혁이 시작된 것은 우연이 아니었다.

인쇄는 색다른 종류의 재료가 발전하면서 가능해졌다. 중국의 장인들은 목판에 좌우가 뒤집힌 글자를 새긴 다음에 먹물(서양에서는 '인디아 잉크'라고 부르지만 사실 원산지는 중국이며 처음에는 검댕으로 만들다가 나중에는 흑색 물감으로 만들었다)을 바르고는 마지막으로 종이에 찍어냈다. 송나라 초기인 1045년에 서민 출신 필승畢昇이 점토로 개별 글자를 조각하면서부터 중국에서는 활자도 제작되었다. 원나라가 지배하던 1300년대 초에는 왕정王禎이라는 관리가 저술 활동을 했는데 목판활자가 저작 속도를 따라오지 못하자 왕정은 스스로 글자체를 고안해내고는 개별 글자를 나무 조각에 새기기 위해 장인들을 고용했다. 2년간의 열띤 작업 끝에 왕정은 활자체 6만 개를 얻었고, 이를 이용해 한 달에 책을 100부씩 찍었다. 그는 나무 활자로 찍어낸 자신의 저서 《농서農書》에 이 책을 인쇄한 과정을 기록해놓았다.

나무로 조판 틀을 만들고, 대나무 조각으로 조판의 줄을 표시하며, 각 글자는 목판에다가 새긴다. 그다음에는 목판에 적힌 각 글자를 조그맣고 잘 드는 톱으로 네모나게 조각조각 잘라준다. 각 조각의 사면을 칼로 다듬어주고는 크기와 높이를 비교해가면서 똑같이 맞춰준다. 그러고는 활자를 미리 준비해둔 조판 틀의 대나무 줄에 맞춰 세로로 짜 맞춘다. 활자를 모두 조판 틀에 짜 맞추고 나서 빈 공간을 나무 조각으로 채우고 나면 활자는 단단하게 고정되어 흔들리지 않는다. 활자를 완전히 고정시켰다면 먹을 바르고 인쇄를 시작한다.[28]

하지만 중국은 활자를 이용한 인쇄술로부터 그리 큰 혜택을 누리지 못했다. 중국의 문자는 표의 문자여서, 복잡한 사상을 전달하려면 수천 개나 되는 글자가 필요했다. 한문은 각 글자의 표기법이 많게는 스무 가지나 되기 때문에, 총 활자의 개수가 최대 20만 개에 이를 수도 있다는 계산이 나온다. 반면 영어처럼 알파벳을 쓰는 문자는 100개 미만의 활자만 있어도 충분하다.

나무틀에 금속을 주조함으로써 각 글자를 대량으로 생산하는 방법은 또 다른 기술 혁신이었다. 금속활자는 15세기 초 한국에서 유래한 듯하지만, 한국의 금속활자 역시 표의문자에는 실용적이지가 않은 탓에 사용되는 일이 줄어들었다. 1400년대 중반쯤 유럽의 인쇄공들은 녹는점이 낮은 안티모니, 주석, 그리고 납과 비슷한 백랍으로 개별 글자의 활자 합금을 주조해냈다. 그때는 이미 백랍이 그릇이나 컵을 주조하는 용도로 널리 쓰이고 있었으며, 솜씨 좋은 인쇄공들이 활용할 만한 전문 지식도 많이 쌓여 있었다. 각 활자는 수평으로 줄지어 배치하고 가느다란 쐐기로 눌러서 꽉 맞물리게 해준다. 이런 식으로 줄을 맞춘 한쪽 면을 다른 면 옆에 놓고 인쇄기에 넣어주면 되는데, 이때 쓰던 인쇄기는 리넨 천을 펴는 기계를 본떠서 만든 것이었다.

인쇄를 하려면 종이에 잘 묻는 잉크가 필요하다. 15세기 초, 네덜란드나 벨기에와 같은 저지대 국가의 화가들은 삶은 아마 씨 기름이 빠르게 마르고 도포가 잘 되는 광택제 역할을 할 수 있다는 사실을 발견했다. 서양 최초의 인쇄업자로 평가받는 구텐베르크는 플랑드르 화가들과의 친분 덕분에 유성 잉크의 존재를 알게 되었다. 하지만 인쇄술이 급성장하기 위해서는 활자와 인쇄용 잉크 이외에도 필요한 것이 또 있었다. 인쇄술이 잠재력을 발휘하기 위해서는 또 다른 혁신, 즉 인쇄물을 쉽고 싸게 찍게 해주는 매체가 필요했다.

수메르인, 바빌로니아인, 아시리아인은 점토를 서판 재료로 사용했다. 기원전 3000년경, 이집트인은 나일강에 흔히 서식하는 파피루스를 활용했다. 그들은 파피루스의 가느다란 속껍질을 가로 세로로 몇 겹에 걸쳐 붙인 다음에 납작하게 누르고는 표면을 매끄럽게 다듬었다. 기원전 2세기 초, 로마인은 양이나 염소와 같은 동물의 가죽을 말려서 만드는 양피지를 선택했는데, 양피지로 200쪽짜리 책을 한 권 만들려면 양 25마리가 필요했다. 점토는 값이 싼 대신에 부피가 크고 내용이 긴 문서를 작성하기에 부적합했던 반면, 파피루스는 대량으로 생산하려면 비용이 많이 들었다. 필경사가 파피루스와 양피지에 글을 쓰던 시절, 필경사의 품삯은 문서 제작비용에서 가장 큰 비중을 차지하는 요소가 아니었다. 하지만 동양에서 종이가 건너오면서부터 필경사가 필사본 제작 과정에서 비용이 많이 들어가는 요소가 되자, 문서를 더욱 경제적으로 재생산하는 방법을 찾아내고자 하는 열의가 더욱 높아졌다. 그리스인은 파피루스를 '파푸로스papuros'와 '부블로스bublos'라는 두 가지 명칭으로 불렀다. 훗날 파푸로스는 종이를 의미하는 영어 단어 '페이퍼paper'의 어원이 되었고, 페니키아의 항구 비블로스에서 따온 듯한 부블로스는 성경을 의미하는 영어 단어 '바이블bible'의 어원이 되었다.

최초의 종이는 기원전 2세기 중국 한나라에서 탄생했다.《설문해자說文解字》(한자사전)는 '종이 지紙' 자를 실을 넓게 엮은 모양으로 풀이하고 있으며 여기에서 우리는 종이가 중국에서 유래했음을 알 수 있다. 중국에는 해진 천을 물속에서 두드리고 휘저은 다음에 거기서 나온 실로 옷을 지어 입는 전통이 있다. 어쩌면 세계 최초의 종이는 해진 천에서 나온 실을 우연히 구멍이 숭숭 뚫린 발 위에서 말리다가 탄생했을지도 모른다. 또한 중국에는 오래전부터 닥나무 껍질을 얇게 두드려서 옷을 지어 입은 풍습도 있다.

2세기 초, 중국 장인들이 대나무와 마의 섬유로 종이를 만들 수 있다는 사실을 발견한 뒤로는 종이의 대량 생산이 가능해졌다. 종이제작공은 나무 혹은 마, 대나무를 두드리거나 물에 불려서, 각 섬유소가 덩어리를 이루도록 셀룰로스 섬유소를 지탱해주는 리그닌을 약화시킨다. 그다음에 물에 불린 섬유소를 발 위에 놓아두면 섬유소가 서로 엮여드는 사이에 물이 빠지면서 펠트 천과 같은 얇은 층이 남는다. 이

섬유질 층은 건조 작업을 마치고 나면 발에서 종잇장의 형태로 떼어
낼 수 있다. 이후 표면을 다듬고 먹이 잘 스며들도록 풀과 활석을 더
해주면 전체 공정이 모두 끝난다. 이 책에 사용된 종이 역시 1000년
전 중국에서 사용된 방식과 거의 동일한 방식으로 제작된다.

　제지 기술은 무역상을 통해 서양으로 건너가기도 했지만 이슬람교
와 중국 사이의 분쟁에 휘말린 사람들에 의해서도 전파되었다. 전해
지는 이야기에 따르면 사마르칸트[우즈베키스탄에 위치한 역사적인 도
시]에 들어선 제지 공장은 탈라스 전투[당나라와 아바스 왕조 사이에서
일어난 전투]에서 사로잡힌 중국 출신 종이제작공이 세웠다고 한다.
제지 기술은 8세기 말 바그다드에 전해졌고, 10세기에 들어서면서 이
슬람 세계에서는 양피지가 종이로 완전히 대체되었다. 13세기 중반
바그다드에는 책을 만드는 기술자가 100명이 넘었고 공공 도서관도
36곳 이상 존재했다. 서양에서는 13, 14세기가 되어서야 제지 공장이
등장하기 때문에, 유럽에 종이를 공급한 곳은 주로 바그다드와 다마
스쿠스였다.

　몽고군의 침략이 있고 나서 얼마 지나지 않아 유럽에서 인쇄용 목판
이 등장하는 것을 보면, 인쇄술이 서양으로 흘러들어온 계기는 13세기
후반 페르시아와 러시아를 거쳐 독일의 국경으로까지 쳐들어온 몽고
군 때문인 것으로 보인다. 유럽 최초의 인쇄물은 목판으로 인쇄한 카
드놀이 패였고, 그 때문에 유럽에서는 카드놀이가 유행했다. 1458년
마인츠에 있는 구텐베르크의 상점에서는 유럽 최초로 인쇄기와 활자
를 이용한 인쇄물이 탄생했고, 이 기술로 가장 먼저 인쇄된 책 중에서

가장 잘 알려져 있는 것은 성경책이다.

이로써 이 다음에 일어난 기술 혁신으로 넘어갈 발판이 마련되었는데, 이것은 스페인과 중국에서 시작되어 산업혁명의 발상지인 서유럽으로 퍼져나갔다.

자본주의의
용광로에
지펴진 불

The

Substance

of

Civilization

커다란 배를 뱃사공 없이 한 사람이 운행하는 기계가 출현할 것이다. (중략) 동물이

끌지 않아도 쏜살같이 이동하는 자동차가 등장할 것이다. (중략) 조종석에 앉아 있는

사람이 엔진 따위를 작동시키면 인공 날개가 날아가는 새처럼 창공을 누비는 비행

기계가 제작될 것이다. (중략) 바다와 강의 밑바닥까지 안전하게 거니는 기계가 만들

어질 것이다.

— 로저 베이컨Roger Bacon[29]

암흑시대에서 벗어난 유럽

로마가 멸망한 후 유럽에서 공예 기술을 가장 오래도록 보존한 나라는 스페인이었다. 그 이유는 아마도 로마의 광산 및 제련 관련 지식이 그곳에 집중되어 있었기 때문이거나, 아니면 8세기에 이베리아반도를 점령한 무어인이 정세를 안정시키고 기술을 장려했기 때문일 것이다. 기원후 1000년경 스페인 북부에서 가마 기술이 발전하면서 철 생산량이 크게 증가했다.

유럽 내 다른 국가들이 정체를 겪은 데 반해, 카탈로니아인은 서고트족과 뒤이은 무어인의 지배를 받는 동안에 새로운 가마를 개발해 냈다. 카탈로니아인은 언덕 사면에 석재 가마를 짓고 통풍구 높이까지 숯을 채운 다음에, 다시 그 위에 철광석과 숯을 따로따로 쌓았다.

이 상태에서 풀무를 이용해 통풍구 안으로 바람을 불어넣으면 숯이 일산화탄소로 분해되는데, 그러면 일산화탄소가 철광석을 철 금속으로 환원시킨다. 기존 가마는 한 번 가동할 때마다 철을 23킬로그램씩 생산했지만, 카탈로니아 가마는 철을 160킬로그램씩 추출했다.

가마 용량이 더 늘어나면서 오스트리아와 독일에서는 스튀코펜 Stückofen이라는 가마가 개발되었고, 15세기에는 이 가마를 한 번 가동해서 철 320킬로그램을 생산해냈다. 카탈로니아 가마는 손풀무로 공기를 불어넣었지만, 스튀코펜 가마는 인력이 필요하지 않았다. 스튀코펜 가마는 높이가 3미터 이상일 정도로 키가 커서 상단부에 바람을 불어넣으려면 새로운 동력원이 필요했다.

스튀코펜은 크기가 크고 광석이 많이 들어가기 때문에 광석을 으깨고, 실어 올리고, 뜨거운 철을 제련하고, 갱도 내 물을 빼주고, 가마에 바람을 불어 넣어줄 기계 장치가 필요했다. 11세기에 이르러 로마 시대에 옥수수를 빻을 때 사용되던 수력은 철광석을 실어 올려 으깬다든가 아니면 제련 중에 가마 안으로 바람을 불어넣는 용도로도 널리 쓰이게 되었다. 수력을 활용하면서 스튀코펜 가마로 생산하는 철의 양이 크게 증가하자 중세 시대에는 철의 가격이 안정세를 보였다. 11세기에는 풍력도 활용했다. 유럽이 암흑시대에서 벗어나게 된 중요한 요인 중 하나는 수력과 풍력에 바탕을 둔 대규모 기계 설비였다.

시토 수도회 등이 설립한 수도원은 (예배를 추가로 드릴 수 있는 시간을 허비하고 싶지 않았기에) 물레방아 제작에 적극적으로 참여했다. 일상생활을 가능한 한 자동화하고 싶던 그들은 수력을 활용할 동기와 자원을 모두 갖추고 있었다. 클레르보Clairvaux 수도원에서 나온 옛 기록물은 그들이 거둔 성과를 고스란히 보여준다.

강물이 (중략) 가장 먼저 옥수수 제분기로 콸콸 흘러 들어가면, 그곳에서 강물은 바퀴의 무게로 곡물을 빻고 체질을 하는 동력원으로 아주 유용하게 쓰인다. 그러고 나서 강물은 그 다음 건물로 흘러들어가 수도사용 맥주를 데우는 보일러를 채운다. 포도나무의 결실이 포도주 제조인의 노동을 보상해주듯이 말이다. 하지만 강물의 역할은 여기서 끝나지 않아서, 이번에는 옥수수 제분기에 이어 축융기[모직물의 조직을 조밀하게 만드는 기계]로 흘러 들어간다. 제분기에서 형제들의 음식을 준비해줬던 강물은 이제 그들의 옷을 짓는 역할을 맡는다. 강물은 그 어떤 임무도 거부하거나 거절하지 않는다. 그래서 축융기의 나무 발이라고 말할 수 있는 무거운 나무망치를 올렸다가 내렸다가 한다. 물이 빠른 속도로 소용돌이치면서 기계에 달린 바퀴가 빠르게 돌아가면, 거품이 일면서 바퀴가 곡식을 저절로 빻는 것처럼 보인다. 이제 강물은 무두질 공장으로 흘러들어가 수도사의 신발용 재료를 준비하는 일에 전념한다. 그러고 나면 강물은 여러 갈래로 나뉘어 요리, 순환, 찧기, 급수, 세탁, 빨기 등 자신이 필요한 곳이라면 어디로든 흘러가 도움의 손길을 건네며 모든 부탁에 응한다. 마지막으로 강물은 깊은 감사 인사를 받고 모든 일을 마무리 짓기 위해 쓰레기를 싣고 가서 모든 곳을 깨끗한 상태로 남겨놓는다.[30]

또한 시토 수도회는 수력을 활용해서 철을 제련하고 단조하는 방법을 개선했다.

가마의 키가 높아지면서 공기를 더 강하게 불어넣을 수 있게 되자, 철광석을 더 높은 온도에서 오래도록 숯에 노출시킬 수 있게 되었다. 철광석에서 연철을 얻으려고 노력하던 제련공들은 가마에서 쇳물이 흘러내린다는 사실을 깨닫기 시작했다. 우연찮게도 그들은 3~4중량퍼센트의 탄소를 함유한 쇳물을 생산해낸 것이었는데, 이 쇳물은 녹는점이 1,130도로 비교적 낮아서 주형틀로 주조할 수 있었기에 주철이라고 불리게 되었다. 기원전 1,000년경의 근동 지역 대장장이들은 주철의 존재를 잘 알고 있었지만 주철은 너무 약해서 단조하기가 어려웠기에 폐기되었다. 서력기원 이전에는 중국의 대장장이들만 주철을 활용해서 주로 종, 거울, 향로, 음식물 용기와 같은 제례 용품을 만들었다.

10세기 들어 연철(탄소 함량이 0.1중량퍼센트 미만)에 대한 수요가 높아지자 유럽의 제련공들은 주철을 도로 가마에 집어넣었다. 탄소 함량이 낮은 철은 1,500도 근방에서 녹지만 그 당시에는 그 정도 온도에 도달할 수가 없었기에, 대장장이들은 어쩔 수 없이 철을 높은 온도에서 망치로 내려치는 방법으로 스펀지 모양의 연철 덩어리를 만들었다. 그러던 중 제련공들은 예전에는 쓸모가 없다고 생각하던 주철로 교회 종을 만들 수 있다는 사실을 알아냈다. 당시에는 기독교 건물이 널리 지어지고 있어서 종에 대한 수요가 높아지고 있었고, 그 뒤 14세기 초에는 대포와 포탄에 대한 수요가 높아졌다. 그렇게 해서 새로운 시장이 열렸고, 14세기 초 유럽 북부와 프랑스에서는 플루스오펜flussofen, 즉 쇳물이 흘러내리는 가마가 개발되었다. 플루스오펜 가마에서는 상단에 넣은 광석과 숯이 아래로 천천히 가라앉는데, 이 과정에서 철이 탄소를 다량 흡수하면서 주철이 생성된다. 지금까지 언급한 과정은 모두 순차적으로 일어났다. 이로써 현대에 사용하는 용광로의 원형이 탄생하게 되었다.

자본이 생기고 광산업이 증가하다

광산 소유주와 제철업자는 그들에게 필요한 설비를 대량으로 갖추기 위해서 상당한 규모의 자본을 투자받아야 했다. 로마 시대에는 리오 틴토 등지에 소재하는 광산이 국가 소유였기 때문에 국가가 이들 광산의 기계 설비에 필요한 자금을 대줄 수 있었다. 하지만 15, 16세기의 유럽은 그때와 상황이 많이 달라서 광산을 소유한 왕이나 군주에게 설비를 마련할 자금이 없는 경우가 많았다. 그러자 대규모 설비에 자본을 투자하는 새로운 기관과 방법이 등장했고, 이런 과정 속에서 자본주의가 탄생했다. 중부 유럽 내 대규모 광산 사업에 대한 자본 투자는 푸거 가문과 벨저 가문 및 독일 남부 아우크스부르크와 뉘른베르크에 있는 은행가 가문들이 이끌었다. 푸거 가문의 경우에는 광산과 제련 시설 전체를 자체적으로 운영했다. 자이거휘튼 saigerhütten이라고 불리던 대형 제련소는 가마, 풀무, 망치질 작업을 위한 각각의 방이 90미터 넘게 이어진 건물로 이뤄져 있었으며, 주로 수력을 사용했다. 이 대형 제련소에서는 오스트리아 티롤 지방과 헝가리에 있는 푸거 가문의 광산에서 구리 광석을 싣고 와 로마 시대에 사용하던 융리 방식으로 은을 추출했다. 선견지명이 있던 푸거는 자신의 대형 제철소를 효율적으로 운영하기 위해서 '광산 학교'를 설립하고 광산 및 제련 작업 감독관을 양성했다. 이들 상인 가문의 영향력과 오만함은 야코프 푸거Jakob Fugger의 묘비명에 잘 드러나 있다.

> 전지전능하고 선하신 하느님께! 아우크스부르크 출신의 야코프 푸거는 자신이 속한 계급과 국가의 꽃이었고, 막시밀리안 1세와 카를로스 5세의 황실 고문관이었으며, 재력과 도량과 삶의 순결성과 영혼의 크기에서 으뜸가는 사람이었습니다. 그렇기에 살아생전에나 죽음 이후에나 그와 견줄 자는 이 세상에 아무도 없습니다.[31]

영국에서는 중요한 금속이 나는 광산을 왕이 모두 장악했지만, 그들 역시 기계 설비를 갖출 만한 재원이 부족했다. 컴벌랜드에 있는 구리 광산의 운영을 맡기 위해 독일에서 건너온 호크스테터Hochstetter는 선구적인 업적을 인정받아 1565년 엘리자베스 여왕으로부터 인증서를 내려받는다. 이후 그는 "다양한 사람들과 손을 잡기로 결심했는데, 그 말은 곧 그들에게 재화나 이윤을 배당한다는 뜻이었다."

여왕에게 받은 인증서를 통해 주주를 모을 권리를 획득한 호크스테터는 귀금속이 나올 만한 광산을 투자처로 삼으려는 자본가들로부터 왕립 광산 기업에 대한 투자를 이끌어낸다. 또한 그는 영악하게도 펨브룩 백작, 레스터 백작과 같은 세력가들에게 주식을 50주 나눠주었다. 그가 설립한 회사는 합자 회사의 시초였다. 합자 회사는 주주들에게 소유권이 돌아가기는 하지만 그들과는 별개로 운영되며 주주의 소유권은 양도 가능한 주식 보유량에 의해 결정된다. 광산업과 제련업이 막 등장하던 시기에는 소유자가 광산에서 일을 하거나 아니면 적어도 광산 운영을 감독했다. 하지만 합자 회사라는 새로운 체계 아래에서는 주주가 현장에 머물지 않는 사람인 경우가 많았다. 주주는 "재화나 이윤에 대한 배당"을 받았는데 호크스테터의 말대로 옮기자면 배당은 금속을 제련해서 판매한 경우에는 현금으로 받았고, 그렇지 않은 경우에는 아직 제련하지 않은 원광석으로 받았다.

유럽의 왕들은 부유한 상인들로부터 광산 운영 자금을 막대하게 빌릴 수밖에 없었지만 그럼에도 광산 소유권을 잃지 않았다. 실제로 군주들은 은행가가 소유하거나 임대한 자산을 몰수하기 일쑤였다. 12세기에 영국의 헨리 2세는 링컨 출신의 애런Aaron과 같은 유대인 자본가의 도움을 받아 지불 능력을 유지할 수 있었다. 하지만 13세기 들어 유대인 자본가들이 과도한 세금과 벌금 때문에 파산하자 에드워드 1세는 그들을 이용할 만큼 이용했다고 판단하고는 1290년에 영국 밖으로 추방했다. 14세기에는 이탈리아 은행가들 역시 영국에서 비슷한 운명에 처했다. 해협 건너편에 있는 유럽 대륙이라고 해서 상황이 더 좋을 것은 없었다. 재력가 자크 쾨르Jacques Coeur에게 상당한 빚을 지고 있던 프랑스의 샤를 7세는 1453년 자크 쾨르를 체포하고 그가 소유한 납, 구리, 은 광산 세 곳을 몰수했다.

자본을 대규모로 모아들이는 은행이나 유한회사와 같은 금융 기관은 대규모 설비집약적 산업 발전에 꼭 필요했다. 투자의 필요성이 증대되어 가자 영국 내 상인과 은행 들은 투자금을 기꺼이 대출해주었고, 그런 경향은 다른 국가에서 더욱 뚜렷하게 나타났다.

1500년대까지 광산업과 제련업 분야에서는 대륙 쪽이 영국 쪽보다 앞서 있는 편이었다. 그 당시 가장 중요한 귀금속은 은이었는데 독일과 프랑스는 은이 나오는 광석이 풍부했지만 영국은 그렇지 않았다. 그 결과 영국 국왕은 광산을 그다지 중요한 재원으로 여기지 않았다. 대륙에서 은 광산의 가치가 점점 높아지면서 은 광산을 보유한 군주나 왕의 권력도 덩달아 높아졌고, 해당 국가의 법은 개인 투자자가 자크 쾨르처럼 광산 투자로 이윤을 얻는 것을 점점 더 어렵게 만들었다.

헨리 8세는 분명 절대 군주로서의 생활을 즐겼겠지만, 이 무렵에는 영국의 독특한 전통과 제도에 의해 제약받고 있었다. 존 왕이 13세기 초에 서명한 마그나카르타는 의회의 탄생으로 이어졌고, 의회는 6세기에 걸쳐 절대 군주제를 입헌 군주제로 바꿔놓는다. 의회는 헨리 8세를 왕으로 인정하면서도 일반 백성의 재산권을 보호하고 왕의 행동을 제한하는 역할을 했다. 더불어 영국 내 몇몇 귀금속 광산은 왕의 소유였지만, 그보다 가치가 떨어지는 금속의 광산은 개인이 소유하고 있었다. 영국 왕실은 새로운 재원을 찾고 있었지만 철과 석탄이 나오는 광산에는 무관심했고, 그래서 당시 이들 광산은 평민들이 몰수에 대한 걱정 없이 자유롭게 개발할 수 있었다. 철과 석탄이 산업혁명의 핵심 재료로 떠오르는 시기에는 영국 군주가 귀중한 광산에 탐욕스러운 손을 대지 못하도록 하는 강력한 법안이 마련되어 있었다.

신무기 개발로 패권을 얻다

이전까지 서유럽은 기술 발전의 밑바탕이 되어준 혁신과는 거리가 멀었지만, 15세기 무렵부터는 혁신의 중심지로 거듭났다. 산업혁명이 영국에서 일어난 이유는 다양한 혁신과 상황이 이곳에서 맞물렸기 때문이었다. 대규모 자본을 충당할 수 있는 새로운 방법이 발전한 것이 한 가지 이유였고, 군주제의 특별한 성격이 또 다른 이유로 작용했다. 간략하게 살펴보겠지만, 이밖에도 대규모 산업화가 이뤄지기까지는 철과 석탄의 존재와 같은 다른 요인들이 훨씬 중요하게 작용했다.

16세기에 이르러 군대에서 총기나 대포와 같은 신무기를 갖추고자 하면서 철에 대한 수요가 급격하게 증가했다. 중국에서 발명된 화약과 대포는 이 시기에 이뤄진 가장 놀라운 발전이었다. 불이 날 수 있는 화학 혼합물로 실험을 하던 중국의 연금술사들은 9세기에 쓰인 《진원묘도요략眞元妙道要略》이라는 책자에 화약 제조의 위험성을 경고하는 문구를 남겨놓았다.

몇 사람이 황과 계관석(이황화비소), 초석, 꿀을 함께 가열했다가 연기

와 불꽃이 일어 손과 얼굴에 화상을 입었고, 집도 전소되고 말았다.[32]

화약은 초석(질산칼륨)과 황, 숯의 혼합물이기 때문에 그들이 사용한 물질은 화약을 이루는 기본 재료인 셈이었다.

비잔티움은 화염이 타오르는 휘발성 액체를 뿜어내는 '그리스의 불'이라는 무기 덕분에 이슬람 세력과 뒤이은 십자군 원정대의 맹공격을 물리칠 수 있었다. 아마도 화약은 휘발성 물질인 나프타를 사용하는 화염 무기 비슷한 것에서 유래했을 것이다. 혼란 속에서 당나라가 송나라로 교체되던 919년에는 중국인들도 그와 비슷한 무기를 사용하고 있었지만, 여기에다가 중국인들은 휘발성 액체에 불을 붙여서 화약이 천천히 타들어가게 하는 도화선을 추가했다. 그다음 세기에 이르러 중국인들은 대나무 통에 화약과 다량의 초석을 넣어 '천둥소리 폭탄' 제조법을 터득했으며, 이 폭탄은 적군에 대한 살상뿐 아니라 위협 활동에도 사용되었다. 그 뒤에는 폭탄에 철을 넣었고, 철은 산산조각이 나면서 사람과 말의 목숨을 앗아갔다. 중국인들은 시행착오를 겪으며 화약 제조에 가장 적절한 배합비는 초석 75중량퍼센트에 황과 숯을 약 절반씩 더해주는 것이라는 사실을 알아냈다.

군인들은 한쪽이 막힌 빈 대나무 통에 화약을 채워 넣고 창에 부착해서 화염방사기의 초기 형태인 화창火槍을 제작했다. 그다음에는 대나무 통의 개구부를 좁히고 방향을 돌려서 로켓을 발명해냈다. 송나라의 치세가 절정에 이르던 12세기 말에 처음 개발된 초기 로켓은 인명 살상보다는 위협용으로 쓰였을 것이다. 이러한 기술 발전의 핵심은 화약을 담는 통을 사용한 것에 있었다. 12세기 들어 화약통을 거듭 발전시켜가던 중국인들은 총포용 대나무 몸통을 처음에는 청동으로, 나중에는 주철로 대체했다. 그리고 급기야 총포에서 발사하는 돌덩어리를 추가함으로써 대포의 시초가 되는 무기를 개발해냈다.

화약 위에 조그만 돌을 느슨하게 채워 넣던 초기 발사 무기는 총포 안에 포탄이 알맞게 쏙 들어가는 형태로 발전했다. 화약에 들어가는 탄소와 황은 아주 훌륭한 환원제로, 산소와 강하게 반응하는 과정에서 에너지를 대량으로 방출하면서도 안정적인 분자를 형성한다. 질산칼륨은 구성 원자가 총 다섯 개인데 그중에 세 개가 산소여서 연소가 일어날 때 다량의 산소를 공급해준다. 황과 숯이 다량의 질산나트륨과 함께 반응하면 엄청난 양의 열이 발생한다. 고체 상태이던 화약은 점화가 되면 모조리 3,000도가 넘는 기체로 변하고 부피도 3,000배 이상 늘어난다. 기체의 부피가 증가하면서 포탄은 총포에서 빠른 속도로 날아갔고, 이로써 세계 최초의 대포가 탄생했다.

중국에서 대포가 처음으로 등장한 시기는 13세기 말로 접어드는 때였고, 이로부터 수십 년이 지나자 서양에서도 대포가 등장했다. 유럽에서 화약이 가장 먼저 사용된 사건 중 하나는 1346년에 일어난 크레시 전투였다. 크레시 전투에서 영국군은 프랑스군에 비해 전력이 3분의 1도 되지 않았지만 대포와 장궁長弓의 조합으로 프랑스군에 승리를 거뒀다(장궁이 더 큰 역할을 했다). 이 결정적인 전투는 영국이 세계의 주요 국가로 부상하는 출발점이 되었고, 또 장거리 살상 능력의 증대로 갑옷으로 무장한 기사들의 중요성이 줄어드는 계기가 되었다. 중국은 분명 서양보다 화약의 존재를 먼저 알고 있었다. 중국에서는 이미 919년에 도화선을 사용했고, 1044년에 출간된 《무경총요武經總要》에는 화약 제조법이 실려 있기 때문이다.

황 900그램, 초석 400그램, 질석 1200그램, 숯 140그램, 역청 70그램, 그리고 같은 양의 수지 용액을 건조, 분쇄해서 섞는다. 그러고는 건채 60그램, 오동유 150그램, 밀랍 70그램을 넣어 반죽을 만들고, 마지막으로 모든 재료를 한데 섞는다.[33]

이 혼합물에 석유와 관련된 물질이 많이 들어 있는 것을 보면, 이것은 폭발용이 아니라 불꽃놀이용이었을 가능성이 높다.

중국인들은 폭탄에 독성 화학 물질과 석회 가루를 더해서 화학전의 전조가 되는 치명적인 무기를 생산했고, 1135년 송나라 장수 악비岳飛는 양요의 반란을 진압하는 과정에서 그 무기를 사용했다.

우리 군은 '석회 폭탄'도 만들었다. 아주 얇고 잘 깨지는 토기에 독성 물질과 석회, 철, 마름쇠를 채워 넣었다. 이 무기는 적선을 공격할 때 사용했다. 석회는 공기 중에 뿌연 안개를 형성하기 때문에 반란군은 눈을 뜨지 못했다.[34]

화약 제조법은 비잔티움, 이슬람 제국과 극동 지역을 잇는 실크로드 대상 무역로를 따라 서쪽으로 퍼져나갔을 것이다. 실크로드는 중국에서 사마르칸트를 거쳐 카스피해 남부를 지난 다음에 바그다드를 통과해 안티오크까지 이어졌다. 이슬람 장수들은 화약을 이용해 십자군을 아주 효과적으로 물리쳤다. 1249년 이슬람군이 만수라 전투에서 프랑스의 루이 9세를 포로로 잡고 승리를 거둘 수 있었던 것은 아마도 화염 무기 덕분이었을 것이다. 대포가 등장하기 직전, 이슬람군은 대형 석궁으로 적의 진지에 폭발하는 불 그릇을 던져 넣는 등 십자군을 괴롭히는 기발한 방법을 고안해냈다. 프랑스의 장교 드 주앵빌De Joinville은 이슬람 군의 끔찍했던 야간 공습을 생생히 기억하고 있었다.

커다란 통 같은 물건에는 길쭉한 창만큼이나 긴 꼬리가 달려 있었다. 그것은 천둥이 치는 듯한 소리를 냈고 그 모습은 마치 불을 뿜는 커다란 용이 하늘을 나는 듯했으며, 뿜어져 나오는 불빛은 워낙 밝아서 진지에 있던 우리는 사방을 대낮같이 훤히 볼 수 있었다.[35]

1291년 기독교 세력의 아크레 성채가 이슬람군 공학자의 화공에 무너지면서, 실패할 운명이었던 십자군 전쟁도 끝이 났다. 그 무렵 이슬람군은 대포를 사용하기 시작했고, 유럽인은 스페인에서 치른 이슬람군과의 전쟁 속에서 그들의 대포 기술을 알게 된 듯하다. 1453년 구경 90센티미터에 무게가 270킬로그램에 육박하는 무시무시한 청동 대포에 힘입어, 오스만 제국은 콘스탄티노플을 함락시키고 비잔틴 제국을 멸망시켰다.

동서양의 대포는 모두 처음에는 청동으로 제작되었는데, 그 이유는 청동의 녹는점이 1,000도 정도로 낮기 때문이었다. 또한 금속공은 대포를 만들 때 구경의 중심축을 따라 연철을 용접하고 나서 그 둘레에 금속 띠를 조여서 보강하기도 했다. 이런 유의 대포는 1460년 스코틀랜드의 제임스 2세가 사망하고 말았던 폭발 사고처럼 화약을 너무 많이 장전하면 폭발할 우려가 있었다. 오스만 투르크가 사용한 대포는 크기가 워낙 거대해서 운반하기가 어려웠기에 현장에서 주조했다. 1453년, 콘스탄티노플의 성채를 파괴하기 위해 제작한 어마어마하게 큰 대포는 단 한 차례 포격 후에 금이 갔다. 그리고 크렘린 성채 안에 있는 대형 대포는 단 한 차례도 포탄을 발사한 적이 없다.

영국은 16세기 중반에 철제 대포를 주조하기 시작했다. 철제 대포는 몇백 년 동안 영국의 서식스 삼림 지대에서만 제작되었고, 제작 성과가 좋았기에 곧 합법적이거나 불법적인 무역의 주요 물품이 되었다. 그러다 보니 왕의 자문 기관인 추밀원에는 아래(1573년)와 같은 불평이 쇄도했다.

상선들이 (중략) 다량의 대포를 우리 왕국 밖으로 수송하고 판매하다가 습격당하거나 강탈당하는 일이 빈번하게 일어나고 있습니다. 해적선은 장비를 잘 갖추고 있어서 가난한 자의 상선은 바다를 통과해나가지 못하고 있습니다.[36]

엘리자베스 1세에 의해 대포 수출을 제한하는 법령이 통과되었지만, 대포는 수익성이 좋아서 밀수업자들을 막기가 불가능했다. 1588년 스페인의 아르마다 함대는 영국을 침략하러 나섰지만 총기 2,400정 대다수를 총기 제작국에 다시 되돌려주고 말았다.

무기에 대한 수요가 높아지자 철 소비량이 급증했다. 1631년, 마그데부르크를 포위한 프랑스는 매일 철제 포탄을 1만 2천 개씩 발사했다. 숯 가격과 인건비가 모두 상승하자 철 역시 값이 올랐다. 당시 철기 제조업자들은 나무 숯에 의존하고 있었지만, 조선소는 유럽에서 신세계와 극동 지방을 오가는 상선과 시장 및 식민지 개척을 원하는 유럽 열강의 선박을 건조하기 위해 막대한 양의 목재를 소비하고 있었다(스페인 경제는 아메리카 식민지에서 흘러들어오는 방대한 양의 금과 은을 바탕으로 굴러갔다. 피사로의 정복 활동 후 현재 볼리비아가 있는 지역의 포토시에서 은이 풍부하게 매장된 광산이 발견되었고, 16세기와 17세기에 이 광산에서 나는 부의 60퍼센트가 스페인으로 보내졌다. 이렇게 은이 대량으로 흘러들어오자 은의 가치가 떨어졌고, 16세기 말에 이르러 유럽 내 여러 광산이 문을 닫았다). 이뿐 아니라 나무는 요리와 제빵, 양조, 난방에도 많이 쓰였다. 영국 남부에서는 삼림이 심각하게 벌목되면서 제철업이 쇠락의 길을 걸었고, 제련소들은 그보다 위쪽에 있는 중부 지방과 웨일스로 옮겨갔다.

나무는 부피로만 따지자면 연료 및 건축 자재용으로 유럽에서 가장 널리 쓰이는 재료였다. 메소포타미아처럼 나무가 귀하거나 로마처럼 대형 건물과 수도교를 석재와 콘크리트로 지은 곳을 제외하면 인류사 초반부에는 어디서나 대체로 그런 경향이 나타났다. 16세기 무렵에도 연료와 선박 및 기계류 재료로 나무보다 나은 물질은 없었다. 게다가 나무를 태워서 얻는 재는 유리 제작에 필요한 탄산칼륨을 얻을 수 있는 중요한 원천이기도 했다. 나중에 나무에 대해서도 간략하게 살펴보겠지만 인류는 나무의 형태는 변화시켰어도 그 특성은 변화시킨 적이 없다.

16세기 중반 엘리자베스 여왕은 제련 과정에 나무를 쓰지 못하게 제한하는 법안을 잇달아 통과시켰다. 스페인에서 아르마다 함대가 들이닥친 1588년과 1630년 사이에 영국에서는 목재 가격이 세 배로 뛰었다. 제철 비용에서 숯이 차지하는 비중은 2분의 1에서 4분의 3 수준으로 높아졌다. 17세기의 상당 기간 영국은 유럽에서 매년 생산되는 철 6만 톤 중에서 절반을 책임졌지만, 18세기 초 목재 부족 현상이 더욱 심각해지면서 영국 내 제철소의 숫자는 90퍼센트 이상 줄었다. 제철업(과 산업화 전반)의 생존이 연료와 제철용 탄소 공급원인 나무를 값싸게 대체하는 물질을 찾는 것에 있다는 사실이 점점 더 명확해져 갔다. 오늘날의 선진 공업국도 이와 마찬가지 상황에 처해 있다. 석유는 무한정 공급될 수 없기 때문에 우리는 21세기 내로 간편하고 경제적인 새 에너지원을 찾아나서야 할 것이다.

산업혁명과 기술의 발달

17세기에 이르러 유럽, 그중에서도 특히 영국에서는 탄소와 유기성 수지, 그리고 분해된 식물체의 미량 원소가 포함된 광물인 석탄을 태우기 시작했다. 하지만 석탄에는 황과 같은 불순물이 다량 함유되어 있고 철이 이 불순물을 흡수하기 때문에 석탄으로 제련을 하려던 초창기 시도는 실패로 돌아갔다. 순수한 철 혹은 탄소를 소량 함유한 철은 연성이 좋아서 파괴되기 전에 소성 변형이 크게 일어나며, 바로 이 때문에 대장장이들은 연철로 작업하는 것을 선호했다. 불행히도 철에 황이 소량 섞여 들어가면 황 원자는 결정립계 쪽으로 강하게 이끌린다. 철은 결정립계 원자 층의 4분의 1 정도가 황이면, 다시 말해서 접촉면의 원자 네 개 중에 하나가 황이면, 취성이 높아져서 망치로 두드리는 것 같은 조그만 하중에도 부러지거나 깨지고 만다. 취성이 높은 철은 유리만큼이나 갑작스럽게 파괴된다.

제철업뿐 아니라 양조업과 제빵업 분야에서도 나무를 대체할 새로운 연료원을 찾고 있었다. 앞서 석탄을 이용해서 맥아를 건조하는 데 실패했던 양조업자들은 (맥주가 증기를 빨아들이면서 맥주 맛이 나빠졌다) 17세기 중반에 석탄에서 콜타르나 수지, 황과 같은 불안정한 물질을 제거하고 코크스를 남기는 방법을 터득했다. 석탄으로 코크스를 만드는 과정은 나무로 숯을 만드는 과정과 유사하다. 먼저 불 위에 석탄을 쌓아 올리고는 석탄 더미를 덮어서 석탄에 들어 있는 산소를 제거하면 된다.

그로부터 50년 뒤인 1709년, 에이브러햄 다비Abraham Darby는 코크스를 사용해서 주철을 생산해냈다. 다비는 세번강 근교 콜브룩데일에서 철공소를 빌렸는데, 운 좋게도 작업장 인근에서 황이 아주 조금밖에 들어 있지 않은 석탄이 채취되었다. 앞서 언급했듯 숯의 가격은 제철 비용의 4분의 3 이상을 차지했다. 코크스는 값이 쌌기 때문에 이제 다비는 주철로 만든 냄비와 주전자를 일반 서민이 감당할 수 있을 정도로 싸게 팔 수 있었다. 그는 소비자 중심의 경제를 열었다. 하지만 대부분의 석탄은 다비가 사용했던 석탄보다 황이 훨씬 더 많이 들어 있기 때문에, 코크스가 석탄의 대체재로 널리 받아들여지기까지는 그로부터 40년이 더 걸렸다.

다비 가문은 놀랍도록 혁신적이었다. 그들은 삼대에 걸쳐 제철업계에 커다란 족적을 남겼다. 1750년대에 다비의 아들 에이브러햄 2세는 가업을 확장해 못 제작업에 나섰는데, 당시 못 제작업은 목수들이 숯으로 제련한 쇠못을 유독 선호하던 탓에 진입하기가 어려운 분야였다. 그리고 1779년 그의 아들 에이브러햄 3세는 21미터짜리 부재를 주조해서 세번강 위에 세계 최초의 철교를 놓음으로써 철이 대형 구조물 자재로 쓰일 수 있다는 것을 보여주었다. 다비 가문의 독창성을 보여주는 이 다리는 아이언브리지라고 불리게 된 지역에 아직도 그대로 서 있다. 에이브러햄 다비의 후손들은 물려받은 콜브룩데일 주물 공장을 20세기까지도 계속해서 잘 운영해왔다[하지만 2017년에 문을 닫았다].

18세기 말, 숯을 사용하는 용광로는 영국에서 자취를 감추다시피 했다. 철로 주조한 제품은 값이 싸고 품질이 좋았기에 청동이나 연철, 나무로 제작한 도구를 대체했다. 주철은 제철 과정에서 노동과 비용이 절감되었기 때문에 연철을 완전히 대체했다. 19세기 말에는 코크스를 이용한 제철법이 전 세계적인 산업으로 성장해 매년 1억 톤의 철을 생산해냈다.

이제 석탄은 유럽에서 가장 널리 쓰이는 에너지원으로 자리 잡았다. 석탄이 없었다면, 기계화된 산업으로 다양한 제품군을 대량으로 생산하는 산업혁명은 일어나지 못했을 것이다. 산업화의 발전 과정에서 영국이 중추적인 역할을 담당한 주요 이유는 영국에 석탄이 많았기 때문이었다(10세기 혹은 12세기에 중국인들은 석탄을 코크스와 연료원으로 사용하는 용광로로 철 생산량을 늘렸다. 중국을 방문한 마르코 폴로가 서구 세계에 불타는 '검은 돌'에 대한 소식을 전했던 13세기에 이미 중국에서는 철 생산량이 감소했다. 중국인들은 일찍부터 주철과 석탄을 사용했지만 그 기술을 서구 세계만큼 활용하지 않았다). 영국은 200년간 세계 최대의 석탄 공급국이었으며, 19세기 말에는 미국이 그 자리를 차지했다.

산업혁명 이전 시대에 석탄을 대량으로 사용하기 위해서는 해결해야 할 문제가 여럿 있었다. 석탄 채취가 용이한 광맥에서 석탄이 바닥나면서 갱도는 더욱 깊숙이 파고 내려가야 했다. 그러면서 홍수가 곤란한 문제로 떠올랐다. 리오 틴토 인근의 로마 광산은 말이나 노예가 돌리는 수차를 연속적으로 가동해서 배수 작업을 했지만 18세기에는 이런 식의 작업이 불가능했다. 풍력은 저지대 국가에서는 물을 퍼올리거나 곡식을 빻는 용도로 널리 쓰였지만 그 이외 지역에서는 의지할 만한 수단이 아니었다. 수력은 일 년 내내 사용하기가 어려웠고, 또 충분한 낙차를 얻기 위해 수차를 대체로 협곡이나 댐을 세워둔 계곡에 세웠기 때문에 정작 필요한 장소에는 세우지 못할 때가 있었다.

탄광 소유주는 양수 작업에 사용할 새로운 동력원을 찾아 나섰고, 그 과정에서 증기가 내뿜는 에너지에 관심을 갖게 되었다. 주전자에서 물이 끓으면 증기가 나오고 그러면 주둥이에서 소리가 새어나오며 뚜껑이 들썩거린다는 것은 누구나 다 아는 사실이었고, 이 물리적 현상은 무거운 하중을 들어 올릴 수 있는 잠재력을 갖고 있었다. 문제는 경제성이었다. 뜨거운 증기는 기원후 1세기에 헤론Heron이 기술한 기발한 장치에서 동력원으로 활용된 적이 있어서, 비어 있는 제단에 성화聖火를 피우면 그 열에 의해 공기가 팽창해서 신전의 문이 자동으로 열렸다. 광산용 양수 기계를 만들려던 노력은 증기 기관이 개발되면서 비로소 결실을 맺었고, 증기 기관은 산업혁명 이후에 수력을 대신하여 주요 동력원으로 사용되었다.

증기력을 활용할 수 있게 된 중요한 계기는 우리가 호흡하는 공기가 압력을 받고 있다는 사실을 발견한 것이었다. 갈릴레오 갈릴레이Galileo Galilei와 그의 제자 에반젤리스타 토리첼리Evangelista Torricelli는 지구의 대기가 물기둥 약 10미터와 맞먹는 압력을 가하고 있다는 것을 입증했다(1기압은 1제곱인치에 14.7파운드의 무게가 가해지는 것으로, 다시 말해서 한 변의 길이가 1인치인 진공 상태의 정육면체가 각 면에 약 14.7파운드의 압력을 받고 있다는 뜻이다). 프러시아 마그데부르크의 시장 오토 폰 게리케Otto von Guericke는 일찍이 유명한 실험을 통해 대기압의 존재를 입증해냈다. 게리케가 두 반구를 붙여 하나의 구를 만든 뒤에 그 속에 들어 있는 공기를 빼냈더니 반구는 오직 대기압의 힘만으로도 붙어 있었다. 두 반구는 한쪽 당 말 여덟 마리를 붙여서 당겨도 떨어지지 않았다.

그렇다면 이 물리적인 현상을 유용하게 활용할 수 있는 방법은 무엇이었을까? 1690년 프랑스의 위그노교도인 드니 파팽Denis Papin은 대기압과 증기를 모두 사용하는 단순한 장치를 구상했다. 원래 의사 교육을 받았던 파팽은 그와 협업을 했던 네덜란드의 천문학자 크리스티안 호이겐스Christian Huygens로부터 자극을 받아 새로운 동력원에 관심을 갖게 되었다. 파팽은 위그노교에 대한 박해를 피해 영국으로 탈출했고, 거기서도 대기압을 동력원으로 활용하는 방안에 관심을 두었다.

파팽이 구상한 증기 기관은 하단이 막혀 있는 수직 실린더에 피스톤이 들어 있는 형태였다. 실린더 하단 바로 위와 피스톤 아래에 물을 소량 넣고 열을 가해 물을 증기로 만들면 피스톤이 위로 올라가다가 걸쇠에 걸리면서 멈춘다. 그런 다음에 실린더가 식고 실린더 내부의 증기가 다시 액화되어 물로 돌아가면 피스톤 아래 공간이 진공 상태가 된다. 실린더 내부 압력이 낮아진 상태에서 걸쇠를 풀어주면 피스톤 위의 기압이 피스톤을 아래로 누른다. 기압과 진공 상태 사이의 기압차에 의해 피스톤이 아래로 움직이는 현상은 무거운 물체를 들어올리는 힘으로 사용할 수 있다. 파팽은 실제로 작동하는 기관을 만든 적은 없지만 증기가 피스톤을 움직일 수 있다는 점을 간파함으로써 미래의 증기 기관이 탄생할 수 있는 초석을 다졌다.

파팽의 증기 기관은 이와 같은 장치가 수행한 일의 양을 어떻게 계산하는지를 보여준다. 피스톤이 아래로 내리누르는 힘은 단순한 도

르래처럼 하중을 위로 들어 올릴 수 있다. 실린더 내부가 진공 상태이기 때문에 대기압이 누르는 압력은 1제곱인치당 14.7파운드이며, 내리누르는 힘의 크기는 14.7파운드에 피스톤헤드의 면적을 곱하면 된다. 만약 피스톤헤드가 지름이 12인치라면 면적은 113제곱인치이니 들어 올릴 수 있는 하중은 1660파운드가 된다.

하지만 단순히 하중을 지탱하는 것만으로는 일을 했다고 볼 수 없다. 하중은 탁자도 지탱할 수 있다. 하중을 이동시켜야 일을 했다고 볼 수 있는 것이다. 그래서 파팽의 증기 기관의 경우, 수행한 일의 양은 아래로 가하는 힘에 하중을 들어 올린 거리(와 피스톤이 움직인 거리)를 곱해서 얻을 수 있다. 피스톤이 2피트 움직였다면 일의 양은 2피트에 1,660파운드를 곱해서 3,320파운드가 된다. 일의 양 혹은 에너지 소비량의 단위는 힘에 거리를 곱하는 것이기 때문에, 머리가 기발한 사람들은 무거운 하중을 들어 올릴 때 조그만 힘을 긴 거리에 걸쳐 적용하는 방법을 고안해냈다. 이것이 바로 지렛대의 원리다.

1698년, 부유한 데본셔 가문 출신의 발명왕 토머스 세이버리Thomas Savery는 증기가 응축하면서 생기는 진공을 이용하여 양수기를 만들었다. 세이버리의 기존 장치는 물을 7.5미터에서 9미터밖에 퍼올리지 못했기에 그는 증기에 압력을 가해서 응축시키는 방법을 더해서 양수 높이를 약 두 배로 늘렸다. 세이버리의 장치는 일정 거리마다 하나 위에 하나를 설치하는 방식으로 죽 연결되어 높은 건물에서 물을 퍼내는 용도로 사용되었다. 하지만 대개 광산은 깊이가 60미터에서 90미터에 이르렀기에 지하 15미터마다 보일러를 설치하는 것은 비현실적이었고, 그래서 세이버리의 증기 기관은 가장 필요한 장소에서는 정작 한 번도 제대로 사용되지 못했다.

1712년, 또 다른 데본셔 출신의 제철업자 토머스 뉴커먼Thomas Newcomen은 세계 최초로 파팽이 제시한 원리에 바탕을 둔 증기 기관을 제작해냈다. 뉴커먼은 보일러에서 나온 증기를 실린더에 주입해 피스톤이 올라가도록 한 다음에 실린더 안에 물을 분사해 증기를 냉각시켜서 다시 물로 응축시켰다. 뉴커먼의 증기 기관은 처음에는 서력기원이 시작되던 무렵에 로마인이 구리와 아연을 합금해서 생산했던 황동으로 제작되었다. 뉴커먼의 증기 기관은 곡식을 빻을 때 사용하던 회전 운동이 아니라, 아래위로만 움직이는 상하 운동을 시소처럼 움직이는 가로대를 통해 양수기에 전달하는 방식이었기 때문에 갱도에서 물을 퍼내거나 수차에 물을 길어 올리고자 하는 광산업자에게 팔려나갔다. 뉴커먼의 증기 기관은 실린더와 피스톤을 놋쇠에 비해 값이 3분의 1밖에 되지 않는 주철로 만들 수 있게 되기 전까지는 널리 쓰이지 못했다. 오랜 세월 동안 영국에서 증기 기관용 실린더와 피스톤을 주철로 만들 수 있는 곳은 에이브러햄 다비의 철공소밖에 없었다.

뉴커먼의 증기 기관은 피스톤을 들어올리기 위해 실린더 안에 주입하는 뜨거운 증기가 똑같은 실린더 안에서 냉각 및 응축되기 때문에 에너지가 낭비될 수밖에 없다. 냉각 및 응축이 일어난 후에 차가워진 실린더는 증기를 다시 주입해서 재가열해야 했다. 이로 인해 주입된 증기의 일부만 피스톤을 움직이며 쓸모 있는 일을 하고, 나머지 증기는 실린더를 재가열하는 용도로만 사용되었다. 이런 현상은 증기가 차가운 실린더 벽과 접촉하며 물로 응결되면서 응결 잠열(수증기 분자가 물로 응결할 때 배출되는 에너지)을 잃기 때문에 일어났다. 응결되는 수증기는 피스톤을 움직이는 데 쓰이지 못하고 낭비되고 만다. 뉴커먼의 증기 기관은 석탄 연소 에너지의 99퍼센트 이상을 낭비하기 때문에 쓸모 있는 일을 하기 위해 사용하는 에너지는 1퍼센트가 채 되지 않았다. 탄광에는 석탄이 넘쳐났기 때문에 뉴커먼의 증기 기관은 갱도 내 양수기로 널리 채택되었다. 반면 콘월에 있는 주석 광산의 경우에는 석탄을 구입하고 운송하는 비용이 너무 비쌌기 때문에 증기 기관을 사용할 수가 없었다.

글래스고대학교의 기계 기술자였던 제임스 와트James Watt는 뉴커먼의 증기 기관을 수리하는 과정에서 증기 기관의 경제성을 한 단계 발전시키는 중요한 업적을 일궜다. 와트는 피스톤이 들어 있는 실린더를 뜨겁게 유지할 수 있다면 증기 기관의 효율이 훨씬 높아지리라는 것을 간파했고, 그에 대한 해결책으로 개별 증기 응축기를 밸브와 배관으로 중심 실린더에 연결하는 방안을 내놓았다. 또한 와트는 피스톤을 아래로 밀어낼 때 공기 대신 저압 증기를 사용하는 기발한 아이디어도 내놓았다.

1769년, 와트는 '화력 기관에서 증기와 연료의 소모를 줄이는 새로운 방법'으로 특허를 획득했다. 와트의 첫 동업자였던 존 로벅John Roebuck은 이 특허에서 나오는 이익의 3분의 2를 가져갔다. 로벅이 파산한 뒤 와트는 다른 동업지를 찾던 중 버밍엄 출신의 제조업자 매슈

볼턴Matthew Boulton을 만났고, 볼턴은 파산 관재인이 동전 한 닢으로 가치를 매긴 로벅의 지분을 인수했다. 볼턴은 와트에게 재정 지원과 사업 수완을 제공해주었고, 와트는 1770년대에 증기 기관을 제작하기 시작했다. 와트의 증기 기관은 뉴커먼의 증기 기관보다 석탄 소비량이 3분의 2 이상 줄어서 효율이 최소 세 배 높아졌다. 판매 조건도 좋은 결과로 돌아왔다. 볼턴과 와트에게서 증기 기관을 구매한 광산업자는 다른 제품에 비해서 연료비를 절감했다면 절감한 연료비의 3분의 1을 볼턴과 와트에게 지불해야 했다.

증기 기관은 앞서 뉴커먼이 황동으로 만든 것을 제외하면 모두 철을 주조해서 만들었다. 다른 재료로는 뜨거운 증기와 진공 상태를 동시에 유지하는 실린더를 저렴하게 만들 수가 없었다. 연결 배관 역시모두 기밀해야 하므로 금속으로 제작했다. 진공 상태가 유지되게끔 피스톤을 실린더 안에 쏙 들어가게 제작하려면 구멍을 정확하게 뚫어야 했다. 우연히도 와트의 초기 엔진 중 하나가 제철업자 존 윌킨슨John Wilkinson의 용광로에 바람을 불어넣는 용도로 설치되었는데, 이 존 윌킨슨이라는 인물은 대포에 구멍을 뚫는 장치로 특허를 받은 적이 있었다. 그 장치는 증기 기관의 실린더를 제작하기에 꼭 필요한 것이었다.

와트의 증기 기관은 더욱 유명해지면서 피스톤의 상하운동을 회전운동으로 전환해야 할 필요가 생겼다. 이를 위해 와트는 기어 안에 기어가 맞물려서 돌아가는 유성 기어 장치를 발명했다. 이전에 수차에 달려 있던 기어는 연결 상태가 느슨했고 목재를 깎아서 만든 것이었다. 와트의 기어는 정밀하게 가공되어야 했고, 이 조건을 만족시킬 수 있는 재료는 금속밖에 없었다. 정밀도가 높은 휴대용 시계인 크로노미터를 발명한 존 해리슨John Harrison과 같은 시계공은 그러한 사실을 오래전부터 알고 있었다.

지금까지 살펴본 모든 이야기는 발명이 시대의 요구와 기술자들의 창의성이 서로 활발하게 맞물리면서 나타난다는 것을 보여준다.

다음은 와트의 역사적인 업적과 그 업적이 미친 영향이 주로 어떤 요소에 의해 비롯되었는지를 간추려 본 것이다.

- 철(빵, 맥주, 소금 등)을 대량으로 생산하기 위해 유럽인들은 나무를 대신해서 탄소와 에너지를 제공해줄 새로운 공급처를 찾아나서야 했다. 석탄은 그 조건에 딱 들어맞았다.
- 기업가들은 석탄을 대량으로 생산하기 위해서 갱도를 깊이 팠으나 홍수 문제 때문에 효율적인 양수기가 필요했다. 이를 위해 새 동력 장치가 필요했고 마침내 철제 증기 기관이 개발되었다.
- 광산과 제련소는 서로 다른 곳에 위치한 경우가 많았으므로 기업가들은 석탄과 철광석을 저렴하게 운송할 수단이 필요했다. 그래서 저렴한 운송 수단으로 수로 망을 건설해야 한다는 압력이 있었다.
- 광산업자들은 석탄을 뉴캐슬 항구와 같은 운송 중심지로 실어나르기 위해 목재 선로 위를 달리는 수송 마차를 운행하기 시작했다. 시간이 흐르면서, 증기 기관이 말을 대신해서 수레를 끄는 동력원이 되었고, 19세기 들어서는 철도가 탄생했다. 이로 인해 저렴한 고강도 철로에 대한 수요가 폭증했고, 그 수요는 처음에는 철이, 그다음

에는 강철이 채웠다.

    필요와 혁신 사이의 순환 고리는 처음에는 부족한 목재로 철을 제
련한 것으로부터 시작해서 철의 수요가 계속해서 크게 늘어나는 방
향으로 진행되었다. 이 순환 고리는 지금까지도 이어지고 있다.

    증기 기관의 역사에서 우리는 또 한 가지 흥미로운 사실을 발견할
수 있다. 파팽은 자신의 증기 기관 구상안을 내놓기 전에, 호이겐스와
함께 화약 폭발로 가스를 데워 피스톤을 움직이는 방안을 궁리했다.
이 증기 기관은 가스가 식으면 진공이 생긴다. 그러면 대기압이 피스
톤을 다시 제자리로 밀어낸다. 파팽은 화약 폭발 후에 실린더에 남는
가스 때문에 자신이 원하는 진공 상태를 얻지 못한다는 사실을 깨닫
고, 그 방안을 포기하는 대신 증기로 피스톤을 움직이는 방안으로 관
심을 돌렸다. 실린더 내 피스톤 아래에서 폭발을 일으키는 방법은 그
로부터 200년이 지난 19세기에 개발되는 내연 기관의 기본 원리였
다. 소량의 휘발유·경유 기름 증기를 공기와 섞은 다음에 실린더 안
에서 폭발시켜 피스톤을 움직이는 방식은 오늘날 자동차, 화물차, 선
박의 동력원으로 쓰인다.

    와트가 자신의 증기 기관을 완벽하게 개선하면서 새로운 시대가
열렸고, 이 시대에는 기능공과 과학자(당시에는 자연 철학자라고 불렀
다)가 긴밀하게 협업을 하기 시작했다. 와트는 글래스고대학교 교수
로부터 고장 난 증기 기관의 수리를 의뢰받고서는 증기력에 관심을
갖게 되었다. 기능공과 이론 위주의 자연 철학자 사이의 협업은 빠르

게 증가했다. 프랑스의 공학자 사디 카르노Sadi Carnot는 이와 같은 협업에 가장 앞서서 참여한 사람 중 하나였고, 그 협업으로부터 열역학이라는 새롭고 중요한 과학 분야가 탄생했다. 열역학은 처음에는 순전히 증기 기관의 효율을 높이기 위한 목적으로 시작되었지만 나중에는 특정 화학 반응의 가능 여부라든가 절대 영도에 이르는 방법과 같은 다양한 질문에 대한 법칙을 제시하기에 이르렀다.

갈릴레오 갈릴레이는 베네치아 아르세날(기능공 2,000명이 일하는 대형 무기고로, 아마도 르네상스 시대를 통틀어 가장 큰 산업 현장이었을 것이다)의 기능공들과 나눈 대화에서 얻은 지식을 소중하게 여겼다. 아르세날은 베네치아가 선단을 꾸려 세계 무역을 장악할 수 있던 원동력이었으며, 표준 갤리선 한 척을 100일이면 건조할 수 있었다. 갈릴레오는 다음과 같은 기록을 남겼다.

아르세날에서 일하는 사람들과 대화를 나누다 보면, 누가 봐도 확실한 사실뿐 아니라 잘 알려져 있지 않거나 도무지 믿기지 않는 현상들을 탐구할 때도 도움을 받는 경우가 많다. 때로는 나 역시도 내가 이해하지는 못하지만 내 직관이 옳다고 말하는 것들을 설명하려다 보면 혼란스럽고 절망에 빠진다.[37]

로저 베이컨과 같은 중세의 선지자들은 인간이 자연의 법칙을 깨닫고서야 얻을 수 있는 대상들을 오래도록 갈망해왔다. 18세기 말에 등장한 과학적 방법, 즉 대조 실험을 실시한 후에 측정 및 결과 분석을 하는 방법은 수없이 많은 기술적 성취로 이어졌다. 그러한 성취 중에는 베이컨이 말했던 것만큼이나 멋진 꿈을 이루게 해준 금속들이 포함되어 있었다.

새로운
금속의
탄생

The

Substance

of

Civilization

몇몇 발명품은 사색가들의 창의성에서 비롯되며, 그들은 직업상 뭔가를 한다기보

다는 모든 것을 관찰한다. 바로 그 때문에 그들은 가장 동떨어져 있고 가장 이질적

인 것들의 힘을 하나로 결합시킬 때가 많다.

— 애덤 스미스Adam Smith[38]

부를 축적한 유럽의 역사

몇몇 사건이 왜 그때 그곳에서 일어났는지를 알아보고자, 우리는 지난 세 장에 걸쳐 로마 시대에서 산업혁명기로, 그리고 유럽에서 중국으로 여행을 떠났다. 종이, 인쇄술, 화약, 대포는 중국에서 발명되었다. 또한 중국인은 철의 자성을 이용해 처음으로 나침반을 생산했다. 나침반은 중국인이 아프리카를 향해 떠난 해상 탐험에서, 그리고 어쩌면 유럽인보다 먼저 아메리카 대륙에 가닿았을지도 모르는 해상 탐험에서 아주 중요한 역할을 했다.

중국에서 탄생한 혁신적인 발명품에 대한 지식과 정보는 무역과 정복 활동 속에서 아라비아를 거쳐 서구 세계로 흘러들었다. 이 흐름은 주로 한쪽 방향으로만 이어졌다. 중국 황제는 외국을 혐오했고 바깥 세계에서는 배울 것이 하나도 없다고 생각했다. 동양의 발명품이 유럽에 도달했을 때 서구인은 그 진가를 재빨리 알아차렸고 발명품을 개선해나가기 시작했다. 중국인은 서구 세계가 개선한 기술을 받아들이지 않다가 수십 년 전에야 받아들이기 시작했는데 그마저도 거부감이 상당히 심했다.

서력기원 후부터 산업혁명이 일어나기 직전에 이르는 시간 동안 로마 제국은 권력과 기술 혁신의 중심지에서 밀려났고, 그 자리는 근동 및 극동 지역으로 옮겨갔다가 약 천 년 후에 이탈리아와 서유럽을 거쳐 다시 서양으로 돌아왔다. 이슬람 문화와 남부 유럽은 동양에서 건너온 발명품에 대해서 잘 알고 있었다. 당시 이탈리아는 지리적 중심지였기 때문에 그곳의 상인들은 비잔티움, 아라비아, 그리고 극동에 이르는 지역까지 접근할 수 있었다. 특히 베네치아는 시리아의 유리 공장에 손이 닿은 덕분에 유리불기법과 관련된 최신 기술을 습득할 수 있었다.

베네치아와 나폴리에서는 금융 회사가 생겨났다. 이탈리아는 르네상스라든가 아르세날과 같은 놀라운 기술 발전의 탄생지였지만 1600년대 들어 저 멀리 북쪽에 있는 국가들에서 기술 혁신이 빈번히 등장하면서 점차 옛 명성을 잃어갔다. 이탈리아의 상업적 영향력 또한 스페인의 아메리카 식민지에서 나는 금과 은이 대서양 항구를 통해 유입되면서 줄어들었다.

르네상스 말기에 접어들자 새로운 시류가 뿌리를 내리며 성장해갔다. 일반 백성의 생활 수준이 향상되면서 생활용품 생산이 이윤이 남는 사업이 된 것이다. 대중 시장이 열리자 대중의 필요에 부응하는 상인들은 막대한 부를 쌓을 수 있게 되었다. 이런 상인들은 주로 민주적인 정치 제도를 바탕으로 욕심 많은 군주의 어리석은 낭비벽으로부터 재산을 보호할 수 있는 나라에서 번성했다. 절대 군주가 경제에 미치는 폐해는 17세기 프랑스를 보면 잘 알 수 있다. 당시 프랑스는 총리 콜베르가 계몽된 정책을 펼치고 있었지만 루이 14세가 쓸데없이 막대한 비용을 들여 전쟁을 치르는 바람에 무역량이 감소하고 제조업 확산에 제동이 걸렸다. 반면 영국 정부는 상대적으로 나라 살림을 검소하게 꾸려가며 산업화가 뿌리내릴 기반을 비옥하게 다질 수 있었다.

연료용 석탄 및 각종 소비용품 제작에 필요한 철은 산업혁명기에 등장한 기계 공업 경제의 밑바탕이었다. 영국은 석탄과 철이 모두 풍부했다. 하지만 석탄과 철을 대량으로 생산하려면 대규모 기계 설비가 필요했다. 광산은 양수 장치가 필요했고, 또 광물을 인양하고 부수는 장치가 필요했다. 제철소는 더욱 커다란 괴철을 만들기 위해 계속해서 높아져 가는 용광로에 공기를 불어넣어줄 장치가 필요했다. 이를 위해서 처음에는 수력이, 그다음에는 증기력이 사용되었다. 대규모 기계화는 자본을 대량으로 끌어올 수 있는 시기가 되고서야 가능해졌다. 자본은 커다란 이익을 위해 위험을 감수하는 은행과 투자 집단이 제공했다. 자본주의는 대규모 기계화 산업이 탄생하기 위한 가장 중요한 요소였다.

남부 유럽도 거대 자본을 유치할 수 있는 상황이었다. 사실 세계 최초의 은행은 이탈리아 은행들이었다. 실제로 15세기에 야코프 푸거는 무역업을 배우기 위해 베네치아의 테데스키 가문을 방문했고, 이를 바탕으로 독일에 있는 자신의 가업을 급성장시켰다. 영국과 저지대 국가에서 가장 앞서가는 은행은 이탈리아 은행과 스페인 은행이었다. 그러나 영국의 군주는 대다수 유럽 국가의 군주에 비하자면 전제적이지 않은 편이었다. 앞서 살펴봤듯이 영국의 군주는 철과 석탄 광산에 대해서 아무런 권리를 갖지 못했고, 의회와 같은 기관은 군주가 광산 재산을 몰수하지 못하도록 막았다. 덕분에 투자자들은 욕심 많고 제멋대로인 군주에게 모든 것을 빼앗길지도 모른다는 우려 없이 투자를 단행할 수 있었다.

산업혁명으로 연결된 기술 혁신은 대개 프로테스탄트 국가에서 등장했다. 스페인과 같은 가톨릭 국가에서는 오랫동안 탐구 행위를 억압했다. 갈릴레오가 과학과 기술 발달의 전제 조건인 객관적 지식을 추구하다가 교회로부터 어떤 대접을 받았는지를 생각해보라. 갈릴레오는 실험을 실시하고 측정 결과를 수학적으로 분석한 인물이었기에 많은 이들이 현대 과학의 아버지로 여기는 인물이다. 갈릴레오는 망원경을 사용해서 니콜라우스 코페르니쿠스Nicolaus Copernicus의 가설(지구가 태양 주위를 도는 것이지 그 반대가 아니다)을 입증해낸 뒤로 거센 반발에 시달렸다. 갈릴레오의 주장은 지구를 중심으로 생각하던 교회의 우주관에 들어맞지 않았기에, 갈릴레오는 어쩔 수 없이 1633년에 자신의 주장을 철회해야 했다. 주변의 눈치를 봐야 하는 처지에 놓인 과학자는 언제나 순탄치 않은 시간을 보내야 한다.

1492년, 스페인은 가톨릭에 대한 신앙심이 가장 높은 왕인 페르난도와 이사벨라가 자국 내 유대인을 모두 추방했고, 이 때문에 활기와 창의성이 넘치는 중산층을 잃고 말았다. 신세계에서 금과 은이 흘러들어와 경제를 지탱하던 흐름이 끊기자 스페인은 세계무대에서 발휘하던 영향력을 점차 잃어갔다. 설사 어떤 지식인들에게 스페인의 몰락을 늦추거나 뒤집을 수 있는 방도가 있었다고 해도, 그들은 종교재판이 무서워서 도망칠 수밖에 없었을 것이다.

르네상스 시대 이전까지는 교회가 교육이라는 영역에서 그와 상반된 역할을 담당하고 있었다. 교회는 지식을 억압하는 쪽이라기보다는 고대의 지식을 전하는 곳이었다. 11세기 초, 학교와 수도원에서는 주로 아라비아어로 쓰인 그리스 학문과 로마법을 번역했고, 이 번역서들은 유럽의 부활을 이끌었다.

가톨릭교회가 새로운 사상을 받아들이기 어려워하고 있을 때, 프로테스탄트 종파는 탐구 활동을 장려했다. 프로테스탄트 교리의 핵심은 누구든 성직자의 도움 없이도 신을 직접 만날 수 있다는 것이었다. 그때는 인쇄기와 마르틴 루터의 번역본 덕분에 독일어 성경을 구할 수가 있었기 때문에 일반 서민들도 성경을 읽으라고 독려받았다. 서민들의 문자 해독 능력도 향상되었다. 인쇄술 덕분에 혁신적인 기술은 배움에 뜻이 있는 학자나 장인들에게 빠르게 전파되었다. 실제로 1662년 영국에서는 지식 전파라는 한 가지 목적을 위해서 왕립협회Royal Society가 설립되었다. 프랑스에서는 이와 비슷한 기관인 과학아카데미Académie des Sciences가 과학계와 기술계 간의 교류 증진을 위해서 1665년에 창립되었으며, 이 기관이 가장 먼저 착수한 것은 프랑스 내 다양한 공예를 총망라하는 작업이었다.

18세기 말 이전까지 재료와 다양한 기술의 발전은 모두 창의적인 장인들이 도구, 무기, 새로운 동력원처럼 실생활에 유용한 물건을 제작하고자 하는 과정 속에서 비롯되었다. 새로운 재료는 지지부진하고 고통스럽고 행운이 따라야 하는 작업 속에서 발견되었다. 장인들은 금속을 산속 개울이나 가마 바닥에서 우연히 발견했다. 사람들은 몇백 년 전만해도 여러 금속이 존재한다는 사실을 전혀 알지 못했다. 알루미늄, 니켈, 마그네슘과 같은 금속은 모두 대기 중에서 산소와 강하게 반응하는 탓에 천연 상태 그대로는 발견될 가능성이 없었고, 그런 이유로 고대에는 활용에 제약이 따랐다.

제련공들은 예수 시대 이전에 광석 안에서 반응성이 떨어지는 금속을 추출해내는 방법을 발견했다. 구리, 납, 금, 은, 철을 추출해낼 수 있었던 것은 운 좋게도 불에 탄 나무에 탄소가 많이 들어 있었기 때문이었다. 숯은 산화철 광석과 산화구리 광석을 각각의 금속으로 빠르게 환원시키지만 산화알루미늄 광석은 그렇게 하지 못한다. 알루미늄과 산소 간의 결합이 탄소와 산소 간의 결합보다 훨씬 강하기 때문이다. 환원을 시키는 과정은 산소와 결합하고자 하는 원소들 사이에서 벌어지는 시합 같은 것으로 보면 된다. 가장 반응성이 높은 원소가 승리를 거둔다. 알루미늄과 니켈 금속을 추출하기 위해서는 탄소보다 더 강력한 반응을 일으키는 환원제가 필요했고, 이런 환원제는 전기의 발견과 함께 등장했다.

산업혁명은 초기에는 과학자보다 장인들의 업적을 바탕으로 진행되었다. 코페르니쿠스, 갈릴레오, 케플러, 뉴턴은 자연 철학자여서 지구와 여러 행성이 태양을 중심으로 어떻게 회전하는지와 같은 거대하고 근본적인 현상을 이해하고자 했지, 석탄으로 철을 제련하는 방법과 같은 일상적이고 실용적인 문제 해결에는 큰 관심을 두지 않았다. 하지만 산업혁명 중기에는 특히 증기 기관의 효율을 높이려는 시도 속에서 자연 철학자(과학자)가 기술 분야에서 발휘하는 영향력이 급격하게 늘어났다. 지금 우리가 살펴보는 대부분의 신재료는 스스로를 '화학자'라고 부르는 사람들이 처음으로 발견했다.

과학적 방법으로 재료를 발견한 인물들

지금까지 우리는 비교적 적은 숫자의 재료에 대해서 이야기를 나눴다. 하지만 현대에 이르기까지 재료의 숫자는 급격하게 증가하고 그와 관련된 이야기는 더욱 복잡해지기 때문에 어쩔 수 없이 이 책에서는 몇몇 재료만을 다룰 수밖에 없다. 나머지 재료들을 소개하자면 과학적 방법이 처음으로 등장하던 시기로 되돌아가야 한다.

기원전 5세기 그리스의 철학자 엠페도클레스Empedocles는 모든 물질이 흙, 공기, 물, 불의 네 가지 원소로 이뤄졌다고 주장했다. 아리스토텔레스Aristoteles는 엠페도클레스의 4원소설을 수정해, 한 가지 원소가 다른 원소로 바뀔 수 있다고 주장했고, 이것은 우리가 일상 속에서 보는 바와 같이 물이 수증기로 변하는 현상에 딱 들어맞았다.

제련공들이 광물을 금속으로 바꾸는 데 성공하자, 이에 자극받은 예수 이전 시대의 연금술사들은 제련공의 돈키호테식 방법론을 모방하여 금속 찌꺼기로 금을 만든다는 원대한 업적을 이루려고 노력했다. 그들의 노력은 아무런 결실을 얻지 못했다(하지만 그들의 어리석은 노력을 폄하해서는 안 된다. 녹색 공작석으로 노랗고 불그스레한 구리를 생산해냈으니 말이다). 그러나 17세기에 이르러 연금술사들은 광물에서 금을 채취하려면 광물 안에 금이 들어 있어야 한다는, 자연의 냉혹한 가르침을 받아들여야만 했다.

18세기에는 재료에 '플로지스톤phlogiston'이라는 가연성 물질이 포함되어 있다는 연소 이론이 등장했다. 이 이론에 따르면 나무나 금속은 불에 탈 때 플로지스톤이 빠져나가고 칼크스calx라는 재를 남긴다. 평소 '좋은' 공기의 구성 요소에 대해 궁금증을 품고 있던 영국의 과학자 겸 성직자 조지프 프리스틀리Joseph Priestley는 오늘날 우리가 산소라고 부르는 물질을 처음으로 분리해냈다. 프리스틀리는 확대경에 태양광을 통과시켜서 수은 재를 가열하면 액체 수은이 형성된다는 사실을 발견했다. 이때 발생하는 기체는 촛불의 연소를 지속시켰다. 프리스틀리는 산소를 발견했지만 자신이 진행한 실험에서 어떤 반응이 일어났는지는 이해하지 못했다.

프리스틀리의 실험 소식은 프랑스에도 가닿았고, 이 소식은 프리스틀리와 마찬가지로 기체를 연구하던 앙투안 로랑 라부아지에의 호기심에 불을 지폈다. 라부아지에는 평일에는 가족을 부양하기 위해서 왕실 세무사로 일했지만, 저녁과 주말에는 개인 연구실에서 자신이 정말로 좋아하는 일을 했다. 당시에는 천칭 저울과 같은 정량적 측정 기구가 등장했기에, 조지프 블랙Joseph Black(글래스고대학교 교수이자 제임스 와트의 친구)과 같은 과학자나 라부아지에는 천칭 저울을 이용해 화학 반응을 일으키는 반응 물질과 그에 따른 합성물의 무게를 측정했다. 라부아지에가 공기 중에서 금속을 가열하자, 금속의 무게는 줄지 않았다. 연소 과정에서 플로지스톤이 배출되면서 금속의 무게가 줄어든다는 가설과는 다른 결과였다. 오히려 금속의 무게는 늘어났다. 라부아지에의 관찰 결과는 당시 과학계가 믿던 연소설의 오류를 즉각 바로잡지는 못했다. 과학자들은 플로지스톤이 음陰의 무게를 갖기 때문에 그런 현상이 나타난다고 설명했다. 이것은 과학자도 자신의 지론을 쉽게 포기하지 못할 때가 있음을 보여주는 사례다.

라부아지에는 프리스틀리의 실험을 면밀하게 재현하며, 공기 중에서 수은을 가열해 수은 재를 만들었고 그 과정에서 남는 잔여 기체로는 촛불을 태울 수 없다는 사실을 알아냈다. 라부아지에는 프리스틀리의 실험을 다시 진행하여 수은 재를 다시 수은으로 분해하는 과정에서 기체를 얻었는데, 촛불은 공기보다 이 기체 속에서 더욱 환하게 타올랐다. 그 사이 영국에서는 헨리 캐번디시Henry Cavendish가 '가연성 공기'인 수소를 발견했고, 공기 중에서 수소를 폭발시켜 물을 형성했다. 라부아지에는 캐번디시의 실험도 재현했고, 물을 벌겋게 달아오른 총신을 따라 흘려보내서 분해했다.

라부아지에는 유명한 실험을 잇달아 진행하며, 연소가 일어나려면 새로운 기체가 존재해야 한다는 사실을 명확하게 보여줬다. 그는 이 새로운 기체가 모든 산성 물질에 들어 있다고 생각해서 그리스어로 '산성을 만드는 것'이라는 뜻의 '산소oxygene'라고 불렀다. 라부아지에는 산소가 연소 과정에서 담당하는 역할은 올바로 파악했지만, 산소가 모든 산성 물질의 구성 요소라고 주장하는 오류를 저질렀다. 산성 물질 중에서는 플루오르화 수소산과 같이 산소를 포함하지 않는 것도 많다. 라부아지에 이후로 연소는 물질이 산소와 반응하는 것으로 여겨졌다. 또한 라부아지에는 사람의 호흡도 연소가 느리게 진행되는 것이라고 생각했다. 라부아지에의 실험은 플로지스톤 이론을 잠재웠고, 화학이라는 새로운 과학 분야의 토대가 되었다.

라부아지에는 명성이 높았지만 왕을 위해 일했다는 이유로 프랑스 혁명기에 단두대에서 참수되었다. 공포 정치는 그로서는 애석하게도 몇 달 늦게 끝이 나고 말았다. 프랑스 수학자인 조제프 루이 라그랑주Joseph Louis Lagrange는 단두대가 순식간에 앗아간 한 과학자의 삶은 백 년에 한 번 나올까 말까 한 것이었다고 평가했다.

18세기 말에서 19세기 초, 화학은 여느 신생 과학 분야와 마찬가지로 조직화 및 분류화의 기간을 거쳤다. 프랑스의 라부아지에와 그의 동료들, 그리고 영국의 존 돌턴John Dalton은 새로 발견한 기체, 그리고 구리·철과 같은 기본 물질 및 그와 관련된 화합물과 반응식을 간편하게 표현할 표기법을 찾아 나섰다. 돌턴은 모든 물질이 더 이상 쪼개질 수 없는 아주 작은 물질인 원소로 이뤄져 있다고 믿었으며, 이런 견해는 고대 그리스 철학자로부터 유래했다. 바로 이와 같은 견해로부터 화학 반응을 일으키는 반응물과 그에 따른 합성물은 무게가 똑같다는 기본 원리가 도출되었다. 다시 말해서 물질은 새로 생성되지도 완전히 소멸되지도 않는다는 것이다.[39] 스위스 화학자 J. J. 베르셀리우스Jons Jacob Berzelius는 오늘날 우리가 개별 원소를 표기할 때 사용하는 분류법을 고안해냈으며, 이 표기법에서 사용하는 기호는 구리는 라틴어 '쿠프룸cuprum'의 머리글자인 Cu로, 산소는 O로, 탄소는 C로 표기해나가는 식으로 라틴어식 명칭에 기반을 두고 있다.

다양한 금속 원소를 분류하는 방법 중에 하나는 각 원소와 산소가 얼마나 빠르게 반응하는지를 기준으로 삼는 것이다. 이 경우 백금이나 구리와 같은 금속은 반응성이 낮은 축에 속한다. 백금은 안정된 산화물을 생성하지 못하며(그래서 '귀금속'으로 대접받으며 천연 상태 그대로 발견될 때가 많다), 구리는 비교적 불안정한 산화물을 생성한다. 반면 알루미늄이나 마그네슘 같은 금속은 반응성이 높은 축에 속하며 안정적인 산화물을 생성한다.

탄소 원소는 이 두 그룹의 중간에 위치한다. 반응성이 높은 자유 원소는 화합물 내 반응성이 낮은 금속을 다시 금속 상태로 환원시킨다. 탄소는 산화구리는 손쉽게 구리로 환원시키지만, 산화알루미늄은 특정한 상황이 아니고서는 알루미늄으로 환원시키지 못한다. 한 원소가 다른 원소를 환원시키는 능력은 고등학교 화학 시간에 실시하는, 구리 동전을 질산은 용액에 집어넣는 실험으로 확인이 가능하다. 구리는 은보다 반응성이 높기 때문에 용액 내 은을 대체하고, 그러면 금속 은이 용해된 구리 동전 위에 침전된다.

반응성이 가장 높은 축에 속하는 나트륨과 칼륨은 알루미늄 화합물을 환원시킬 수 있다. 실제로 이 방법은 19세기에 알루미늄 광석에서 알루미늄을 처음으로 추출했을 때 쓰였다. 그렇다면 금속 나트륨과 금속 칼륨은 처음에 어떤 방법으로 얻게 되었을까? 이 질문에 답을 하려면 과학자들이 18세기에 처음으로 발견한 전기에 대해서 살펴봐야 한다. 전기는 하전 입자[전하를 띠는 입자]의 움직임과 관련이 있으며, 전기의 특성을 이해하려면 원자의 구조를 살펴봐야 한다.

원자의 핵 속에는 양성자(양전하 입자)와 중성자(전하를 띠지 않는 입자)가 들어 있다. 원자핵은 양전하와 균형을 이루는 전자(음전하 입자) 구름에 감싸여 있다. 전자는 원자핵과 멀리 떨어져 있을수록 원자와의 결합력이 약해진다. 하전 입자 사이에 작용하는 힘은 떨어져 있는 거리에 반비례하면서 달라지기 때문이다. 그렇기에 하전 입자 사이의 거리를 d라고 한다면, 서로 간에 작용하는 힘은 $1/d$로 표현할 수 있다. 만일 한 원소가 반응성이 높다면 그 원소는 가장 바깥쪽에 있는 전자를 쉽게 잃어버리는 경향을 보인다.

질산은$AgNO_3$과 같은 화합물은 물에 용해될 때 쪼개지면서 분리된다. 이때 은 원소가 질산 분자에 전자를 전해주면 질산 분자는 음이온이 되고 NO_3^-로 표기한다. 전자를 잃은 은 원소는 양이온이 되고 Ag^+로 표기한다. 질산은 용액 안에는 물 분자 사이를 자유롭게 움직이는 Ag^+와 NO_3^-가 들어 있게 되는 것이다. 이 질산은 용액 안에 구리 동전을 넣으면 구리 원소가 외각 전자를 Ag^+ 이온에 내어주면서 Ag^+ 이온이 다시 중성 원자인 Ag^o이 되고, 은이 동전 표면에 침전된다. 영국

과학자 험프리 데이비Humphry Davy는 화학 반응과 전기적 활동이 같은 현상임을 처음으로 밝혀냈다.

이 같은 배경 지식이 있으면 전기와 알루미늄 사이의 관계가 명확해진다. 알루미늄은 반응성이 너무나 높아서 자연에서는 순수한 상태로 구할 수가 없고, 또 알루미늄 화합물을 알루미늄으로 환원시키기도 어렵다. 알루미늄을 값싸게 추출하는 방법은 흥미롭게도 이탈리아 물리학자 알레산드로 볼타Alessandro Volta가 전기 배터리를 발명한 것과 직접 관련이 있다.

1800년, 볼타는 서로 다른 금속이 전기적 활동에서 차이를 보인다는 점을 이용해 '볼타 전지'라고 부르는 전기 배터리를 고안해냈다. 볼타는 서로 다른 두 금속(두 전극)을 전도성 용액에 넣고 금속선으로 연결하면, 금속선을 따라 반응성이 높은 금속에서 낮은 금속으로 뭔가가 흐른다는 사실을 알아냈다. 만일 양 전극이 구리와 은이라면 위에서 언급한 화학 반응을 일으키는 힘(반응성이 높은 원소가 반응성이 낮은 원소에 비해 외각 전자와 약하게 결합되어 있는 현상과 관련이 있다)은 전자를 금속선을 따라 구리 전극에서 은 전극으로 이동시킨다.

모든 배터리는 바로 이 원리에 따라 작동한다. 하전 입자가 움직이면 전류가 흐르는 결과가 나타난다. 구리와 은 사이의 화학적 반응성 차이는 볼트로 측정되는 힘을 발생시키는 원동력이라고 보면 되며, 이 힘은 두 금속 원소가 가지는 외각 전자와의 결합력이 서로 얼마나 차이가 나는가와 관련이 있다. 우리가 일상 속에서 사용하는 손전등 배터리가 바로 그런 사례이며, 손전등 배터리는 1.5볼트를 발생시킨다. 하지만 증기 기관을 다룰 때 살펴보았듯이 역학적 개념에서 말하는 일이란 힘을 작용해서 거리를 이동하는 것을 말한다. 양 전극은 반드시 도선으로 연결되어 있어야 전류가 흐르고 전기적 일을 수행할 수 있다.

험프리 데이비는 볼타가 발명한 전지를 접하자마자, 볼타 전지를 사용해 다양한 화학적 화합물을 다시 구성 원소로 분해하는 작업에 착수했다. 데이비는 처음에 수산화나트륨을 녹이고 그 안에 전류를 흘렸는데, 거기서 산소와 수소, 그리고 새로운 금속인 나트륨이 나타나는 현상을 목격했다. 이와 비슷하게 수산화칼륨은 산소, 수소, 그리고 또 다른 무른 금속인 칼륨으로 분리되었다. 데이비는 화학적 화합물 속에 들어 있는 반응성 금속을 금속 상태로 되돌리는 아주 효과적인 방법을 발견해냈다.

데이비의 실험은 전기 화학이라는 새로운 산업의 토대를 놓았고, 전기 화학 산업은 금속과 수소 및 산소와 같은 기체를 생산해냈다. 나트륨과 칼륨은 반응성이 무척 높기 때문에 알루미늄 화합물을 알루미늄 금속으로 환원시킬 수 있다. 1825년 덴마크의 과학자 한스 크리스티안 외르스테드Hans Christian Oersted는 이 과정을 처음으로 성공시켰다. 알루미늄을 추출하려면 나트륨과 칼륨이 있어야 하는데, 나트륨과 칼륨을 추출하는 작업은 오랜 기간 비용이 많이 드는 작업이었기 때문에 기술계에 커다란 영향을 미칠 정도로 대규모로 진행되기보다는 노동집약적인 방식으로 이루어졌다. 알루미늄은 발견되고 나서도 60년이 지난 후에야 싼값으로 널리 보급할 수 있게 되었다. 그럼에도 알루미늄은 호기심의 차원에서 1848년에 나폴레옹 3세의 식사용 칼과 포크, 숟가락을 만드는 재료로 쓰였고, 1884년에는 워싱턴 기념비를 제작하는 재료로 쓰였다.

알루미늄의 탄생

알루미늄은 놀랍고도 매력적인 특성을 갖고 있다. 은빛 알루미늄은 구리와 철을 녹이기 위한 온도인 660도보다 낮은 온도에서 녹기 때문에 주조하기가 쉽다. 밀도도 세제곱센티미터 당 2.7그램으로, 8.96인 구리, 7.88인 철, 19.32인 금에 비해서 낮다. 20세기 중반, 밀도가 낮은 알루미늄의 강도를 증진하는 방법이 새롭게 등장하면서 알루미늄은 무게를 중요하게 따져야 하는 비행기와 로켓 동체의 소재로 선택받았다. 알루미늄은 열 전도성과 전기 전도성이 좋고, 열과 빛을 잘 반사시킨다. 또한 놀랍게도 부식과 산화에 강하다. 공기 중에서 재빠르게 생성되는 표면부 산화막이 계속해서 매우 안정적으로 유지되기 때문에, 얇은 산화막이 형성되고 나면 그 아래에 있는 알루미늄 금속은 더 이상 반응을 일으키지 않는다.

이처럼 매력적인 특성에도 알루미늄은 알루미늄 원광인 보크사이트(산화알루미늄과 물로 구성된 적색 광물)를 값싸게 제련하는 방법을 찾아내기 전까지는 널리 쓰이지 못했다. 알루미늄이 희귀 금속에서 상용 금속으로 바뀐 것은, 전기로 칼륨을 얻은 다음에 칼륨으로 보크

사이트를 환원시키는 방법 대신에, 전기를 보크사이트에 곧바로 사용하는 방법이 등장하면서부터였다. 알루미늄을 추출하는 확실한 방법은 험프리 데이비가 나트륨과 칼륨을 추출했을 때와 같이 산화알루미늄 광석을 녹인 다음에 거기에 전류를 통과시키는 것이다.

하지만 이 방법에는 문제가 있었다. 알루미늄과 산소가 너무나 강력하게 결합되어 있는 탓에, 산화알루미늄 광석의 녹는점이 2,000도가 넘어서 여러 가지 실질적인 어려움이 발생했다. 산화알루미늄 광석을 녹일 정도로 높은 온도는 어떻게 얻고, 또 녹여낸 액체 금속은 도대체 어디에 담을 것인가? 과연 이렇게 가혹한 조건을 견뎌낼 만한 전극이 존재할 것인가? 도무지 풀릴 것 같지 않은 문제였다.

1886년에 미국의 찰스 홀Charles Hall과 폴 에루Paul Heroult는 각각 동시에 알루미늄을 추출하는 기발한 방법에 도달했다. 그 방법은 산화알루미늄(알루미나)을 그린란드 서부에서만 대량으로 발견되는 빙정석(알루미늄, 나트륨, 플루오린으로 이뤄진 광물)과 섞어서 전기 분해를 하는 것이었다. 찰스 홀과 폴 에루는 알루미나를 녹는점을 낮춰주는 용제에 녹였고, 그렇게 함으로써 알루미나를 전기 분해 장치 안에서 950도라는 적정한 온도로 녹일 수 있었다. 1856년, 알루미늄은 1파운드에 90달러였지만 1886년에는 홀-에루 제련법 덕분에 가격이 1파운드에 30센트로 급락한다. 가격이 급락하자 알루미늄 포일, 알루미늄 맥주 캔, 알루미늄 항공기가 등장했다.

서력기원 이전에는 재료의 가격이 하락하기까지 수백 년이 걸렸다(철의 가격이 바로 그런 사례다). 하지만 알루미늄은 발견 후 60년 만에 경제성을 갖춘 물질로 생산되었다. 앞으로 폴리머를 살펴보면서 다루겠지만, 오늘날 재료의 발견과 대량 생산 사이의 시간차는 수십 년 혹은 수백 년이 아니라 수년인 경우가 많다. 새로운 재료나 장치를 개발하고 판매하기까지 걸리는 시간이 획기적으로 줄어든 것은 현대사회의 특징이다. 전 세계 알루미늄 생산량은 1873년에 2.5톤이던 것이 1900년에는 7,300톤으로 껑충 뛰었다. 오늘날 알루미늄은 세상에서 두 번째로 많이 쓰이는 금속이며, 연간 1,500만 톤 가까이 생산된다.

하지만 우리는 한 발 뒤로 물러나서 상황을 살펴볼 필요가 있다. 전기 분해법으로 알루미늄을 대량으로 생산하려면 전기를 값싸게 수급할 수 있어야 한다. 전기 분해법을 최초로 사용한 장치는 배터리였지만, 배터리는 전극에 다른 금속이 대량으로 들어가야 하기에 알루미늄을 상업성이 있는 수준으로 생산하는 수단으로서는 경제성이 없었다. 여기서 같은 질문이 반복된다. 전기는 어떻게 하면 값싸게 얻을 수 있을까?

18세기에 벤저민 프랭클린Benjamin Franklin과 같은 흥미로운 아마추어 과학자들은 전기와 관련된 실험을 했다. 하지만 과학자들이 전기라는 새로운 현상을 이해하는 돌파구를 마련한 것은 19세기에 이르러서였다. 마이클 패러데이Michael Faraday는 1831년 영국 왕립 연구소에서 실시한 획기적인 실험을 통해 금속선을 자기장 사이에서 움직이면 전류가 유도된다는 사실을 입증했다. 패러데이는 전기 발전기의 원리를 발견했으며, 이 원리에 따르면 단순히 자기장에서 금속을 움직이는 방법으로 증기 기관이나 수차에서 나오는 기계적 에너지를 전기적 에너지로 바꿀 수 있다. 이 단순한 아이디어 덕분에 드디어 값비싼 배터리를 사용하지 않고서도 홀-에루 전기 분해 장치를 가동하기에 충분한 전력을 생산할 수 있었다. 또 패러데이는 자기장 안에 있는 금속선에 전류를 흘리면 금속선이 움직이는, 전기 모터의 원리를 알아냈다.

지금껏 언급한 중요한 실험들은 기술 혁명에 불을 지폈다. 전기는 특정 장소에서 생산되어 전선을 따라 전송된 뒤 전기 모터를 돌리거나 다른 일을 하는 용도로 쓰이게 되었다. 낙수를 이용해 생산한 에너지는 폭포로부터 에너지가 필요한 곳으로 보낼 수 있게 되었다. 1867년 패러데이가 사망한 뒤에 전기로 알루미늄 광석에서 알루미늄을 추출하고, 모터를 가동하고, 또 백열전구의 진공 유리관 안에 있는 얇은 금속선으로 전기를 흘려보내 불을 밝히는 등의 중요한 전기 활용 기술이 등장한다.

아마도 패러데이 시대에 전기를 가장 요긴하게 활용한 사례는 즉각적인 원거리 통신을 처음으로 가능케 해준 전보였을 것이다. 배터리는 전보용 전신기의 동력원이었다. 젊은 전보 기사였던 토머스 에디슨Thomas Edison은 전구용 필라멘트 재료를 찾던 중, 버려진 배터리 안에 들어 있는 백금 부품을 떼어내서 사용했다. 1879년 에디슨은 마침내 탄화 필라멘트를 사용해보자는 생각을 해냈고, 이후에는 축음기, 발전기, 전화용 탄소 송화기, 영사기를 발명 혹은 개량했다.

다시 알루미늄 이야기로 돌아와보자. 알루미늄은 구리와 마찬가지로 면심입방원자구조를 이루고 있다. 순수한 알루미늄은 강도가 무척 약하며(이 역시 구리와 마찬가지다), 이 말은 항복 응력이 아주 낮다는 뜻이다. 오늘날 알루미늄의 주 용도 중 하나는 항공기 제작용 재료다. 밀도가 낮은 알루미늄으로 항공기를 제작하려면 알루미늄의 강도를 어떤 식으로 증진해야 할까? 구리에 사용하던 고용 경화와 가공 경화는 알루미늄에도 사용할 수 있다. 앞서 살펴봤듯이 금속의 강도를 높인다는 말은 전위의 이동 경로에 장애물을 세운다는 뜻이다. 장애물을 세우는 방법은 우리가 이미 다룬 것 말고도 또 다른 종류가 있다. 그것은 바로 단단한 미세 입자를 활용하는 방법이다. 전위는 이동을 하려면 미세 입자를 뚫거나 우회해서 지나가야 한다. 문제는 알루미늄에 이러한 미세 입자를 어떻게 하면 넣을 수 있느냐다.

설탕을 물에 녹일 때처럼 한 가지 물질을 다른 재료에 녹인다면, 온도가 낮을 때보다는 높을 때 더 많은 물질을 용액에 녹일 수 있다. 용액은 특정 온도에서 자신이 녹일 수 있는 최대치를 녹이면 포화 상태가 된다. 100도에서 포화 상태가 된 설탕 용액은 상온으로 식으면, 용액에 녹아 있을 수 있는 양보다 더 많은 양의 설탕이 녹아 있는 상태가 되기 때문에 '과포화' 상태가 된다. 포화 한도를 넘은 설탕은 결정 상태로 침전된다. 실제로 갈색 원당[정제되지 않은 당]은 이와 같이 높은 온도에서 용해한 다음에 낮은 온도에서 결정화시키는 방식으로 생산된다.

금속 합금을 만들 때도 이와 똑같은 과정이 일어난다. 알루미늄은 구리를 고용체[완전하게 균일한 상을 이루는 고체 혼합물] 속으로 녹일 수 있는데, 그러면 고용체 속에 들어온 구리 원자가 면심 입방 구조 속에 들어 있는 알루미늄을 무작위로 대체한다. 예를 들어 구리 4그램은 500도에서 알루미늄 96그램에 녹아들 수 있고, 그렇게 되면 알루미늄 합금이 생성된다. 알루미늄 합금은 150도 정도의 낮은 온도로 식으면 고용체가 과포화되고, 그러면 포화 한도를 넘은 구리가 조그만 입자 형태로 침전된다.

합금의 미세 구조를 더욱 원활하게 제어하기 위해서 과포화된 고용체는 대개 상온으로 재빠르게 냉각시킨 다음에 적절한 '시효[금속이나 합금의 성질이 시간의 경과에 따라 변화하는 현상] 온도'로 재가열해 주는데, 그러면 얇은 판상형 구리 입자가 고용체 안에서 조밀하고 일정하게 배열된다. 이것은 철 속에 마르텐사이트를 형성하는 과정과 유사하지만 최종 결과물은 상당히 다르다. 철을 만들 때는 냉각 과정 동안 마르텐사이트가 형성되지만, 구리 4중량퍼센트가 함유된 알루미늄 합금을 만들 때는 냉각 과정을 거치면 과포화된 고용체가 형성된다. 합금이 시효되기 전까지는 미세 구조상에서 아무런 변화가 일어나지 않는다.

이 조그만 구리 입자는 전위의 이동을 막아주는 훌륭한 장애물이며, 전위는 이동을 하려면 구리 입자를 뚫거나 우회해서 지나가야 한다. 순수한 알루미늄의 항복 응력은 1제곱센티미터 당 70킬로그램이지만 구리 입자가 들어 있는 알루미늄-구리 합금의 항복 응력은 그보다 50~100배 높다. 이와 같은 강도 증진법은 '석출 경화' 혹은 '시효 경화age hardening'라고 부른다. 이 방법은 철 속에 마르텐사이트를 형성하는 것과 더불어 고강도 금속 제작에서 가장 중요한 과정이다.

항공기 설계자들은 현대식 제트기의 동체 재료로 알루미늄 합금을 사용한다. 제트기는 자체 하중이 가벼울수록 승객과 화물을 더 많이 실을 수 있기 때문에 제트기 동체에 사용하는 금속은 강도를 밀도로 나눈 값인 비강도比強度를 중요하게 따져봐야 한다. 알루미늄은 강도가 철의 절반쯤밖에 되지 않지만, 밀도가 철의 3분의 1이어서 비강도는 최소 50퍼센트가 더 높다. 오늘날 순수한 알루미늄은 시장에서 1파운드당 1달러 이하로 판매되지만, 구리 등으로 강도를 증진한 항공기용 합금은 1파운드당 수 달러에 판매된다. 비강도와 비용을 중요하게 따져야 하는 상황이라면 알루미늄은 그냥 지나치기 어려운 선택지다.

알루미늄이 항공기 제작에 널리 쓰이게 되면서, 항공기 설계자들은 이 고강도 합금을 활용해 항공기 동체를 더욱 가볍게 만들었다. 불행하게도 알루미늄 합금이 항복 응력 아래에서도 처참하게 파괴되는 새로운 현상이 나타났다. 이것은 이착륙 시에 항공기 동체에 가압과 감압이 일어나는 특수한 하중 조건 때문에 일어나는 현상이었다. '금속 피로'라고 불리는 이 현상은 승객은 물론이고 항공기 설계자들에게 크나큰 고민거리였다.

금속이 항복 응력보다 낮은 하중을 받고서 파괴되는 이유는 무엇일까? 그 이유는 교량, 선박, 항공기를 포함해서 크고 작은 금속 구조물은 유리와 마찬가지로 그 안에 항상 균열이라는 결함을 안고 있기 때문이다. 아무리 세심하게 주의를 기울인다고 해도 제작 및 처리 과정에서는 외부에, 그리고 주조 과정에서는 내부에 흠집이나 균열이 발생한다. 초인적인 노력을 기울여 균열이 생기지 않았다고 해도, 평상시 외부 환경에 노출되는 부품에는 자국이 남게 마련이다. 작용 하중이 항복 응력보다 낮다면 길이가 1000분의 1밀리미터짜리인 균열은 즉각적인 파괴로 이어지지는 않는다. 그 정도 균열은 너무 작아서 부품 내부의 응력을 변화시키지 못하기 때문이다. 균열은 대략 1밀리미터로 커졌을 때만 급작스러운 파괴를 유발한다. 가압과 감압이 반복되면, 1000분의 1밀리미터짜리 균열(머리카락 굵기의 50분의 1)이 1밀리미터짜리로 커질 수 있다. 금속 부품에 있는 균열은 가압과 감압 사이클이 한 번 발생할 때마다 2000분의 1밀리미터씩 커지는 경향이 있다. 어림해서 계산해보면, 가압과 감압 사이클이 5,000번 발생했을 때 1밀리미터짜리 위험한 균열이 된다는 이야기다. 그 지점에 이르면 균열은 부품 전체로 급속하게 뻗어나가기 일보 직전의 상태, 즉 시한폭탄이 터지기만을 기다리는 상태가 된다.[40]

1954년, 최초의 상업용 제트 여객기인 드 하빌랜드사의 코멧은 금속 피로에 의한 참사를 두 차례 기록했다. 제2차 세계대전 후 영국 항공기 설계자가 개발한 코멧은 프로펠러 여객기에 비해 약 세 배 빠른 최신식 항공기로, 9킬로미터 상공에서 승객을 편안하게 실어 나를 수 있었다. 1954년 1월과 4월에 코멧 여객기 두 대가 로마 참피노 공항에서 이륙한 뒤에 추락하고 말았다. 첫 번째 사고 지역은 엘바섬에서 가까운 곳이어서 심해 잠수를 통해 파편을 회수하는 작업이 가능했고, 그 덕분에 영국 엔지니어들은 산산조각난 동체를 재건할 수 있었다. 엔지니어들은 사각 창 모서리부 인근의 리벳 구멍 주위에서 피로 균열의 흔적을 발견했다. 예리한 모서리 부위는 응력이 집중된다. 그래서 요즘은 여객기 창문을 타원형으로 만든다.

추락사고가 일어났을 당시 여객기 산업은 초기 단계였고, 선두 주자인 영국 항공계가 경쟁 상대인 미국 항공계보다 3년 앞서 나가고 있었다. 추락사고가 일어나자 아쉽게도 코멧을 향한 대중의 신뢰가 싹 사라졌고, 그러면서 보잉사와 같은 미국 항공사가 영국을 따라잡고 뛰어넘을 기회를 거머쥐었다. 오늘날 보잉사는 특히 보잉 747기로 대양을 횡단하는 장거리 노선을 취항하면서 전 세계 항공 산업을 주름잡고 있지만, 수십 년 전에 유럽 연합에서 제작한 에어버스 여객기가 대항마로 등장했다. 1989년 미국의 항공 우주 산업은 290억 달러의 순수출을 기록했으며, 이는 다른 산업 분야보다 두 배 이상 높은 수치였다. 영국의 입장에서 코멧의 추락사고는 비극적인 사건인 동시에 경제적인 재난이었다.

지구에서 가장 희귀한 금속, 백금

알루미늄은 지구 지각에서 가장 흔히 볼 수 있는 금속이다. 지금부터는 가장 희귀한 금속 중 하나인 백금으로 넘어가보도록 하자. 백금은 사용할 수 있는 양이 많지는 않지만 현대사회에서 아주 중요한 역할을 담당한다. 백금은 우리가 많이 살펴보지 않은 다소 늦은 시기에 발견되었다. 금과 은은 고대로부터 채취되어 왔지만, 백금은 고고학자들이 이집트에서 소량을 발굴한 것을 제외하면 남아메리카의 고립된 하천 계곡(현재 콜롬비아의 초코Choco 지역)에서 가장 먼저 발견되었다. 초코 지역의 장인들은 백금으로 반지, 팔찌, 귀걸이를 만들었다. 1100년 전, 인근 에콰도르의 원주민들은 금 위에 백금을 입힌 아름다운 가면을 만들었고, 현재 이 가면은 베를린 민족학 박물관에 소장되어 있다. 유럽인이 백금에 관심을 갖게 된 것은, 17세기 말 금을 찾아나선 스페인 정복자들이 초코 지역에 머물렀을 때였다. 강가에서 사금을 채취하던 스페인인은 실망스럽게도 사금에 짙은 회백색 금속이 섞여 있는 것을 발견했다. 그 물질은 스페인인에게는 쓸모가 없었다. 너무 물러서 대장장이들이 망치로 두드려 모양을 잡을 수 없었기 때문이었다(원주민 장인들은 수백 년 동안 그런 작업을 해내왔다). 실망감에 사로잡힌 광산업자들은 이 결정 물질을 '작은 은'이라는 뜻의 '플라티나'라고 불렀고, 백금에서 금을 분리하기가 어려운 탓에 광산 몇 곳을 포기했다. 전설에 따르면, 시간이 지나 백금이 금으로 숙성되기를 바라는 마음에서 백금을 강으로 다시 던져 넣은 사람들이 있었다고 한다.

백금은 금과 마찬가지로 부식되거나 칙칙하게 변색되지 않는 은백색 '귀금속'이다. 백금은 밀도가 높아서(21.45그램/세제곱센티미터로 금보다도 높다) 균형추나 시계추 재료로 써도 될 정도다. 금과 마찬가지로 백금은 질산과 염산의 혼합물인 왕수王水에 녹는다. 화학자들은 백금이 녹으면 붉은색에서부터 오렌지색이나 노란색에 이르는 잔여물이 남는다는 사실을 알아냈다. 프랑스 과학 아카데미의 실험에 고무된 라부아지에는 지름 120센티미터, 초점거리 300센티미터인 확대경으로 백금을 녹여봤다.[41] 확대경은 녹는점이 1,535도인 철은 녹여냈지만 녹는점이 1,772도인 백금은 녹이지 못했다. 라부아지에는 자신이 얼마 전에 분리해낸 기체를 속이 빈 숯 더미에 분사해 마침내 백금을 액체화하는 데 성공했다. 그 뒤 또 다른 프랑스 과학자 기통 드 모르보Guyton de Morveau는 산소를 쓰지 않고 백금을 제련해냈다. 모르보는 먼저 녹는점을 낮추기 위해 백금에 비소와 탄산칼륨을 섞어 합금을 만들었다(합금은 순수한 금속에 비해 녹는점이 낮다는 특성이 있다). 그러고는 합금에 들어 있는 비소를 산화(시켜 제거)하기 위해서 합금을 가열해 반짝거리는 백금 방울을 추출해냈다. 그리고 마지막으로 백금에 소금과 숯을 첨가함으로써 모든 불순물을 제거하면, 연성이 있어서 망치로 쉽게 모양을 낼 수 있는 금속이 남았다.

  18세기가 저물어 가는 무렵에 프랑스 화학자들이 거둔 성과는 보석 세공사들의 상상력에 불을 지폈다. 백금이라는 새롭고 이국적인 금속으로 작업을 한 세공사 중에서 가장 잘 알려진 인물은 루이 16세의 금세공사로 일했던 마르크 에티엔 자네티Marc Etienne Janety로, 그는 1786년에 백금으로 설탕 그릇인 슈거볼을 제작했다. 백금은 신세계에 있는 스페인 식민지에서만 발견되었기 때문에 스페인 왕 카를로스는 백금의 수출을 제한하려 했다. 독점을 유지하려던 카를로스의 시도에도 백금 수백 파운드가 영국으로 밀수되었고, 영국의 화학자 윌리엄 울러스턴William Wollaston과 스미스슨 테넌트Smithson Tennant는 백금을 치열하게 연구했다.

18세기 초반 몇 년 동안 울러스턴은 백금이 왕수에 녹았을 때 생기는 잔여물을 분석했고, 잔여물의 무지갯빛이 몇몇 새로운 금속인 팔라듐, 로듐, 이리듐, 오스뮴에서 비롯된다는 것을 밝혀냈다. 이리듐과 오스뮴은 밀도가 22.6그램/세제곱센티미터로 지구상에 존재하는 고체 중에서 가장 높다. 잔여물에 포함된 금속 중 하나는 미확인 상태로 남아 있었으나, 42년 후 에스토니아 화학자 칼 클라우스Karl Klaus가 루테늄을 분리해냈다. 팔라듐, 로듐, 이리듐, 오스뮴, 루테늄은 모두 백금족 금속이라고 불린다.

금이 쓰임새보다는 심미적 가치로 인정을 받는 반면, 백금은 심미적 가치보다는 산업용 재료로 훨씬 가치가 높다. 만일 지표면에서 금이 사라진다면 금융계와 보석업계는 낭패를 보겠지만, 우리의 일상생활은 별다른 지장을 받지 않을 것이다. 하지만 백금은 워낙 다양한 산업군에서 사용되기 때문에 사라진다면 커다란 혼란을 초래할 것이다.

백금은 석유와 같은 원재료로 새롭고 쓸모 있는 분자를 합성할 수 있도록 촉매 역할을 한다. 석유에 포함된 여러 분자는 백금 입자 표면으로 모여들고, 백금 촉매가 없을 때에 비해 훨씬 빠르게 반응을 일으킨다.[42] 제대로 된 촉매라면 표면부에서 반응이 일어나도 아무런 변화를 겪지 않는다. 미국 내 모든 차량에는 배출 가스 감축을 위해 촉매 변환기가 장착되는데 백금은 촉매 변환기에 들어가는 가장 중요한 재료이며, 내연기관의 불완전 연소로 생기는 일산화탄소와 아산화질소 같은 유해 가스의 산화를 촉진한다. 1980년대 초에는 전 세계에서 생산되는 백금의 4분의 1이 촉매 변환기에 들어갔다. 촉매의 효과는 원소 표면에 있는 조그만 불순물에도 쉽게 사라져버린다(혹은 '오염된다'). 납은 백금 촉매를 오염시키기 때문에 촉매 변환기가 달린 자동차에는 납 성분이 들어가지 않은 무연 휘발유를 사용해야 한다.

19세기까지 비료와 폭약은 칠레의 광물 매장지와 페루의 조류 배설물에서 추출한 질산염 화합물에 의존해서 생산되어 왔다. 20세기 초가 되자 이들 천연자원은 고갈되기 직전에 이르렀다. 독일의 화학자 빌헬름 오스트발트Wilhelm Ostwald와 에버하르트 브라우어Eberhard Brauer 는 자국 군대의 탄약 보급이 원활하게끔 질산염으로 전환이 가능한 질산을 합성하는 화학 처리법을 개발했다. 오늘날 폭약과 질소 비료는 거의 대부분 질산으로 만들어지는데, 이 질산은 백금-로듐 합금 촉매를 통해 제조된다. 암모니아와 공기를 섞은 혼합물을 백금-로듐 철망에 통과시켜 질소산화물 가스를 합성하면, 이 질소산화물 가스가 물에 녹으면서 질산이 형성된다. 암모니아는 원래 공기와 느리게 반응하지만 백금-로듐이 첨가되면 반응 속도가 백만 배 빨라진다. 또한 12장에서 살펴보겠지만, 백금은 최초의 합성 섬유인 레이온을 제작할 때도 중요한 역할을 한다.

금과 은은 예전부터 백금보다 가치가 훨씬 높았다. 실제로 18세기에는 위조범들이 백금 동전을 스페인 금화처럼 보이도록 도금했다. 19세기 들어 스털링 실버 식기가 유행했을 때는 더 저렴한 식기를 만들기 위해서 은 대신 백금이 쓰이기도 했다. 오늘날 백금은 금과 은 두 금속보다 값이 더 나가서, 은보다는 100배 더 비싸고 금보다는 약간 더 비싸다. 300년 전, 유럽인이 백금의 존재를 처음 접했던 이래로 백금은 금광업자를 성가시게 만드는 물질에서 현대사회에 없어서는 안 되는 물질로 탈바꿈했다. 앞으로 백금의 역할을 제한할 요소는 백금 자체의 희귀성과 과학자, 엔지니어의 상상력밖에 없다.

최고의
금속,
강철

현대사회를 만든 철과 강철

강철은 어떻게 대량 생산될 수 있었을까

건축계의 혁명이 되다

The

Substance

of

Civilization

귀부인에게는 금을, 하녀에게는 은을,

재주 많은 장인에게는 구리를.

"그래!" 현관에 앉아 있던 남작이 말했다.

"하지만 철이, 차가운 철이 그중에서도 최고지."

− 러디어드 키플링Rudyard Kipling

현대사회를 만든 철과 강철

다시 철과 강철에 대한 이야기로 되돌아가보려 한다. 철과 강철은 과거 유럽 및 근동의 기술사에서 중요한 역할을 담당하기도 하지만, 오늘날 현대사회를 지금과 같은 모습으로 만든 장본인이기도 하다. 강철은 현대에 등장한 다른 금속과 그 중요성을 비교한다면, 따로 한 장 전체를 할애해도 좋을 만한 금속이다.

기억하다시피 대장장이들은 기원전 수백 년 전에 강철의 존재를 알고 있었지만, 탄소를 철 속에 녹여 넣기가 어려운 문제 등의 이유로 강철로는 검과 단검과 같이 얇은 도구밖에 만들지 못했다. 19세기 후반에 이르기까지 산업혁명의 상징인 증기 기관, 기관차, 기관차 선로, 선박, 교량은 모두 강철에 비해 상대적으로 강도가 약한 연철이나 주철로 제작되었다. 19세기 중반 영국에서는 열차 통행량이 많은 선로에 변형이 생기는 탓에 선로를 3개월에서 6개월마다 교체해야 했다. 하지만 강철로 만든 선로는 그보다 15배에서 20배 긴 시간 동안 소성 변형을 일으키지 않고 버틸 수 있었다. 증기기관의 보일러실 벽체 또한 철이 아닌 강철로 만들면 더 얇고 더 가볍게 제작할 수 있었다. 선박과 기관차는 무게가 중요하기 때문에 값싼 고강도 강철에 대한 수요가 폭증했다.

제철업자들은 수세기에 걸쳐 제련과 제철 관련 실험을 진행하며 철의 가격을 낮추려고 노력했다. 현대식 용광로의 원형은 스페인 카탈로니아에서 유래했으며, 그때는 손으로 바람을 불어넣는 풀무를 사용했다. 제련용 가마의 키가 커지면서부터는 수력을 이용해서 공기를 불어넣는 강도를 높였다. 공기 분사 강도는 증기 기관이 등장하면서 더욱 높아졌다. 제임스 와트의 주철 실린더에 처음으로 구멍을 팠던 존 윌킨스도 재빨리 크기가 더욱 커진 용광로에 자신의 증기 기관을 설치했다. 이뿐 아니라 증기는 단조용 해머의 동력원이나 무거운 하중을 들어올리는 용도로도 사용되었다. 주물사들은 용광로의 온도를 더 높일 수 있다는 것을 알아냈고, 열풍을 사용하면서부터 제련 작업은 효율이 더 좋아졌다. 열풍을 사용하자 연료 효율이 세 배로 높아졌다. 1850년에 이르러 철 생산량이 빠르게 증가하면서 세계 제철 시장을 선도하던 영국 내 제철소들은 연간 250만 톤의 철을 생산해냈다.

철이 생산되기까지는 아주 다양한 사건이 일어났지만, 그에 비해 강철이 제작되기까지는 혁신이라고 부를 만한 사건이 그리 많이 일어나지 않았다. 19세기 중반, 연간 강철 생산량은 6만 톤에서 정체되어 있었다. 18세기 말에 이를 때까지도 대장장이들은 철에 탄소를 넣어야 강철이 된다는 사실을 알지 못했다. 1722년, 르네 앙투안 드 레오뮈르René Antoine de Réaumur는 '황과 염'을 바탕으로 강철을 제작하는 방법을 언급했다. 만일 '황과 염'을 '탄소'로 대체했다면 레오뮈르의 주장은 옳았을 것이다. 1786년, 프랑스 과학자 방데르몽드Vandermonde, 베르톨레Berthollet, 몽주Monge는 처음으로 탄소가 강철의 필수 요소라고 주장했다. 뒤이어 19세기 초에 이뤄진 실험은 철과 다이아몬드를 함께 가열하는 방식을 사용해서, 강철 제작에 탄소가 필요하다는 사실을 입증했다. 이 일련의 과정 속에서 사용된 탄소는 함량이 일정치 않았고, 그 때문에 강철의 품질 역시 들쭉날쭉했다. 그때만 해도 강철은 여전히 '침탄법(얇은 철 조각을 숯 위에 최대 열흘 간 올려놓고 가열하는 방법)'으로 제작되고 있었다. 18세기 들어 영국의 시계공 벤저민 헌츠먼Benjamin Huntsman이 도가니 제강법을 개발했다. 그는 먼저 고탄소 선철을 가열해 탄소를 제거했다(선철의 영어 명칭인 '피그 아이언pig iron'은 선철을 제작하는 주조 틀의 모양이 암퇘지 곁에 모인 젖먹이 새끼 돼지 같다고 해서 그렇게 붙여졌다). 그다음에는 강철 제작에 필요한 탄소를 다시 충분히 첨가하기 위해서 대략 23킬로그램의 연철을 특별 제작한 점토 도가니에 담아 재가열했다. 도가니 제강법은 철을 강철로 만들기까지 10일이 걸렸기 때문에 대량 생산에는 부적합했다.

강철을 값싸게 대량 생산하는 방법은 미국과 영국에서 동시에 등장했다. 1840년대에 영국 군대와 프러시아 군대는 실험용 무기가 첫 번째 포격에 폭발하는 일 때문에 골치가 아팠다. 폭발의 원인은 도가니 제강법으로 소량씩 만든 강철의 구성 성분과 구조가 다양했기 때문이었다. 영국 출신의 뛰어난 발명가 헨리 베세머는 기존의 원형 포탄과 다르게 생긴 포탄을 발사하는 방안을 고민하던 차에, 그런 포탄은 강철로만 만들 수 있다는 사실을 재빨리 알아차렸다. 베세머는 탄소와 산소가 강하게 반응하는 성질을 이용해, 용융 철에 열풍을 불어넣어 선철에서 탄소를 제거하는 방법을 고안해냈다. 그 뒤로 강철은 수일이 아니라 수시간만에 대량으로 생산되었다.

베세머 제강법이 알려지면서 영국 내 제철업자들이 베세머에게로 몰려들었고, 1856년 베세머는 특허권 사용료로 한 달 만에 큰돈을 벌어들였다. 하지만 성공은 그렇게 쉽게 얻을 수 있는 것이 아니었다. 베세머의 접근법은 이론적으로는 옳았지만 실제 현장에서 생산되는 강철은 잘 부러지고 말았다. 알고 보니 영국산 철광석에는 인이 들어 있었고, 베세머 제강법으로는 인을 제거할 수가 없었다. 베세머가 실험에 사용한 철광석은 모두 인이 들어 있지 않은 스웨덴산 철광석이었다. 베세머 제강법의 또 다른 문제는 제강 작업 중 철에서 탄소가 모조리 제거되고 산소 방울이 들어갈 때가 많다는 점이었다. 훗날 베세머가 회상했듯, "이로 인한 실패는 청천벽력과 같았고, 그로 인한 후유증은 실로 엄청났다. 대성공으로 보이던 성과가 대실패로 바뀌자 몸에서 기력이 송두리째 빠져나갔다."[43]

성공한 발명가나 과학자들의 특징 중 하나는 실패 앞에서 굴하지 않는다는 것이다. 베세머는 밤낮없이 연구를 거듭했지만 별다른 성과를 거두지 못했다. 해법은 베세머의 필사적인 노력과는 관계가 없는 곳에서 등장했다. 그 주인공은 또 다른 영국 제철업자 로버트 무쉐트Robert Mushet로, 그는 화학에서 실마리를 얻을 수 있다는 점을 알고 있었다. 무쉐트는 용융 철에 철, 탄소, 망간을 집어넣은 독일식 슈피겔철spiegeleisen을 첨가했다. 망간은 철 속에 든 산소와 반응해 산화망간을 형성하는데 산화망간은 슬래그가 되어 제거되는 반면, 탄소는 합금 물질을 강철로 향상시킨다. 베세머가 무쉐트의 혁신적인 기술을 적용한 뒤로(재미있게도 베세머는 그 사실을 결코 인정하지 않았다) 베세머 제강법은 먼저 영국에서 강철을 생산하는 방법으로 사용되었고, 그 뒤로는 유럽 대륙과 미국에서도 사용되었다.

강철은 어떻게 대량 생산될 수 있었을까

사실 강철이 대량 생산되는 과정은 내가 이 책에서 언급한 내용보다 더 복잡하다. 베세머보다 백여 년 앞선 시기에 켄터키에서 철을 생산하던 윌리엄 켈리William Kelly도 열풍으로 용융 선철에서 탄소를 제거할 수 있다는 사실을 알아냈다. 켈리는 숱한 좌절과 재정적 어려움을 겪은 끝에 자신의 기술로 강철을 제작할 수 있다는 것을 입증해냈다. 켈리는 베세머가 미국에서 특허를 취득했다는 것을 알고 있었기에 자신도 특허를 신청했다. 켈리의 특허는 우선권이 주어졌지만, 켈리는 자신의 기술을 잘 지켜내지 못했다. 켈리는 로열티로 수십 만 달러를 받기는 했지만, 미국 최초의 강철 선로에 '베세머 강철'의 상표가 찍히면서 강철의 대량 생산법을 창시한 업적은 켈리가 아니라 베세머의 공으로 돌아갔다. 무쉐트는 그보다 더 심한 푸대접을 받았다. 그는 기술 사용료로 수십 만 파운드는 받아야 마땅하다고 생각했지만 실제로 그가 받은 돈은 고작 몇백 파운드에 불과했다.

미국 내 강철 생산량은 기하급수적으로 늘어나서 1867년에 2만 2천 톤이던 것이 1880년에는 100만 톤으로 늘었다. 1900년에는 미네소타 메사비산맥에서 막대한 양의 철광석이 새로 발견되면서 전 세계 강철 생산량의 3분의 1인 900만 톤이 생산되었다. 생산량은 계속 증가해서 10년 뒤에는 3배로 늘었다. 독일에서도 강철 생산량이 폭발적으로 증가해 1850년에는 1만 2천 톤이 생산되던 것이 1900년에는 800만 톤이 생산되었다. 가히 강철 시대라고 부를 만한 시대가 열린 것이다. 19세기의 마지막 20년 동안, 영국 내 강철 생산량은 처음에는 미국에, 그다음에는 독일에 추월당했다. 백 년 이상 전 세계 제철 산업을 장악했던 영국의 시장 점유율은 1870년대에 약 70퍼센트였지만 제1차 세계대전이 발발한 시기에는 30퍼센트로 떨어졌다. 산업혁명의 발상지였던 영국은 불과 몇십 년 만에 기술 일류국의 자리에서 내려오고 말았다.

철과 강철의 입지는 차례대로 빠르게 높아졌다. 1770년대 들어 영국에서는 세번강을 가로지르는 최초의 철교가 건설되었다. 백 년 뒤에는 엔지니어들이 재료와 설계 능력에 자신감을 얻으면서 연철과 주철을 사용해 점점 더 긴 교량을 건설했다. 증기 기관과 그에 부속된 동력 전달 장치는 철로 주조되었다. 19세기 초 선박 제조사들은 선체를 철판으로 제작하기 시작했고, 1834년에 제작된 개리오웬 호와 같은 철선鐵船이 무사히 항해를 마치자, 철선을 바라보는 우려 섞인 시선이 사라졌다. 19세기 초에는 증기 기관을 목선에 설치했고, 1838년에는 목조 여객선 그레이트웨스턴 호가 최초로 대서양 횡단에 성공했다. 얼마 후에는 그레이트브리튼 호의 철제 선체에 증기 기관을 성공적으로 설치했고, 뒤이은 1858년에는 그 당시 기준으로 가장 크고 빠른 선박이던 그레이트이스턴 호(그 당시 배보다 선체 길이는 두 배, 무게는 세 배 이상이었다)에도 증기 기관을 설치했다. 이후 미국 남북전쟁 시기에는 버지니아 햄프턴로즈에서 남부군의 철갑선 모니터 호와 북부군의 철갑선 매리맥 호가 유명한 전투를 벌였고, 이로 인해 해군의 군사력에 변화가 생겼다. 이 전투 이후로 목선은 자취를 감췄다.

강철은 특히 항복 응력의 측면에서 연철과 주철보다 훨씬 우수하다. 베세머 제강법이 등장하고, 또 그로부터 얼마 뒤 영국인 지멘스와 프랑스인 마르탱이 평로平爐 제강법을 개발하면서 강철은 연철과 주철보다 값이 저렴해졌다. 인이 다량 포함되어 있어서 베세머를 당혹스럽게 만들었던 철광석은 안쪽에 내화벽돌을 쌓은 평로에서 불순물을 제거함으로써 제련에 성공할 수 있었다. 하지만 강철의 열처리 문제가 여전히 남아 있었다. 강철은 너무 느리게 식히면 강도가 약해지고 너무 급하게 식히면 쉽게 부러진다. 후속 공정으로 서냉 혹은 템퍼링을 실시해서 냉각 과정 중에 마르텐사이트를 형성하여 강철의 연성을 높여줄 필요가 있었다. 강도와 연성 사이에서 적절한 균형점을 찾으려면 열처리 조건을 세심하게 관리해야 했다.

남북전쟁 시기에 영국에서 제작한 밀항선 밴시 호는 최초의 강철 선박으로 철제 선박에 비해 선체 판의 두께와 무게가 절반으로 줄어들었다. 1875년, 영국 해군의 선박 건조 책임자 너새니얼 바너비 Nathaniel Barnaby는 강철 선박을 제작할 방법을 찾기 위해 산업 전문가들에게 자문을 구했다.

"제작이 쉽고 근심 걱정에서 자유로운 재료를 구할 수 있을까요?"

평로 제강법에서 만족할 만한 답을 얻은 해군은 1877년에 즉시 최초의 강철 전함인 HMS아이리스를 제작했다. 이를 계기로 강철 선박의 건조가 급격하게 증가하는 시대가 찾아왔다. 그로부터 25년이 지나 새로운 세기가 막 시작되는 무렵이 되면 철로 제작하는 선박의 숫자는 소수에 그치게 된다. 백 년도 채 되지 않아 전 세계 해군 기지에서는 빠른 속도로 목조 선박과 철제 선박이 차례차례 자취를 감췄다.

건축계의 혁명이 되다

1880년대 들어 철, 강철은 건축계에 혁명을 불러왔다. 예리코의 탑에서부터 시작해 수메르의 지구라트, 이집트의 피라미드, 로마의 판테온에 이르기까지 고대의 대형 건물은 모두 상부 구조물의 하중을 지탱하기 위해 하부에 두터운 내력벽을 세웠다. 벽식 구조는 상대적으로 창을 많이 낼 수가 없다. 창문이 건물의 구조적 성능을 약화시키기 때문이다. 1883년, 시카고의 한 주택 보험 회사는 건축가 윌리엄 제니William Jenney에게 창문을 여럿 낸 10층짜리 내화 건물을 지어달라고 부탁했다. 제니는 상부 구조물의 하중을 벽체에서 내부 철골로 전달해서 기초부로 내려보내기로 결정했다. 그러려면 벽체 재료는 상대적으로 얇고 가벼워야 했다. 벽체의 주요 임무는 거주자를 바깥 날씨로부터 보호하는 것이다. 우리 인체는 내골격이 몸무게를 지탱하고 피부가 보호막 역할을 하고 있어서 건축가가 참고하기에 아주 좋은 대상이었다. 만약 우리 몸에 내골격이 없어서, 피부, 근육, 내부 장기로 자중을 지탱해야 한다면 우리는 어떤 모습이었을까? 지금과는 완전히 다른 모습이었을 것이다. 서서 걷는 것도 상당히 힘들었을 것이다. 아마도 우리는 바닷가재처럼 외골격을 갖춘 모습으로 진화했을 것이다.

제니의 혁신적인 설계는 엘리샤 오티스Elisha Otis가 발명한 안전한 엘리베이터와 더불어 고층건물의 시대를 열었다. 오티스 이전의 엘리베이터는 엘리베이터 몸체를 기다란 로프로 매다는 형식이었는데, 로프는 언젠가 해지고 끊어지기 마련이었기 때문에 사고가 잦았다. 1854년 오티스는 추락하는 엘리베이터를 잡아주는 장치를 엘리베이터 수직 통로 벽에 설치해서 안전하게 운행하는 엘리베이터를 선보였다. 제니가 설계한 홈 인슈어런스 빌딩은 10층 높이로 지어졌다. 하층부에는 연철을 사용했고, 상층부에는 베세머 강철 보를 사용했다. 1889년, 파리 만국박람회의 상징물로 지어진 높이 300미터짜리 에펠탑도 연철로 지은 거대 구조물이었다. 프랑스 공학자 구스타브 에펠이 설계한 에펠탑은 오랫동안 세계에서 가장 높은 건물이었다(자유의 여신상 골조도 에펠이 지었다). 1890년, 시카고에 소재한 지도업체 랜드 맥낼리는 최초로 건축가에게 건물 전체를 강철로 지어달라고 의뢰했다. 뉴요커들은 토지가 부족한 시대에 적합한 고층 건물이라는 혁신 기술이 경제성마저 좋다는 사실을 인식하고는 맨해튼의 스카이라인을 고층건물이 늘어선 모습으로 바꿔놓았다.

강철은 교량 건설에도 혁명을 불러일으켰다. 1890년, 스코틀랜드 포스만에는 거대한 교량이 놓였다. 이미 철 케이블은 영국 에이번강에 놓인 200미터짜리 현수교를 지탱하는 자재로 사용되고 있었다. 철 케이블은 육상에서 설치한 뒤에 강 건너 맞은편 강둑에 매여졌다. 브루클린브리지를 건설한 미국 공학자 존 로블링John Roebling은 현장에서 강철 와이어를 설치하고 이스트강 너머로 와이어를 한 가닥씩 당기는 방식으로 교량 건설법을 발전시켰다. 19세기에서 20세기로 넘어갈 때쯤이면 대도시들, 그중에서도 특히 미국 내 대도시들은 강철로 인해 놀랍도록 새로운 모습을 띠게 된다.

강철이 현대사회에 미친 영향을 제대로 다루려면 이 주제에 대해서만 여러 권의 책을 써야 한다. 오늘날 철과 강철이 각종 건물에서 널리 쓰고 있다는 사실은 강철의 어마어마한 생산량을 보면 알 수 있다. 지난 몇십 년간 철과 강철의 생산량은 연간 5억 톤이 넘는다. 철 덩어리를 냉간 압연으로 모양을 잡을 수 있게 되면서 자동차 제조업을 비롯한 여러 다양한 산업이 새로 성장했으며, 자동차 차체의 경우에는 예나 지금이나 얇은 강판으로 제작된다. 더불어 19세기가 저물어갈 무렵에는 강철이 철과 탄소 이외의 금속으로도 제작되었다. 마이클 패러데이가 활동하던 시절, 주물공들은 다른 성분을 첨가하면 성능이 한결 개선된 강철 합금이 생성된다는 사실을 알고 있었다. 예컨대 니켈과 크로뮴을 첨가하면 강철의 내식성이 현저히 개선되었고, 이로 인해 '스테인리스' 스틸이라는 새로운 종류의 금속이 탄생했다. 또 텅스텐을 첨가하면 초고강도 강철이 생산되었고, 망간을 첨가하면 물로 냉각하는 과정 없이도 마르텐사이트를 형성할 수 있었다 (두꺼운 제품은 물로 냉각할 수가 없다).

20세기 말이 되자 미국은 강철 기술에서 다른 나라에 뒤처지게 되었다. 강철과 관련된 혁신적인 기술은 주로 유럽과 일본에서 등장했다. 오래도록 강철 산업의 대명사로 군림해오던 US스틸은 놀랍게도 1970년대에는 연구 조직을 해체하고, 1980년대에는 회사명을 USX로 바꾸더니 1990년대에는 강철 제작 사업부를 매각하는 방안을 고민했다. 철과 강철의 역사는 우수한 기술을 끈질기게 추구한 사람들에게 활용 가능한 방안이 생긴다는 점과 혁신국의 지위가 한 나라에서 다른 나라로 재빠르게 넘어간다는 점을 보여준다.

미국 내 철과 강철의 생산량은 1970년 2억 2천만 톤으로 정점을 찍었다가 1986년 1억 2천만 톤으로 줄어들었다. 미국은 19세기 말에 영국을 밀어내고 강철 산업 선도국이 되었다. 한 세기 뒤 그 자리는 일본을 비롯한 다른 국가로 넘어갔다. 미국은 21세기에 접어들어 20세기에 영국이 걸었던 길을 그대로 걷게 될 것인가? 어쩌면 그보다 더 중요한 질문은 이것일지도 모른다. 강철 생산량은 기술 선도국을 판가름하는 정확한 지표로 남아 있을 것인가? 아니면 더욱 새롭고 이색적인 재료가 그 역할을 맡게 될 것인가? 폴리머(자연계와 인체에 풍부하게 들어 있지만 20세기에 들어서야 재료의 한 갈래라고 밝혀졌다)를 살펴보면 그에 대한 해답을 얻을 수 있을지도 모르겠다.

결합하고
확장하는
물질들

The

Substance

of

Civilization

비활성 물질 중에서 호기심과 놀라움과 경외감을

이토록 크게 불러일으키는 물질이 있을까?

탄성 고무의 특성을 살펴보고 따져보는 사람치고

발명가의 지혜에 감탄하지 않는 사람은 없을 것이다.

— 찰스 굿이어Charles Goodyear[44]

완전한 합성물, 폴리머

"1912년에 침몰한 영국 여객선 타이타닉 호와 1956년에 침몰한 이탈리아 여객선 안드레아 도리아 호에서 유품을 건져 올려 서로 비교한다고 가정해봐. 두 여객선에서 찾아낸 유품 사이에서 가장 두드러지게 차이가 나는 점은 무엇일까?"

우리 가족은 아이다호를 가로질러 트윈폴스에 있는 처갓집에 가던 중에, 퀴즈쇼 흉내를 내면서 시간을 보내고 있었다. 그러던 차에 어려운 문제로 참가자를 쩔쩔매게 만들 기회가 내게도 돌아왔고, 나는 그 임무를 완수했다고 확신했다. 처음에는 두 아들이 어린 소년들답게 심해에서 인체의 일부나 어깨뼈에 끼인 상어 따위의 기괴한 것들을 건져 올렸다.

"틀렸어."

내가 연거푸 말했다.

그때 내 아들 에릭이 나를 빤히 쳐다봤다.

"난 아빠를 잘 알지. 이번에도 재료와 관련된 거네."

나는 능글맞게 웃지 않으려고 눈썹을 쓰윽 올리면서 고개를 끄덕였다. 그러자 애덤과 에릭이 동시에 대답했다.

"플라스틱!"

정답이었다. 인류는 20세기 이전에는 완전한 합성 재료를 제작하는 방법을 몰랐고, 1912년에는 완전한 합성 재료의 숫자가 아주 적었다. 하지만 1956년이 되면 플라스틱 라디오, 비옷, 의자 덮개, 전선 피복 같은 물건을 아주 흔하게 접할 수 있게 된다. 1967년에 개봉한 영화 〈졸업The Graduate〉에서는 로빈슨 씨가 벤저민에게 장래 직업으로 '플라스틱'과 관련된 일을 하라고 조언하는데 그것은 실제로 아주 현실적인 충고였다. 물론 벤저민에게 플라스틱은 벗어나고 싶은 모든 굴레를 상징하는 것이었지만 말이다.

화학은 새로운 재료를 발굴하는 역할자로서 18세기 말에 등장하여, 19세기에는 환원 및 합성 기술이 새로 출현하면서 더욱 중요한 분야로 자리매김했고, 20세기 들어서도 계속해서 더 많은 영역에 영향을 미쳤다. 화학을 통해 발견한 수많은 물질 중에서 가장 중요한 물질이 무엇이냐는 질문은 격렬한 논쟁을 불러일으키겠지만, 대답 목록의 상위권을 차지하는 물질 중에는 분명 폴리머가 있을 것이다.

'폴리머'라는 단어는 그리스어로 '많다'는 뜻의 '폴리poly'와 '부분'

이라는 뜻의 '메로스meros'에서 유래했다. 폴리머 분자는 기본 단위체가 기다란 사슬 모양을 이룬다. 폴리머의 특성은 사슬을 이루는 단위체의 숫자와 성격에 따라 달라진다. 일부 폴리머는 비결정성 구조로도 존재할 수 있고 결정성 구조로도 존재할 수 있기 때문에 흥미롭고 독특한 특성을 보인다. 예를 들어, 이런 폴리머는 온도에 약간의 변화만 줘도 급작스러운 변화를 보인다. 천연 폴리머인 고무는 약간의 온도 변화만으로도 아주 유연한 상태에서 아주 뻣뻣한 상태로 바뀐다. 바로 이런 특성 때문에 1986년에 우주 왕복선 챌린저 호가 폭발하는 사고가 발생했다. 고무는 유연한 상태에서는 수밀성과 기밀성을 발휘한다. 또한 고무는 훌륭한 전기절연체이기도 하다.

폴리머는 자연계에 풍부하게 존재한다. 우리 인체는 폴리머로 이뤄져 있다. 피부(놀랍도록 유연한 보호막으로 우리 몸과 외부 세계를 분리해준다), 뇌, 근육, 신경, 손톱은 모두 기다란 분자 사슬로 이뤄져 있다. DNA라는 유명한 이중 나선 구조 분자는 두 가닥의 사슬이 서로 꼬여 있는 형태를 이루고 있다. 천연 폴리머를 함유하는 나무는 수천 년 동안 집을 짓고, 배를 건조하고, 수레와 각종 도구 및 무기를 만들 때 가장 흔히 사용하는 재료였다. 비단은 누에고치에서 실을 뽑아내는 폴리머 섬유로서, 중국인이 가장 먼저 옷감용 재료로 엮었다. 전설에 따르면 비단 옷감은 기원전 2700년에 등장했으며, 실크로드가 형성되는 결과로 이어졌다.

19세기에 인류는 폴리머를 합성하는 방법을 터득했고, 그 지식은 우리 삶을 바꿔놓았다. 레이온, 나일론, 테플론, 케블라[고강력 섬유로 보강재나 방탄재 등으로 사용된다는 화학자의 플라스크에서 탄생한 수많은 합성 폴리머의 일부 사례일 뿐이지만 우리가 입는 옷에서부터 우리가 시청하는 영화에 이르기까지 일상 속에서 사용하는 거의 모든 용품에 영향을 미쳤다. 폴리머라는 매력적인 물질을 이해하려면 먼저 인류가 자연에서 폴리머의 존재를 어떻게 알아보고 사용했는지, 그리고 거기서 더 나아가 자연계의 폴리머를 어떻게 모방하고 개선했는지를 살펴봐야 한다.

이 이야기는 고무에서부터 시작하는 것이 좋겠다. 1492년 아메리카 대륙으로 항해를 떠났던 크리스토퍼 콜럼버스는 뒤이어 카리브해의 섬들을 탐사하기 위해 나섰다(바이킹과 중국인 등이 아메리카 대륙을 먼저 발견했다는 설이 있다). 콜럼버스는 자신의 일기에 아이티의 원주민들이 통통 튀는 공을 갖고 놀았다는 내용을 적어놓았는데, 이는 고무가 최초로 언급되는 기록 중 하나였다. 200여 년 후 프랑스의 남아메리카 원정대에 따라나선 과학자 샤를 드 라 콩다민Charles de la Condamine은 고무나무 껍질에 흠을 내서 채취한 우윳빛 액체 라텍스에서 고무와 비슷한 새로운 물질을 추출해냈다는 소식을 파리 과학 아카데미에 알렸다. 라텍스 내 미세 입자는 열이나 공기에 오래 노출되면 응고가 되어 천연고무를 형성하는데, 에콰도르와 페루의 원주민들은 이 물질을 '나무의 눈물'이라는 뜻의 '카후추'라고 불렀고, 프랑스인들은 이를 '카우츄크'라고 발음했다.

원주민들은 라텍스를 발에 펴 바르고 말려서 방수 부츠를 제작하거나 토기에 발라서 물병을 만들었다. 라텍스는 엉겨 붙는 성질이 강해서 원거리 수송이 불가능했고, 그래서 원주민들은 고무를 커다란 공 모양으로 만들어서 거래했다. 유럽의 과학자들은 즉시 이 흥미로운 물질에 관심을 가졌고 고무의 새로운 용도를 찾아내려 했다. 오랜 시간 동안 유럽인들은 고무를 남아메리카 원주민들과 거의 비슷한 방식으로 사용했으나, 산소를 발견한 조지프 프리스틀리가 고무로 연필 자국을 지울 수 있다는 사실을 발견했다. 그래서 영어에서는 고무를 뜻하는 단어 '러버rubber'가 '지우개'라는 뜻으로 쓰이게 되었다. 마이클 패러데이도 고무에 관심을 가졌고, 실험을 통해 고무에 탄소와 수소가 들어 있다는 것을 증명했다.

1820년, 스코틀랜드의 화학자 찰스 매킨토시Charles Macintosh는 나프타를 사용해서 만든 고무 용액으로 옷감을 방수 코팅했고, 이를 계기로 영국에서는 우비를 매킨토시라고 부르기도 한다. 하지만 고무 의류와 부츠에는 심각한 결함이 있었다. 햇볕이 뜨겁게 내리쬐는 날이면 고무가 끈적끈적해지면서 모양이 변하거나 축 처졌다. 해결책을 모색하던 매킨토시는 끈적거리는 고무로부터 사용자를 보호하기 위해서 고무를 두 옷감 층 사이에 끼워 넣었다. 이뿐 아니라 고무는 날씨가 추운 날에는 탄성을 거의 잃어버리고는 딱딱해지거나 부러졌고, 또 나프타와 같은 용제에 녹아내렸다. 이러한 문제를 어떻게 해결했는지를 이해하려면 폴리머의 원자 구조에 대한 배경 지식이 약간 필요하다.

단순한 폴리머 분자는 선형 사슬 모양을 따라 반복적으로 나타나는 다수의 동일한 단위체로 이뤄져 있다. 예를 들어 폴리에틸렌 분자는 $(C_2H_4)n$으로 간략하게 표현되는데, 여기서 n은 사슬 속에 들어 있는 단위체의 개수(혹은 '중합도')를 나타내며 이 숫자는 1,000이나 10,000 혹은 그 이상이 될 수도 있다. '중합도가 높은 폴리머'는 단위체를 많이 거느린다.

탄소 원자는 결합부가 네 곳이고, 결합부인 네 꼭짓점을 모두 연결하면 사면체가 형성된다. 이런 형태의 원자 결합은 방향성이 강하며 '공유결합'이라고 불린다. 탄소 원자 하나가 다른 탄소 원자와 결합되면 이 결합은 전자 두 개를 공유하는 방식으로 이뤄진다. 다음 장에서 다룰 예정인 다이아몬드는 탄소 원자의 결합부 네 곳이 모두 다른 탄소원자와 연결되고, 이것이 규칙적인 삼차원 구조를 이루면서 형성된다. 금속은 원자 간의 결합에 방향성이 없다. 금속은 원자의 양이온이 전자의 바다에 둘러싸여 있어서 '금속' 결합을 이룬다. 극성이 서로 다른 이온을 가진 원자들이 방향성이 없는 또 다른 종류의 결합을 이루기도 한다. 이 원자들은 양전하와 음전하 사이의 정전기적 인력에 의해 서로 이끌려 '이온' 결합을 이룬다. 이와 같은 이온 결합의 사례로는 양전하를 띠는 나트륨과 음전하를 띠는 염소가 만나서 염화나트륨(식탁에 오르는 소금)을 이루는 결합이 있다.

탄소 원자들은 결합부 네 곳 중 두 곳이 결합하는 상태로 일렬로 연결되어 폴리머의 기본 골격을 이룬다. 나머지 두 결합부는 수소나 염소 혹은 그보다 더 큰 원자단('곁사슬')과 결합할 수 있다. 폴리머의 기본 골격 주위에 배치된 원자들은 그들을 하나로 묶어주는 탄소-탄소 결합 주위를 자유로이 회전할 수 있어서, 이 덕분에 폴리머 분자는 탄성이 아주 높다. 특히나 주요 골격을 이루는 탄소 원자에 수소처럼 작은 원자가 결합되어 있는 폴리머는 탄성이 더욱 높다. 폴리머 안에 커다란 원자단이 포함되어 있다면, 폴리머 사슬이 구부러지려할 때 커다란 원자단들이 서로 부딪혀서 뒤틀림이 발생하는데, 이를 '입체 장해steric hindrance'라고 부른다(여기서 '입체'라는 단어는 '공간 배열' 정도의 의미를 갖는다). 앞으로 살펴볼 예정이지만, 현대 화학자들은 폴리머 사슬에 적절한 곁사슬을 덧붙여서 폴리머 사슬의 구조와 기계적 성질을 바꿔보려 하고 있다.

천연고무의 분자 구조는 폴리에틸렌의 분자 구조보다 복잡하다. 천연고무는 폴리머 사슬 내의 인접한 탄소 원자들이 이중결합을 하고 있어서 탄소-탄소 결합 주위로 회전이 일어나는 데 제약이 따른다. 게다가 고무의 메틸기는 크기가 커서 사슬 구조 내 인접해 있는 수소 원자들과 부딪히기도 한다. 이러한 입체 장해 때문에 고무의 폴리머 사슬은 꼬여 있는 상태가 된다. 천연고무를 상온에서 늘리면, 즉 다시 말해서 고무에 하중을 가하면 개별 분자들의 꼬임이 풀린다. 이런 특성으로 인해 고무는 하중을 조금만 가해도 상태 변화가 크게 일어나며, 때로는 길이가 두 배 이상 늘어나기도 한다.

개별 분자들이 풀려나면서 얼마간 서로 평행한 상태가 되면, 분자들이 스파게티 면발처럼 서로 스르륵 미끄러지기 시작한다. 하중을 제거하면 분자들이 다시 꼬여 있는 형태로 되돌아가서 고무는 길이가 짧아진다. 하지만 분자들은 하중이 가해지기 전의 자기 위치를 기억하지 못하기 때문에, 원래 모양 그대로 되돌아가지는 못한다. 이로 인해 고무는 영구적으로 변형이 일어난 상태(혹은 '굳은 상태')가 된다. 따라서 천연고무의 탄성 거동은 분자가 풀렸다가 다시 꼬이기 때문에 발생하고, 천연고무의 소성 거동은 분자가 서로 미끄러지기 때문에 발생한다.

천연고무가 고온에서 끈적거리고 축 늘어지는 이유는 고무 분자가 이동했다가 자신의 원래 위치를 잊기 때문이다. 온도는 분자의 움직임에 커다란 영향을 미치기 때문에 고무의 기계적 특성은 가열과 냉각에 의해 급작스럽게 변한다. 천연고무는 상온보다 살짝 높은 온도에서도 자중에 의해 소성 변형이 일어나는데, 바로 이 때문에 초기 타이어는 뜨거운 태양 아래에서는 녹아내리고, 물이 얼어붙는 온도에서 충격을 심하게 가하면 유리처럼 깨졌다.

고무의 산업화

고무의 탄성 거동과 소성 거동은 우리가 앞서 2장에서 살펴봤던 금속의 거동과 얼핏 보면 비슷해 보이지만 사실은 원리로 보나 변형의 크기로 보나 엄연히 다른 현상이다. 구리와 같은 금속은 탄성 변형률이 1퍼센트보다 훨씬 작아서, 무거운 하중을 가해도 길이 변화가 미미하다. 하지만 천연고무는 길이 변화가 100퍼센트보다 훨씬 크게 일어나기도 해서, 기다랗고 유연한 분자들의 꼬임이 풀리면 작은 하중으로 길이를 많이 늘일 수 있다. 또 금속의 소성 변형은 전위가 이동하면서 생기는 것인데 반해, 폴리머의 소성 변형은 잇닿은 분자들이 서로 미끄러지면서 발생한다. 따라서 고무의 탄성계수(혹은 강성)는 강철의 1,000분의 1에도 미치지 못하며, 바로 이런 이유 때문에 고무가 아닌 금속이 건설용 자재로 쓰이는 것이다. 고무로 만든 교량 위로 자동차를 몰고 지나간다면 교량이 30센티미터 아래로 축 처지기 때문에 당황스럽기 짝이 없을 것이다. 반대로 강철 타이어를 장착한 자동차를 운전하는 것 역시 몹시 불편할 것이다. 타이어 재료로는 강성이 낮은 고무가 더 적합하다.

19세기 초, 고무로 제품을 만들어 판매하던 회사들은 파산하기 일쑤였다. 소비자들은 쉽게 변형이 생기는 데다 끈적끈적해지기까지 하는 제품을 그리 달가워하지 않았다. 특히 미국에서는 그런 경향이 더욱 두드러지게 나타났고, 그래서 상대적으로 공정이 복잡했던 매킨토시의 우비 제작 공정이 받아들여지지 않았다. 고무의 분자 구조로 인한 본질적인 결함은 어떻게 해결되었을까? 코네티컷에서 철물상을 하던 찰스 굿이어는 고무에 매료되었고, 고무의 결함을 해결하기 위해 혼신의 노력을 기울였다. 1839년, 우연히 고무와 황, 탄산납을 함께 태운 굿이어는 난로 위에서 새까맣게 그을고 타버린 잔여물 속에서 물렁해지지 않은 새로운 물질 덩어리를 발견하고는 집어 올렸다. 굿이어는 황이 개별 고무 폴리머 사슬과 합쳐져서(혹은 교차결합해서) 3차원의 망 구조를 이룬다는 사실을 알아냈다.

고무 분자 내 탄소 원자들의 이중결합은 반응성이 무척 높아서 황 원자에 의해 결합이 끊길 수 있으며, 그런 뒤에는 황 원자가 두 고무 분자를 하나로 잇는다. 이 상태에서 고무에 하중이 가해진다면, 고무 분자는 여전히 풀려 있는 상태여서 서로 미끄러져 내리지만 인접한 사슬 사이에서 황이 형성한 교차결합이 고무 분자가 원래의 위치를 기억할 수 있게 해준다. 이 기법은 가황 혹은 경화라는 명칭으로 불리게 되었다(가황을 뜻하는 영어 단어 '벌커나이제이션vulcanization'은 로마 신화의 불의 신 불카누스에서 유래했다).

굿이어는 황이 고무의 특성을 크게 개선시키는 이유를 알지 못했지만 크게 개의치 않았다. 황은 마법처럼 고무와 관련된 성가신 문제들을 모두 해결해주었다. 그 뒤 굿이어의 동생이 실험을 통해 고무는 황을 많이 첨가할수록 탄성이 증가하다가 나중에는 아주 단단한 재료인 에보나이트(흑단ebony에서 따온 이름)가 된다는 것을 보여줬다. 황의 양이 증가할수록 사슬 사이의 교차결합의 수도 증가하기 때문에, 분자들은 서로 미끄러지기가 더 어려워지고, 3차원 망 구조는 더욱 단단해진다.

굿이어는 영국에 있는 매킨토시사가 자신의 기술에 관심을 갖기를 바라는 순진한 생각으로 그들에게 경화 고무 조각을 보냈다. 경화 고무는 고무 산업의 선구자인 토머스 핸콕Thomas Hancock의 손에 들어갔다. 핸콕은 경화 고무의 성질에 흥미를 느끼고는 이런 성질이 어디에서 유래하는지를 알아보는 작업에 착수했다. 경화 기술을 발견한 초기에는 교차 결합이 고무의 표면부에만 생기고 내부에는 생기지 않았기 때문에 굿이어는 자신의 기술이 완벽해질 때까지 특허 신청을 미루고 있었다. 그사이 핸콕은 고무의 경화 과정에서 황이 어떤 역할을 하는지를 알아내고는 영국에서 특허를 신청해 1844년에 특허를 받았는데, 그때는 굿이어가 미국에서 특허를 받기 두 달 전이었다. 그로 인해 굿이어가 영국에서 신청한 특허는 인정받지 못했고, 굿이어는 영국 특허법의 불공정함에 대해 격렬하게 항의했다.

그런 사정과 상관없이 고무는 점점 더 널리 쓰이는 재료가 되어갔다. 1840년과 1860년 사이에 고무 생산량은 매년 150톤 내지 6,000톤씩 증가했다. 19세기 말에 자동차 산업이 탄생하자 공기 주입식 타이어를 생산하기 위해 고무 수요가 크게 증가했다. 고무의 탄성과 기밀성을 활용한 공기 주입식 타이어를 사용하자 이전의 철제 바퀴보다 더 편안하고 부드러운 주행이 가능해졌다. 소비량 급증이 물량 부족으로 이어지자 고무 산업계는 아마존강 인근 지역을 비롯한 중남미 아메리카의 자연림에만 의존하지 않고 말레이시아, 스리랑카, 인도차이나에 광대한 플랜테이션 농장을 개발했다.

20세기가 열리자 군대의 기동력은 완전히 공기 주입식 타이어에 의존하게 되었다. 전시 기간 극동 지역으로부터 고무 공급이 끊기기 쉬웠던 국가들은 인공 고무 생산법을 찾아 나섰다. 19세기 내내 화학자들은 탄소 기반의 유기성 신소재를 여럿 합성하거나 발견해냈다. 그들은 고무를 가열하면 이소프렌이라는 새로운 화학 물질이 배출된다는 것을 알아냈다. 제1차 세계대전이 발발하기 직전, 독일 회사 I. G. 파르벤파브리켄 소속의 화학자들이 이소프렌으로 최초의 합성 고무를 개발해냈다. 하지만 독일 정부 위원회는 전쟁이 합성 고무 공장이 완공되기 전에 끝날 것이라고 보고 합성 고무 공장을 짓지 않기로 결정했다. 전쟁이 시작되자 예상대로 독일은 영국의 봉쇄령 때문에 고무를 수급할 길이 막히고 말았다. 고무 비축분이 감소하자 독일은 고무를 커피로 둔갑해 중립국을 통해 밀수할 수밖에 없었다. 그렇게 해서 독일은 합성 고무 수천 톤을 생산해냈다.

제1차 세계대전 후 천연고무의 가격은 1파운드당 몇 센트 수준에서 1달러로 크게 뛰었다. 고무 합성법을 개선하려는 노력은 지지부진했으나, 전시에 고무가 부족해지리라는 것을 예상한 히틀러는 신중하게 부나 S라는 더 비싼 합성 고무를 개발하는 작업을 밀어붙였다. 제2차 세계대전 중에 일본이 천연고무 공급량의 90퍼센트를 생산하는 극동 지방의 플랜테이션 농장을 차지하자 미국은 그에 대한 타개책으로 합성 고무 생산을 늘리는 작업에 착수했고, 이에 따라 미국의 고무 생산량은 1941년에 9,000톤이던 것이 1945년에는 100만 톤 이상으로 늘어났다. 오늘날 전 세계가 소비하는 합성 고무의 양은 800만 톤 이상으로, 천연고무 소비량의 두 배에 달한다.

앞서 살펴봤듯이 재료는 대체재라는 것이 등장할 때가 있다. 건물을 지을 때 사용하는 벽돌, 나무, 돌 역시 그런 과정을 겪었다. 하지만 독일이 제1차 세계대전 중에 뼈저리게 느꼈듯이 고무는 대체재가 없다. 자동차 타이어나 유연한 배관용 재료로 고무를 대체할 수 있는 재료는 없다. 오늘날 미국 내에서 소비되는 고무의 60퍼센트 이상이 자동차 타이어와 유연한 배관용 재료로 쓰인다. 그리고 황이 다량 함유된 단단한 고무는 자동차 배터리 덮개처럼 기계적 강도와 내식성이 필요한 곳에서 자주 사용된다.

고무는 소량의 황을 첨가하면 커다란 탄성 변형을 견딜 수 있는 (다른 말로 하자면 원상태로 되돌아갈 수 있는) '탄성중합체'라는 재료가 된다. 소성 (원상태로 돌아가지 못하는) 변형 없이 원래 길이보다 여섯 배에서 일곱 배까지 늘어나는 고무 밴드가 바로 일상 속에서 탄성중합체의 거동을 보여주는 물질이다. 탄성중합체의 거동은 온도에 크게 영향을 받기 때문에, 탄성중합체는 30도에서 40도만 냉각시켜도 유리 물질처럼 변하기도 한다. 이런 현상이 일어날 때 탄성중합체는 '유리 전이[물질이 고유의 온도 영역에서 급격히 굳는 현상]' 과정을 거쳐서 유리상 고분자가 된다. 이처럼 약간의 온도 변화로 기계적 특성이 급격하게 변하는 현상은 우주 왕복선 챌린저 호 폭발 사건의 원인이 되었다. 챌린저 호 제작자들은 두 보조 추진 로켓을 구성하는 네 부위의 연결부를 막는 용도로 커다란 고무 개스킷을 사용했다. 고무 개스킷은 추진체가 생성하는 고압에 의해 보조 로켓의 각 부위가 미세하게 틀어질 때 그에 맞게 모양이 변해야 했다.

1986년 1월 그 끔찍했던 겨울날 아침, 발사 현장의 온도는 영상 2도로, 이전 발사 현장의 온도보다 8도 낮았다. 연결 부위의 온도는 그보다 더 낮은 영하 2도였다. 낮은 온도로 인해 개스킷이 제 역할을 하지 못하자 연결 부위에서 뜨거운 가스가 누출되면서 개스킷이 파손되었고, 결국 기체 수소 연료통에 불이 붙고 말았다. 그 뒤로 고무 개스킷은 새롭게 디자인되었고, 미항공우주국NASA은 기온이 낮을 때는 로켓 발사를 피했다.

다양하게 쓰이는 목재의 활약

고무 다음으로 살펴볼 폴리머 역시 나무에서 추출한 것이지만, 이번에는 수액이 아니라 목재가 주원료다. 1868년, 뉴욕주 알바니에 소재한 회사인 펠란앤드콜렌더Pheland and Collender는 상아의 대체재를 찾아내는 사람에게 1만 달러를 주겠다고 공표했다. 펠란앤드콜렌더는 당구공 회사였다. 상아 때문에 아프리카 코끼리가 대량으로 남획되자 상아 공급이 부족해졌다. 새로운 당구공 재료를 찾으려는 시도는 결국 막대한 현상금을 내건 공모전으로 이어졌고, 이런 기조는 최초의 영화 필름과 인공 섬유 등에서도 이어졌다.

여러 세기 동안 목재 펄프(셀룰로오스 섬유의 집합체)는 종이 제작의 근간이었다. 1846년, 스위스 바젤대학교의 크리스티안 쇤바인Christian Schönbein은 종이를 질산과 황산 용액에 녹여서 질산섬유소라는 새로운 물질을 만들어냈다. 고무 경화 작업에 참여했던 영국의 저명한 금속공학자 알렉산더 파크스Alexander Parkes는 그 당시 급격히 부상하던 전기 산업에서 쓸 부드러운 절연체를 만들어내고 싶었기에 질산섬유소로 추가 연구를 진행했다. 파크스는 장뇌[의약품, 좀약 제조 등에 쓰이는 하얀 물질]가 연화제(혹은 가소제)의 역할을 잘 한다는 점을 알아내고는, 파케신[최초의 플라스틱]을 생산해냈다. 파크스는 이 발명품으로 영국이 자국의 산업 경쟁력을 과시하고자 1862년에 개최한 런던 국제 박람회에서 상을 받았다. 훌륭한 기업가라기보다 훌륭한 발명가였던 파크스는 자신의 회사에 헨리 베세머가 이사로 등록되어 있었음에도 회사가 도산하는 모습을 보고 말았다.

　그사이 대서양 건너편에서는 당구공 재료의 대체재를 찾는 공모전에 관심이 생긴 존 하얏트John Hayatt가 질산섬유소로 실험을 진행하고 있었다. 하얏트는 질산섬유소가 장뇌와 에탄올 용액에 녹는다는 사실을 발견했다. 존 하얏트의 형제인 아이제이아 하얏트가 질산섬유소('셀룰로이드')라고 이름 붙인 이 물질은 틀에 부어서 여러 가지 다양한 제품으로 쉽게 만들 수 있었다. 하얏트 형제는 분리 가능한 옷깃과 소맷부리, 아동용 인형, 빗, 틀니, 그리고 급기야는 당구공까지 제작해냈다.

　그런데 문제가 하나 있었다. 그들이 만든 당구공은 불이 붙은 담배와 접촉하면 폭발했다. 질산섬유소는 셀룰로오스 단위체상의 수산기 이온 셋 중 하나를 질산NO_3 이온으로 대체해서 합성한다. 만약 수산기 이온 세 개를 모두 대체하면 면화약이라고도 알려진 나이트로셀룰로오스가 생성된다. 질산 이온은 화약의 구성 요소로 들어갈 때와 마찬가지로, 다량의 산소를 제공하는 역할을 해 연소를 가속화한다. 질산섬유소는 인화성이 높다. 면화약은 질산섬유소보다 질산 이온이 세 배나 더 많이 들어 있으므로 폭발할 가능성이 있다. 셀룰로이드는 얇고 투명하고 기계적 성질이 좋은 필름으로 제작할 수가 있어서 영화 산업 초기에 아주 요긴하게 쓰였다. 다만 불행하게도 셀룰로이드 필름은 인화성이 있어서, 영화 〈시네마 천국Cinema Paradiso〉 속 영사 기사가 화재 때문에 실명을 하는 대목처럼, 화재 사건으로 이어지기도 했다. 셀룰로이드는 상태가 몹시 불안정하여 공기 중에 있는 소량의 불순물과도 반응을 일으키기 때문에 시간이 흐르면서 서서히 품질이 나빠진다. 여러 고전 영화의 필름은 바로 이런 식의 품질 저하로 인해 복구가 불가능한 수준으로 손상되었다.

질산섬유소는 '열가소성 플라스틱'이다. 열가소성 플라스틱이란 열과 압력을 가해 성형 및 재성형이 가능한 폴리머를 말한다. 우리가 일반적으로 여러 폴리머를 언급하면서 사용하는 '플라스틱'이라는 단어는 사실 열가소성 플라스틱에서 온 말이다. 고무는 황과 교차결합을 함으로써 열가소성에서 열경화성으로 변하는 폴리머다. 열가소성 폴리머는 선형 사슬 구조로 이뤄진 반면, 열경화성 폴리머는 3차원 망 구조로 이뤄져 있다.

화학자들은 질산섬유소를 기본 재료로 사용해서 셀룰로오스로부터 인공 섬유를 합성해냈다. 1665년 영국인 로버트 훅Robert Hooke은 저서 《마이크로그라피아Micrographia》에서 인조 견사를 얻을 수 있는 가능성을 고찰했다.

그리고 나는 완벽하지 않거나 품질이 좀 떨어진다고 해도 (중략) 누에가 뽑아내는 끈적이는 물질을 인공으로 만들어낼 수 있는 방법이 있지 않을까 하는 생각을 하곤 한다. (중략) 바라건대 기발하고 탐구심이 많은 누군가가 내 이야기에서 힌트를 얻어서 그런 물질을 만들어 보려 시도하면 좋겠다.[45]

19세기 들어 프랑스와 영국의 과학자들은 인조 견사를 합성하기 위한 실험을 잇달아 실시했고, 이 실험들을 발판 삼아 연구를 진행한 프랑스인 일레르 샤르도네Hilaire Chardonnet는 질산섬유소를 가늘게 뽑아 섬유를 만드는 것은 높은 가연성 때문에 그리 바람직한 방법이 아니라는 사실을 알아냈다. 샤르도네는 셀룰로오스 분자상의 질산이온을 대체하는 방법을 고안하여 1890년부터 인조 견사를 제작하기 시작했다.

20세기 초에는 셀룰로오스 크산토겐산염을 수산화나트륨 용액에 녹인 다음에 황산과 황산수소나트륨 용액 안으로 뽑아내어서 새로운 재료를 생산해냈다. 당밀처럼 걸쭉한 이 용액의 이름은 '비스코스'로, 이 비스코스를 백금으로 만든 조그만 방사 구멍(백금은 알다시피 비활성 물질이어서 부식성이 높은 물질의 압출을 견디게 해준다)으로 뽑아내어 최초의 인조 섬유인 레이온을 만들어냈다. 레이온을 필두로 1930년대에는 나일론, 1950년대에는 데이크론, 1970년대에는 케블라가 생산되면서 바야흐로 합성 섬유의 시대가 도래했다. 이외에도 셀룰로오스를 기반으로 하는 다양한 제품이 등장했다. 그중에서 가장 널리 쓰이는 제품은 아마도 얇고 투명하고 잘 구부러지는 셀로판일 것이다.

20세기 초에는 최초의 완전한 인공 물질인 베이클라이트가 합성되었다. 베이클라이트는 레이온처럼 천연 폴리머를 재가공해서 제작하지 않고 순수하게 화학 물질로만 제작했다. 숱한 실험을 통해 100개 이상의 특허를 취득하고 상당한 재산을 모은 벨기에 태생의 미국 화학자 레오 베이클랜드Leo Baekeland는 페놀과 포름알데히드로 새로운 폴리머를 합성했다. 그가 합성한 베이클라이트는 열경화성 폴리머로, 열과 압력을 이용하는 축합 반응[둘 이상의 분자가 단계적인 반응을 거쳐 간단한 분자가 제거되면서 새로운 화합물을 만드는 반응]을 통해 생성되었다.

두 화학 물질 사이에서 축합 중합이 일어나면 한 물질에 있는 수소 이온이 다른 물질에 있는 수산화 이온과 결합해 물을 형성하고, 나머지 분자들이 우리가 원하는 폴리머를 형성한다.[46] 베이클라이트는 훌륭한 절연체이고, 기계적 강도가 좋으며, 게다가 반응 틀에서 최종 형태로 생성된다는 장점이 있었다. 이러한 성질은 자동차 및 가정용 전기 부품의 대량 생산에 적합했다. 제2차 세계대전이 끝날 무렵, 베이클라이트 및 그와 유사한 페놀 수지의 전 세계 생산량은 연간 12만 5천 톤에 달했다. 1916년 베이클라이트는 롤스로이스의 기어 변속 핸들로 쓰이며 처음으로 상용화되었다.

20세기 초기의 화학자들은 폴리머의 기다란 사슬에 대해서 아는 것이 많지 않았음에도 새롭고 흥미로운 재료를 놀랍도록 성공적으로 합성해냈다. 실제로 독일의 화학자 헤르만 슈타우딩거Hermann Staudinger가 폴리머의 기다란 사슬의 특성을 명확히 밝혀내기 전까지는 폴리머의 분자 구조를 두고 열띤 논쟁이 벌어졌다. 슈타우딩거는 기다란 사슬을 이루는 고분자 연구로 1953년에 노벨 화학상을 수여받았다.

영국의 화학 회사 임페리얼 케미컬 인더스트리imperical Chemical Industry 소속의 에릭 포셋Eric Fawcett과 레지널드 깁슨Reginald Gibson은 고압 조건에서 에틸렌과 벤즈알데하이드의 반응을 실험하던 중, 우연히 에틸렌을 중합화하여 폴리에틸렌을 형성했다. 폴리에틸렌은 우리가 마지막으로 살펴볼 폴리머이자 가장 단순한 폴리머다. 이 선형 폴리머는 용기, 배관, 줄, 전선 피복재 등 여러 가지 용도로 쓰이게 되었다. 레이더를 개발한 영국의 발명가 로버트 왓슨 와트Robert Watson Watt에 따르면, 폴리에틸렌은 제2차 세계대전에서도 아주 요긴하게 쓰였다.

폴리에틸렌을 쓸 수 있게 되면서 항공기 레이더의 생산, 설치, 관리는 풀기 어려운 난제에서 처리하기 수월한 작업으로 바뀌었다. 그렇게 폴리에틸렌은 레이더를 바탕으로 공중전, 해상전, 육지전에서 연전연승을 거두는 과정에서 중요한 역할을 했다.

대개 선형 폴리머는 꼬여 있는 분자 사슬의 탄성 때문에 상대적으로 탄성계수와 강성이 낮고, 이 때문에 탄성 변형이 작게 일어나야 하는 물건의 재료로는 부적합하다. 하지만 폴리머의 선형 사슬이 질서 있게 규칙적으로 쌓여서 결정화가 이뤄지면, 폴리머의 변형은 꼬여 있는 기다란 분자를 풀어내는 방식이 아니라 탄소-탄소 기본 골격을 따라 형성된 결합을 늘려야 일어나기 때문에 강성이 크게 증가한다. 포셋과 깁슨이 발견한 것과 같이 고압 조건에서 분자들의 반응을 일으키면 폴리에틸렌 분자들에 곁사슬이 붙는데, 이 분자들은 함께 모아서 결정화하기가 쉽지 않았다. 자연은 이 문제를 해결한 듯싶은 것이, 고무와 같은 폴리머는 곁사슬이 딸리지 않은 사슬 구조로 이뤄져 있다.

폴리프로필렌의 발견

1950년대 초에는 폴리머 합성 작업에 돌파구가 마련되었는데, 이 사건은 나를 포함한 현재의 재료공학자들에게 여전히 경외의 대상이다. 독일 뮐하임에 위치한 막스 플랑크 석탄 연구소 소속의 카를 치글러Karl Ziegler는 대기압 상태에서 단위체가 10만 개인 선형 폴리에틸렌 분자를 생산해냈다. 비결은 촉매였다. 치글러는 처음에는 니켈, 그다음에는 지르코늄, 마지막으로 티타늄이 들어간 촉매를 썼으며 이들 촉매는 중합 반응을 가속화했고, 알 수 없는 이유로 선형 폴리머 사슬만 생성했다. 이것은 곁사슬이 없는 단방향 폴리머 사슬을 형성시키는 매우 확실한 촉매였다. 곁사슬이 없는 선형 폴리에틸렌은 사슬 구조가 워낙 규칙적이어서 반응 용기에서 일부가 결정화된 상태로 생성된다.

게다가 이 폴리머의 분자들은 늘리거나 잡아당겨서 변형이 생기면 사슬 구조가 하중의 방향을 따라 정렬이 되고 서로 잘 겹쳐져서 최대 80퍼센트까지 결정화가 일어난다. 그 결과 생성되는 것이 고밀도 폴리에틸렌HDPE인데, 고밀도 폴리에틸렌은 길게 늘이려면 다이아몬드처럼 중심 골격을 따라 형성된 탄소-탄소 결합을 늘려줘야 하기 때문에 사슬 구조 방향으로 강도와 강성이 매우 높다. 폴리에틸렌과 나일론은 섬유로 뽑아내면 강도가 여덟 배 증가하는 대표적인 폴리머다. 이들 폴리머를 금형으로 뽑아내면 소성 유동plastic flow[물체에 일정 한도 이상의 외력을 가했을 때 물체가 액체처럼 유동하는 현상]을 통해 개별 분자들이 기계적으로 정렬되면서, 섬유에 가해진 하중이 탄소-탄소 결합의 중심 골격을 따라 전달된다.

여러 중요한 폴리머는 분자 구조상 폴리에틸렌과 밀접한 연관이 있기 때문에, 이들 폴리머의 분자 구조와 특성 사이의 관계를 이해하기 위해서 분자 구조를 자세히 살펴볼 필요가 있다. 폴리에틸렌의 탄소 골격체를 따라 붙어 있는 수소 원자는 단일 원자나 원자단으로 치환해서 온갖 종류의 새로운 폴리머를 만들 수 있다. 밀라노 공과대학교와 몬테카티니 연구소에서 연구를 하던 줄리오 나타Giulio Natta는 치클러가 촉매로 폴리머 분자의 형성을 이끌어낸 것에서 힌트를 얻어서 질서정연한 폴리프로필렌 분자를 합성해냈는데, 폴리프로필렌 분자는 폴리에틸렌의 일부 수소 원자를 메틸기로 치환한 것이다.

이런 식으로 모든 메틸기가 폴리프로필렌 분자의 동일한 쪽에서만 보이는 독특한 구조를 동일배열isotactic되었다고 말한다. 메틸기가 들어옴으로써 분자 내에 입체 방해가 생기면 분자는 나선형이나 나선형에 가까운 형태를 이루게 된다. 또한 폴리프로필렌의 구조가 매우 질서정연하다는 말은 결정화가 잘 이루어진다는 뜻이며, 이런 열가소성 폴리머는 기계적 특성이 우수해 필름이나 섬유와 같은 커다란 물질을 만들기가 좋다. 폴리프로필렌은 탄성계수가 높은 폴리머다. 상온에서라면 자동차 범퍼에 들어가는 금속과 견줄 수 있을 정도다.

전 세계에서 생산되는 폴리프로필렌의 양은 1960년에는 전무한 수준이었다가 1980년에 이르면 연간 5백만 톤으로 뛰어오른다. 게다가 발견에서 상용화까지 60년이 걸린 알루미늄과 비교하자면 폴리프로필렌은 같은 과정에 3년밖에 걸리지 않았고, 알루미늄과 비슷한 양이 생산되기까지의 시간도 4분의 1밖에 소요되지 않았다. 폴리프로필렌은 자동차 대시보드, 배관, 방직 섬유의 용도로 널리 쓰이고 있다. 처음에 폴리프로필렌은 스타킹용 나일론을 대체하리라고 여겨졌으나, 폴리프로필렌으로 만든 스타킹은 무릎 부분이 늘어난다.

촉매의 사용으로 폴리머 중합 기술이 크게 발달하자, 앞서 곁사슬을 붙여서 만든 합성 고무는 자연의 기술을 서툴게 모방한 수준으로 보이게 되었다. 타이어 회사 과학자들은 촉매를 개발하여 자연의 솜씨와 거의 유사한 선형 사슬 구조의 합성 고무를 생산해냈다.

1930년대에 듀폰사에서 일하던 로이 플렁켓Roy Plunkett은 비활성 기체인 테트라플루오로에틸렌이 들어 있어야 할 실린더가 비어 있는 듯해서 깜짝 놀랐다. 그는 실린더 안에서 폴리에틸렌 사슬상의 수소 원자가 모두 불소 원자로 치환된 고체 폴리머를 발견했다. 이 놀라운 폴리머의 정식 명칭은 폴리테트라플루오로에틸렌이며, 요즘에는 테플론이라는 이름으로 상표화되었다. 테플론은 비활성이고, 햇볕이나 습기, 화학적 부식에 상당히 강하며, 마찰 계수가 아주 작아서 매우 매끄럽다. 테플론은 전쟁 물자의 코팅재나 매끄러운 표면재용 소재로 아주 요긴했기에 제2차 세계대전 중 미국 정부는 듀폰사가 테플론의 존재를 외부에 알리지 못하게 했다. 오늘날 대부분의 가정에는 눌러 붙지 않는 테플론 팬이나 냄비가 갖춰져 있다. 코팅 처리가 되지 않은 스테인리스스틸 팬으로 오믈렛을 요리해 본 사람이라면 테플론이 얼마나 유용한 재료인지 알고 있을 것이다.

폴리에틸렌 사슬상의 수소 원자를 다른 요소로 치환하는 방법이 보편화되면서, 연구소들은 다양한 폴리머를 새롭게 선보였다. 예를 들어, 수소 원자를 염소 원자로 치환하면 PVC라는 이름으로 알려져 있는 폴리염화비닐이 생성된다. PVC는 화학 물질과 기름에 강해서 그릇이나 배관, 바닥재, 비옷을 만들 때 사용된다. 대부분의 주택 건설 현장에서 쓰이던 금속 배관은 점차 PVC 배관으로 바뀌어 가고 있다. PVC의 '유리 전이'는 상온보다 높은 온도에서 일어나기 때문에 PVC의 탄성은 주위 온도가 조금만 낮아져도 급격하게 떨어지며, 춥고 비 오는 날에 저렴한 비닐 우비를 입고 도보 여행을 해본 사람이라면 이런 사실을 알고 있을 것이다. 그래서 탄성이 중요한 제품에는 가소제(조그만 유기 분자)가 들어간다. 가소제가 들어간 PVC는 자동차 시트커버 재료로 널리 쓰이는데, 새 차 특유의 냄새가 바로 여기서 나는 것이며, 이 냄새는 가소제가 천천히 증발하면서 약 1년 후에 사라진다. 또 PVC 시트커버는 시간이 지나며 가소제가 사라지고 노후화되면 쉽게 바스라진다.

폴리에틸렌에 벤젠 고리와 같은 커다란 곁가지를 붙여주면 단단하고 투명한 폴리머인 폴리스티렌이 생성된다. 19세기 화학자들은 스티렌을 가열해 메타스티렌이라는 고체 물질을 얻었을 때 자신들이 지금 무엇을 한 것인지 이해하지 못했다. 폴리스티렌을 거품 모양으로 가볍게 만든 스티로폼은 단열재, 보호용 포장재, 일회용 커피 컵 재료로 애용된다. 폴리에틸렌에 또 다른 커다란 곁가지를 더해주면 일반적으로는 PMMA로 알려져 있고, 상표명으로는 퍼스펙스Perspex,

루사이트Lucite, 플렉시글라스Plexiglas로 알려진 폴리메틸 메타크릴레이트가 생성된다. 폴리메틸 메타크릴레이트는 1930년대에 영국에서 처음 개발되었는데, 제2차 세계대전을 치르던 영국 공군은 비행기 조종석 유리창과 덮개를 제작하기 위해 이 단단하고 투명한 폴리머가 생산되는 대로 모두 징발했다.

지금까지 폴리에틸렌을 기반으로 삼는 몇몇 중요한 분자들을 개략적으로 살펴보면서 드러났다시피, 폴리머 기반 물질은 확장이 가능하다는 특성이 있다. 탄소 골격 사슬에 다른 곁가지를 붙여서 새로운 분자 구조를 만드는 방법은 무궁무진하다. 서로 다른 두 단위체 사이에서 반응을 일으켜 선형 구조, 혹은 곁가지가 붙은 구조, 혹은 3차원 망 구조를 이루는 '코폴리머co-polymer'라는 분자를 만들어낼 수 있다. 노벨상을 수상한 치글러와 나타의 연구는 결정화를 이루는 분자의 형성 원리를 확립했고, 이를 통해 생산한 폴리머는 탄성계수가 높아서 구체적인 특성이 중요한 부품에서는 금속을 대체하기도 한다. 자동차 범퍼와 문짝의 경우에는 상대적으로 탄성 변형도가 높은 폴리머를 사용하는 것이 좋다. 그래야 경미한 충돌 후에도 모양이 원상태로 돌아오기 때문이다.

철과 강철의 전 세계 생산량은 40년 전에 정점에 이르렀지만 폴리머의 생산량은 계속해서 증가하고 있다. 1980년대에는 폴리에틸렌, 폴리스티렌, 폴리프로필렌과 같은 열가소성 폴리머의 생산량이 60퍼센트 증가했다. 미국 내 생산량만 해도 1979년에는 1,400만 톤이던 것이 1989년에는 2,200만 톤으로 증가했다. 수년마다 전 세계 연구소나 화학 회사는 개량된 폴리머나 완전히 새로운 폴리머를 선보인다. 지난 50년을 돌아보건대, 영화 〈졸업〉에서 로빈슨 씨가 벤저민에게 들려줬던 충고는 아주 적절했다.

최상의
물질,
다이아몬드

지구상에서 가장 흥미로운 물질
신비한 보물 또는 산업의 핵심

소량의 금은 무수히 쌓인 놋쇠보다 값지며,

동그란 점보다 작은 다이아몬드는 금보다 값지다.

— 마르쿠스 마닐리우스

지구상에서 가장 흥미로운 물질

우리 인간은 최상급을 활용해서 표현하기를 좋아한다. 어떤 사람이나 사물을 "최고다", "가장 빠르다", "가장 강하다"와 같이 표현하면 기분이 좋아진다. 그런데 그러다 보니 (특히 정치인, 언론인, 스포츠 해설자들 때문에) 이런 식의 표현에 너무나 익숙해진 나머지, 과장법이 등장한다 싶은 순간에는 신경을 다른 곳으로 돌리게 될 때도 많다. 하지만 지금부터는 지구상에서 가장 흥미로운 물질인 다이아몬드에 대해서 살펴볼 것인데, 다이아몬드의 특성은 최상급으로만 표현이 가능하다. 선택의 여지가 없다.

모든 보석 중에서 으뜸으로 평가받는 다이아몬드가 현대 산업 사회에서 높이 평가받는 이유는 보석 상인이나 부자 고객 들이 중시하는 특성 때문이 아니라 연마와 절삭과 같은 일상적인 작업에서 중요한 역할을 하기 때문이다. 다행스럽게도 연마 작업에 사용하는 산업용 다이아몬드의 가격은 보석용 다이아몬드 가격의 100분의 1이다. 절삭 도구용 다이아몬드가 얼마나 중요한 역할을 하는지는 유정을 파는 드릴 날을 보면 쉽게 알 수 있다. 끄트머리가 다이아몬드로 된 드릴 날은 금속 드릴 날보다 일곱 배 더 오래 사용할 수 있고, 가동 속도도 두 배 빠르다. 드릴 날을 교체하는 작업에는 거의 하루가 걸리기 때문에, (일반적인 유정 깊이인) 1킬로미터를 파내려간다고 가정했을 때 금속 날 대신 다이아몬드 날을 사용하면 시간은 2주, 비용은 100만 달러가 절약된다.

탄소는 몇 가지 상이한 원자 구조를 이룰 수 있다. 우리가 알고 있는 숯은 유리처럼 비결정성 구조로 이뤄져 있다. 또 연필 '심'인 흑연은 육각 구조로 이뤄져 있다. 그리고 마지막으로 다이아몬드는 입방 구조로 이뤄져 있다. 앞서 우리는 폴리머 속 탄소 원자가 인접한 원자와 네 부위에서 결합하고, 결합이 이뤄진 네 꼭짓점이 사면체를 이룬다는 것을 살펴보았다. 다이아몬드 속 탄소 원자들도 이와 비슷하게 배열되어 있다. 사면체의 꼭짓점에 놓인 탄소 원자 네 개가 중앙에 있는 탄소 원자 하나를 감싸고 있고, 이러한 구조가 3차원으로 쌓여서 단단한 결정을 이룬다. 이처럼 다이아몬드는 공유결합이 이뤄진 사면체가 3차원 망 구조를 형성하고 있어서 놀라운 특성을 갖는다.

다이아몬드는 워낙 단단해서, 다이아몬드라는 이름은 그리스어로 '정복할 수 없다'는 뜻의 '아다마스adamas'에서 유래했다. 실제로 다이아몬드는 지구상에서 가장 단단한 물질이며, 모든 물질 중에서 가장 높은 탄성계수를 자랑한다(그 어느 물질보다 거의 두 배 이상 높다).[47] 또한 다이아몬드는 열 전도성이 아주 높고 전기 전도성이 아주 낮다는 점에서 금속과는 완전히 다르다. 금속은 대체로 열 전도성과 전기 전도성이 모두 높다. 그래서 알루미늄과 구리와 같은 경우는 전기 전도성이 좋다는 특성 덕분에 전선으로 쓰이기도 하고, 또 열 전도성이 좋다는 특성 덕분에 요리용 냄비로 쓰이기도 한다. 다이아몬드의 경우는 단단해서 부식과 긁힘에 강하다(다른 다이아몬드로 긁을 때는 그렇지 않다).

아주 단단한 다른 물질과 마찬가지로 다이아몬드도 특정 결정면에 평행한 방향으로 강하게 타격하면 부서지거나 쪼개진다. 또 다이아몬드는 비교적 파장이 긴 가시광선에서부터 비교적 파장이 짧은 X선에 이르는 너른 범위의 광선을 통과시킨다. 다이아몬드는 올바른 방향으로 자르면 영롱한 빛을 발하고, 눈이 휘둥그레지는 가격표가 붙는 최상의 보석이 된다. 다른 탄소 물질이 얼마나 저렴한지를 알고 있는 과학자의 냉정하고 무심한 눈에는 다이아몬드의 가격이 늘 터무니없어 보인다.

푸르고 하얀 빛이 도는 최상급 다이아몬드의 가격은 대개 1캐럿에 5,000달러 이상인데, 이 캐럿이라는 단위에 대해서는 설명이 조금 필요하다. 옛날에 진주를 사고팔던 상인들은 쥐엄나무 씨앗을 기준으로 무게 단위를 정했다. 쥐엄나무는 나무의 수령이나 생장 지역에 상관없이 마른 씨앗의 무게가 항상 200밀리그램 정도였다. 이 마른 씨앗 하나의 무게가 바로 '1캐럿'이며, 이 캐럿이라는 용어는 그리스어로 '쥐엄나무'를 뜻하는 '케라티온keration'에서 따온 것이었다. 예상 가능한 일이지만 사실 쥐엄나무 씨앗의 무게는 지역에 따라 편차가 있었다. 어느 지역에서는 197밀리그램이었고, 또 다른 지역에는 207밀리그램이었다. 20세기 초가 되면서 1캐럿은 200밀리그램으로 통일되었다.

고체 원소는 두 가지 다른 결정 구조로 존재하는 경우가 많다. 예컨대 철은 체심 입방 구조로 이뤄질 수도 있고 면심 입방 구조로 이뤄질 수도 있다. 온도와 압력이라는 두 외부 조건의 조합에 따라 어느 구조가 안정적인지가 결정된다. 온도와 압력 중 어느 한쪽이나 양쪽 모두가 변하면 고체의 원자 구조가 달라진다는 사실이 알려지자, 과학자들은 이 이론에 따라 흑연을 고압 조건에서 높은 온도로 가열하면 다이아몬드를 제작할 수 있다는 생각에 마음이 들떴다.

1953년, 스웨덴은 최초로 다이아몬드 합성에 성공했고 그로부터 얼마 뒤 미국도 다이아몬드 합성에 성공했다. 심지어 낮은 압력에서 얇은 다이아몬드 필름을 만드는 기술이 새로 발명되기도 했다. 하지만 과학자들이 어떤 과정을 거쳐서 흑연을 다이아몬드로 변신시켰는지를 알아보기 전에, 흥미로운 모험으로 뒤덮인 다이아몬드의 존재를 우리 인간이 어떻게 알게 되었는지, 그리고 얼마나 갈망해왔는지부터 살펴보도록 하자.

다이아몬드가 처음 발견된 시기에 대해서는 지금까지도 의견이 분분하다. 〈예레미야서〉 17장에는 다음과 같은 유명한 구절이 등장한다.

유다 백성의 죄는 철필로 적혀 있다. 그들의 죄는 그들의 마음 판에 다이아몬드 촉으로 새겨져 있고, 그들의 제단 모퉁이에도 새겨져 있다.

이보다 이른 시기를 다루는 〈출애굽기〉에는 하나님이 제사장에 오르는 아론을 위해 의복을 정해주는 대목이 나온다.

너는 가슴 덮개를 만들어서 재판을 할 때 쓸 수 있도록 하여라. 제사장의 옷인 에봇을 만든 것과 같은 방법으로 금실, 파란 실, 자주색 실, 빨간 실과 고운 모시로 정교하게 짜서 가슴 덮개를 만들어라. 가슴 덮개는 정사각형 모양으로 두 겹이 되게 하여 길이와 너비가 모두 한 뼘 정도 되게 하여라. 가슴 덮개에 네 줄로 아름다운 보석을 넣어라. 첫째 줄에는 홍옥과 황옥과 녹주석을 넣고, 둘째 줄에는 홍수정, 청옥, 다이아몬드를 넣어라.

다이아몬드 촉은 글자를 새기는 도구로 안성맞춤이지만 성경학자들은 이 구절에 나오는 다이아몬드가 현재 우리가 다이아몬드라고 알고 있는 물질을 뜻하지는 않는다고 본다. 최근에는 〈예레미야서〉와 〈출애굽기〉를 번역할 때 '다이아몬드'를 각각 '단단한 광물'과 '비취옥'으로 바꿔서 옮긴다.

인도를 최초로 통합한 찬드라굽타 마우리아 왕의 재상 카우틸랴는 기원전 4세기 말에 인도의 경제사를 기록한 《실리론》이라는 책을 저술했는데, 이 책을 보면 상인들이 다이아몬드의 존재를 알고 있었을 뿐 아니라 다이아몬드를 중요한 교역품으로 여기고 있었다는 사실을 뚜렷하게 알 수 있다. 《실리론》에는 다이아몬드에 세금을 매기는 라트나파리스카Ratnapariska라는 세법이 나오며, 이것은 그로부터 천 년 동안 서구 세계에 보석 세공술로 알려진 기술서로 발전해나갔다.

로마의 작가 마르쿠스 마닐리우스Marcus Manilius가 기원후 1세기 초에 쓴 책 《아스트로노미카Astronomica》에는 서구 세계에서 다이아몬드를 처음으로 언급하는 내용으로 널리 인정받는 글귀가 담겨 있다.

소량의 금은 무수히 쌓인 놋쇠보다 값지며, 동그란 점보다 작은 다이아몬드는 금보다 값지다.

플리니우스가 쓴 《자연사》에 따르면 "보석류를 포함해 인간이 갖고 있는 물건 중에서 가장 값진 것은 아다마스이며, 아다마스의 존재는 오랫동안 왕들에게만, 그것도 극소수 왕들에게만 알려져 있었다." 이 구절은 다음과 같이 이어진다.

인도에서 온 아다마스는 금으로 이뤄져 있지 않으며, 투명한 데다 매끄러운 면이 여섯 꼭짓점에서 만나는 것이 꼭 수정과 닮았다. 아다마스는 반대되는 두 방향으로 가늘어지며, 두 나선형을 넓은 면끼리 하나로 붙여놓은 듯한 모습이 무척 인상적이다. 아다마스는 크기가 개암만큼 크기도 하다. 아라비아산 아다마스는 크기만 더 작을 뿐, 인도산 아다마스와 비슷하다.

플리니우스는 우리에게 인도산 아다마스가 팔면체의 형태로 수입되었음을 알려주고 있다. 실제로 자연에서는 팔면체형 다이아몬드가 발견되기 때문에, 로마인들은 귀중한 자원을 찾아 제국 내 영토와 인근 지역을 샅샅이 뒤지는 과정에서 아다마스의 존재를 알게 되었을 것이다.

신비한 보물 또는 산업의 핵심

다이아몬드는 빛을 발하려면 잘라내는 과정을 거쳐야 한다. 서력기원 초에는 다이아몬드를 잘라낼 방법이 없었는데, 로마인은 왜 다이아몬드를 높이 평가했을까. 완벽한 팔면체에 가까운 다이아몬드는 아름다운 광채를 발산하는데, 아마도 그렇게 희귀한 대칭형 다이아몬드가 발견되면서 다이아몬드에는 마법의 힘이 깃들어 있다는 평가가 뒤따랐을 것이다. 6세기에 쓰인 한 인도 문헌에는 "다이아몬드를 소지한 자는 뱀, 불, 독, 질병, 도둑, 홍수, 악령으로 인해 위험에 처해도 그 위험이 그들로부터 뒷걸음질 치는 모습을 보게 될 것이다"라는 내용이 등장한다. 로마인들은 다이아몬드가 천하무적의 힘을 불어넣어 준다는 동양인들의 사고방식을 받아들였을지도 모른다. 이와 같은 놀라운 특성과 희귀성, 그리고 저 멀리 신비로운 동양에서 건너왔다는 점 때문에 다이아몬드의 가치는 금보다 훨씬 높아졌다.

오랜 세월 동안 시인들은 다이아몬드와 관련된 환상적인 이야기를 지어냈다. 그중 하나가 흑해와 카스피해 사이의 스키타이 사막 어딘가에 있었다는 다이아몬드 계곡 신화다. 4세기에 활동한 주교 에피파니오Epiphanius는 그와 관련된 기록을 남겨놓았다.

스키타이 사막에는 높고 험준한 산맥으로 둘러싸인 깊은 계곡이 있다. 계곡 바닥은 한 치 앞도 보이지 않는 안개에 가려 있어서 산 정상에 올라서도 보이지가 않는다. 인근 국가의 왕들은 계곡 속 가장 깊은 곳에서 보석을 채취하고자 계곡에 인접한 산으로 사람을 보냈다. 그들은 임무를 완수하기 위해서 속임수를 써야만 했다. 먼저 그들은 양을 잡아서 껍질을 벗긴 다음에 고깃덩이를 막대한 양의 보석이 놓여 있는 깊은 계곡 속으로 던졌다. 그러면 곧 독수리들이 높은 둥지에서 나타나 안개를 뚫고 내려가 고깃덩이를 거머쥐고는 둥지로 돌아왔다. 그 고깃덩이에는 보석이 붙어 있었기에, 독수리 둥지를 훔치기만 하면 보석을 챙길 수 있었다.

또 다른 전설에 따르면 알렉산더 대왕도 막대한 양의 아다마스를 모으기 위해 이와 비슷한 수법을 사용했다고 한다. 이외에도 《천일야화》 속 선원 신드바드 편에도 이와 비슷한 이야기가 나온다. 계곡에 빠진 신드바드는 다이아몬드가 박힌 고깃덩이를 자신의 허리춤에 매달았다. 그랬더니 커다란 새가 쏜살같이 내려와 그를 낚아채더니 둥지 위에 내려놓았다.

코이누르('빛의 산'), 오르로프, 호프, 리전트와 같은 이름의 다이아몬드는 장엄한 아름다움과 신비로운 분위기를 자아낸다. 일부 다이아몬드는 소유자에게 불행을 불러온다는 속설이 있기도 하다. 그중에서 상상 속에서나 나올 법한 가장 극적인 사건과 얽혀 있는 다이아몬드는 아마도 코이누르일 것이다. 인도의 상류 인사들은 "코이누르를 차지하는 자가 세계를 차지한다"고 말해왔다. 하지만 그 뒤에는 경고의 말이 이어졌다. "단, 남자가 소지하면 불행이 뒤따르며, 신이나 여자만이 무탈하게 소지할 수 있다."

1849년에 영국이 펀자브 지방을 합병하자 코이누르는 빅토리아 여왕의 손에 들어갔다. 빅토리아 여왕은 인도인들 사이에서 오래전부터 전해내려오는 저주를 귀담아들었고, 유언장에 코이누르를 물려받은 왕은 그의 아내만이 코이누르를 소지하게 해야 한다는 내용을 남겼다. 1937년, 코이누르는 조지 6세의 아내인 엘리자베스 왕비의 왕관에 장식되었다. 이후 이 왕관은 엘리자베스 왕대비만 사용했으며, 현재는 런던탑에 보관되어 있다.

18세기 이전에는 모든 다이아몬드가 인도산이었다. 다이아몬드가 처음 채취된 곳은 강변의 충적토나 구덩이였던 것으로 보인다. 18세기 초 브라질에서 다이아몬드 산지가 발견되면서 처음으로 다량의 다이아몬드가 널리 사용될 수 있게 되었다. 1493년, 교황 알렉산데르 6세는 남아메리카 대륙의 동해안을 스치듯 지나가는 선을 하나 그어 아메리카 대륙 내에서 포르투갈과 스페인이 다스리는 구역을 정했다. 이에 따라 스페인은 교황이 그은 선의 왼쪽에 있는 모든 땅을 차지했는데, 이곳에는 오랫동안 스페인의 경제를 지탱해준 금광과 은

광이 있었다. 1494년, 이 경계선은 토르데시야스 조약에 의해 경도 48도만큼 서쪽으로 이동했다. 경계선이 이동한 덕을 본 포르투갈 왕은 재빨리 다이아몬드가 많이 나는 브라질 동쪽 지역의 땅을 손에 넣었다. 1730년이 되자 유럽 내 다이아몬드 공급량은 네 배로 늘어났다. 초기 채굴지는 모두 강변에 있는 2차 광상鑛床이었고, 이곳에 있는 다이아몬드는 높은 곳에 있는 1차 광상에서 씻겨 내려온 것이었다. 포르투갈 탐광자들은 마침내 1차 광상을 찾아냈고, 노예들을 동원해 채굴 작업을 벌였다.

19세기 후반, 남아프리카 킴벌리에서 다이아몬드 광산이 발견되었다. 거대 광산이 새로 개장하자 기존 광산들은 가치가 떨어졌다. 그곳에는 수 제곱킬로미터 안에 대형 광산이 다섯 개 존재했다. 첫 번째 주요 광산인 그레이트홀은 다이아몬드 광물(킴벌라이트)을 함유하는 파이프 모양의 관입암체[화성암 가운데 마그마가 지표 위로 분출하지 않고 지각 내에서 굳어서 이루어진 암석]가 땅속 깊은 곳에서 솟구쳐 올라온 것이다. 남아프리카에서 발견된 광산과 인조 합성 다이아몬드 덕분에 오늘날 다이아몬드의 전 세계 생산량은 연간 1억 4천만 캐럿에 달한다. 한 해 동안 이 다이아몬드의 96퍼센트는 연마와 절삭용으로 소비되고, 나머지 5백만 캐럿은 보석이 된다.

20세기에 들어서는 흑연을 다이아몬드로 바꾸는 매력적이지만 난감한 작업에 많은 관심이 쏠렸다. 19세기에 증기 기관의 효율을 높이려는 시도 속에서 등장한 열역학은 다이아몬드 합성 기술을 찾아 나선 과학자들에게 실마리를 제시해주는 이론을 밝혀냈다.

열역학은 압력과 온도, 다양한 탄소 물질의 안정성 사이에 어떤 관계가 있는지 규명해내고자 노력했다. 특히 열역학은 탄소가 흑연으로 존재할 때 상온, 대기압 조건에서 가장 안정적인 구조를 이룬다는 사실을 알려주었다. 다이아몬드는 땅속 깊은 곳에서 탄소에 고온, 고압을 가해야만 생성된다. 다이아몬드는 땅 위에서 냉각되더라도 다시 흑연으로 돌아가지 않는다. 다이아몬드는 원자가 아주 강하게 결합되어 있기 때문에 저온에서는 원자 간의 결합을 끊고 재배열을 하기가 무척 어렵다. 상온, 대기압 조건에서 다이아몬드는 앞서 유리를 다루면서 언급한 바와 같이, 준안정적 구조로 존재한다. 다시 말해서 다이아몬드는 상온, 대기압 조건에서 가장 안정적인(혹은 에너지가 가장 낮은) 상태를 이루는 것은 아니지만 그래도 다이아몬드로 남는다. 그 이유는 다이아몬드가 흑연으로 돌아가는 속도가 아주 느리기 때문이다.

전문가들은 다이아몬드가 흑연으로 돌아가려면 수십 억 년 이상의 시간이 필요하다고 설명한다. 이 이야기는 영화배우 엘리자베스 테일러Elizabeth Taylor와 같은 사람들에게는 희소식이다[엘리자베스 테일러는 보석 애호가로 유명하다]. 물론 아름답기 그지없는 보석을 자연이 연필심으로 되돌려놓기를 좋아한다는 사실을 알게 되면 적잖이 실망하겠지만 말이다.

열역학은 다른 물질들, 예를 들어 유리나 철과 같은 물질도 언젠가는 분해되게 마련이라고 말한다. 그러나 열역학은 반응이 일어날 때 어떤 상이 형성되는지는 알려줘도 그 상의 형성 여부는 알려주지 못한다. 상변화의 속도는 반응 단계상의 용이성에 따라 결정된다. 상온에서 다이아몬드가 흑연으로 변하는 속도는 극도로 느리다. 다이아몬드는 준안정성이라는 현상을 가장 또렷하게 보여주는 사례다.

다이아몬드 합성법을 찾는 사람들로서는 안타까운 일이지만, 다이아몬드가 흑연으로 변하는 속도는 매우 느리다. 열역학은 (땅속 160킬로미터 아래에서 다이아몬드가 형성되는 조건대로) 흑연에 대기압의 5만 배에 달하는 압력과 2,000도의 열을 가하면 다이아몬드가 형성된다고 설명하지만 이제껏 다이아몬드를 얻으려는 시도는 모두 실패로 돌아갔다. 다이아몬드 합성은 고온·고압 처리 전에 흑연에 철을 더해주는 기술이 등장하면서 돌파구가 열렸다. 상변화 반응에서 철이 촉매로 작용하면 밀리미터 단위의 다이아몬드가 합성된다. 철은 흑연 형태의 탄소를 액체 용액으로 녹임으로써 탄소와 탄소 사이의 단단한 결합을 끊어 내는데, 그러면 냉각 과정에서 탄소 원자가 다이아몬드 구조로 재배열될 수 있다.

1954년, 뉴욕 스키넥터디에 소재하는 제너럴 일렉트릭 연구소 직원들은 다이아몬드를 합성해냈으나, 1955년에 다이아몬드 합성에 성공했다는 소식을 공표하자마자 놀라운 (그리고 실망스러운) 소식을 전해들었다. 2년 전, 스웨덴 전기 회사 ASEA 소속의 발트자르 폰 플라텐Baltzar von Platen과 동료들이 0.5밀리미터짜리 다이아몬드를 합성해냈지만, 그들의 목표는 보석이라고 부를 만한 다이아몬드를 합성하는 것이었고 그런 과제에 도전하고 있는 사람은 자신들뿐이라는 생각에 다이아몬드 합성 소식을 군이 외부에 알리지 않았다는 것이었다.

흑연을 다이아몬드로 바꿔보겠다는 목표는 드디어 달성되었다. 하지만 보석용 다이아몬드를 경제적으로 합성하기는 불가능해서, 합성 다이아몬드는 주로 산업용으로 사용되고 있다. 최근에는 기술이 다이아몬드 탄소막을 얇게 제작할 수 있는 수준으로까지 발전했으며, 다이아몬드형 탄소막은 강도가 높고, 화학적 안정성을 갖추고 있고, 또 마찰력이 낮기 때문에 관련 연구가 계속해서 진행되고 있다.

다이아몬드형 탄소막을 대량으로 확보해 구조재로 쓰는 것도 좋을 법하지만 아직은 시기상조다. 설사 그런 날이 온다고 해도 다이아몬드는 쪼개지는 성질이 있다는 근본적인 문제를 안고 있다. 다음 장에서는 정확히 이런 문제를 해결하기 위해 고안된 재료에 대해서 살펴보기로 하겠다.

CHAPTER

14

자연의
가르침,
복합 재료

극한의 조건에서 버틸 수 있는 물질들
고온에서 더욱 단단해지는 재료의 특성
복합 재료의 도전

The
Substance
of
Civilization

내 목표는 기관차를 제작할 때처럼, 정해진 기능적 형태에

가장 효율적인 방식으로 도달하는 것이다.

– 데이비드 스미스David Smith

극한의 조건에서 버틸 수 있는 물질들

오늘날 재료공학계 최대의 화두는 고온, 고하중, 부식성 환경과 같은 극한 조건에서 사용 가능한 물질을 개발하는 것이다. 유리와 세라믹은 1제곱인치당 100만 파운드까지 견딜 수 있는 잠재력이 있다. 하지만 두 재료는 균열이 생기기 마련이어서 대개 그보다 훨씬 낮은 하중 아래에서도 파괴된다. 취성이 있는 재료는 어떻게 하면 이론적으로 가지는 높은 강도와 탄성계수는 취하면서, 급격하게 파괴될 수 있는 위험성은 피할 수 있을까?

유리의 특성을 다룰 때 살펴봤듯이 균열은 길면 길수록 파괴 응력이 낮아진다. 유리는 인류가 발견한 이래로 장신구나 그릇, 창문으로만 사용되었지 하중을 견디는 구조재로는 사용되지 않았다. 세라믹은 주로 농기구, 그릇, 건축용 벽돌, 가마용 송풍구, 그리고 시간이 지나면서는 제철용 용광로의 단열 벽체로 쓰였다. 유리와 세라믹은 파손의 우려가 큰 상황에서는 사용되는 일이 거의 없다. 그런 이유로 건축용 벽돌은 균열이 번지지 않도록 한 장 한 장 위로 쌓아올려서, 콘크리트와 마찬가지로 늘 압축력을 받게 한다. 따라서 취성이 있는 재료를 구조재로 사용하려면 무엇보다도 균열이 크게 발생하지 않게끔 재료의 크기가 작아야 한다. 과학자들은 자연이 사용하는 구조재인 뼈와 나무에서 영감과 실마리를 얻었다.

뼈는 복잡한 미세 구조로 이뤄져 있다. 뼛속은 부드러운 콜라겐이나 폴리머 망 속에 든 칼슘과 인산염 이온이 얇고 단단한 골광질 판을 이룬다. 구성 성분이 함께 모여 '복합' 재료를 형성하는 것이다. 우리 인간은 수백만 년에 걸쳐 진화해왔으므로, 뼈가 대성공을 거두기 전까지 자연이 운영하는 무자비한 연구소에서는 여러 다양한 생명의 구조체가 실패로 돌아갔을 것이다. 미시적 차원에서 보자면 나무 역시 헤미셀룰로오스나 폴리머 망 속의 셀룰로오스 섬유를 합성한 것이다. 나무는 거시적 차원에서 보자면 뼈처럼 액체 통로가 존재하고 속이 꽉 차 있다. 자연은 (나무처럼) 지름이 작은 섬유나 (뼈처럼) 부드러운 망 속의 얇고 기다란 판으로 이뤄진 복합 구조가, (원자 구조가 단일한) 단상 물질보다 성능이 우수하다는 것을 보여준다.

지금까지는 엔진과 기어 장치에 사용할 수 있는 물질이 금속밖에 없었다. 금속은 무거운 하중과 충격을 버티고 고온에서도 커다란 변형이나 파손이 일어나지 않는다. 또한 금속은 주조가 가능하고 파괴가 일어나기 전에 소성 변형이 크게 발생하기에, 장인들은 금속을 경제적인 방법으로 주무를 수 있고 엔지니어들은 금속을 믿고 사용할 수 있다.

14세기의 대포나 18세기의 증기 기관처럼 강도가 중요한 제품을 제작할 때는 선택 가능한 재료가 금속밖에 없었다. 장인들은 처음에는 청동을, 그다음에는 연철을, 마지막으로 철 합금을 생산해냈는데 이들 금속은 모두 너른 범위의 응력을 견딜 수 있을 정도로 강도와 탄성계수가 충분히 높았다(연철과 철 합금은 가격마저 저렴했다).

하지만 20세기에 들어서면서부터는 철 합금조차 견디지 못하는 환경 속에서 사용 가능한 물질을 찾는 수요가 급증했다. 예를 들어 제트 엔진은 강도가 높고 섭씨 1,100도 이상에서 발생하는 산화 작용을 잘 견디는 재료로 만들어야 했고, 그래서 석출 경화를 통해 완전히 새로운 금속인 니켈 합금을 개발하게 되었다. 초합금이라 불리는 니켈 합금은 지난 수십 년 간 제트 엔진 설계의 핵심이었다. 니켈 합금은 니켈, 알루미늄, 크로뮴, 루테늄 등 무려 14개의 원소를 함유하지만 녹는점이 75도밖에 되지 않아 그보다 낮은 온도에서만 사용될 수 있었기에 개선의 여지가 많지 않았다.

재료공학자들은 초고온을 견디는 물질을 찾아 나섰고 탄소, 붕소, 산화알루미늄, 산화지르코늄, 산화마그네슘, 질화규소와 같은 세라믹으로 관심을 돌렸다. 녹는점을 기록한 아래의 표를 살펴보면 고온에서 사용 가능한 차세대 재료가 무엇인지 알 수 있다.

재료명	녹는점(섭씨)
텅스텐	3,410
몰리브데넘	2,610
니오븀	2,460
탄소	3,550
붕소	2,300
산화마그네슘	2,800
산화지르코늄	2,715
산화알루미늄	2,045
질화규소	1,900

　탄소로 이뤄진 '배향성[일정한 방향성을 가진다는 뜻]' 흑연 판이나 다이아몬드는 강도가 높다. 흑연은 원자가 육각형으로 배열된 평면이 적층된 구조. 각 평면 내에서 일어나는 결합은 방향성이 강하게 나타나거나('배향성'), 아니면 인접 원자들이 전자를 공유하는 특성상 공유결합이 나타나기 때문에 강도와 탄성계수가 모두 높다. 반면 탄소 원자가 육각형으로 배열되는 각 평면은 서로 약하게 결합하기 때문에 평면이 결합하는 방향으로는 강도와 탄성계수가 모두 낮으며, 바로 이런 성질 덕분에 흑연은 훌륭한 건식 윤활제라든가 종이에 잘 묻어나는 연필'심'으로 사용된다.

　하지만 탄소 원자가 강하게 결합된 면을 축으로 삼아서 제작한 탄소 섬유는 철보다 탄성계수가 두 배 높고, 또 비比탄성률은 낮은 밀도로 인해 열 배 높다. 앞서 언급했듯이 토머스 에디슨은 백열전구용 필라멘트를 찾던 중 1879년에 진공에서 무명실을 태워서 만든 탄화 섬유로 마침내 첫 성공을 거뒀다. 하지만 불행히도 탄소 섬유도 취성이 있어서 구조재로는 사용하지 못한다.

텅스텐, 몰리브데넘, 니오븀과 같이 녹는점이 높은 금속은 모두 원자가 체심 입방 구조를 이루고 산소와 급격하게 반응하기 때문에 고온 재료로는 적합하지 않다. 금속 중에서는 알루미늄이 들어간 니켈 합금, 그리고 이들 금속을 바탕으로 형성한 금속간화합물처럼 표면을 보호하는 산화막을 형성하는 물질만이 대기 중의 높은 온도에서 안전하게 사용될 수 있다. 이론적으로는 텅스텐에도 이런 산화막을 입힐 수 있다. 하지만 텅스텐은 모래 속에 있던 자갈 따위에 의해 산화막에 흠집이나 구멍이 생기면 그 아랫부분이 산화되면서 금속이 파괴되고 만다. 반면 니켈-알루미늄 합금에 그런 구멍이 생긴다면 그 아래에 있는 금속 내의 알루미늄이 재빨리 산소와 반응해 산화알루미늄 막을 재생성하여 조그만 흠집을 효과적으로 "치료한다."

위 목록에서 남아 있는 재료 중에서는 녹는점이 2,000도가 넘는 세라믹 산화물들이 고온에서 사용하기에 적합한 후보들이다. 이 재료들은 이미 산소와 반응을 한 상태여서 추가적인 산화 반응을 일으키지 않을 것이기 때문이다. 산화마그네슘은 산소 음이온이 면심입방 구조로 배열되어 있기 때문에 구리와 구조가 비슷하다. 마그네슘 이온은 산소 음이온 여섯 개가 형성하는 팔면체의 중앙(팔면체 구멍이라고 부른다)에 위치한다. 점토의 구조를 다루면서 처음으로 살펴봤던 팔면체 배열이 여기서도 등장하는데, 이 팔면체 배열 속에서는 산소 음이온 여섯 개가 서로 이웃한 마그네슘 양이온이 서로 만나지 못하도록 가로막는다. 그 때문에 산화마그네슘 결정은 양이온과 음이온 간의 정전기적 인력을 통해 결합된다. 단단한 이온 결합은 녹는점이 높으면서도 안정적인 물질을 생성한다.

산화지르코늄에 들어 있는 지르코늄 이온 또한 체심입방구조로 배열되어 있다. 이 구조에는 앞서 말한 팔면체 구멍뿐 아니라 지르코늄 양이온에 감싸인 사면체 구멍도 존재한다. 단위 격자 속에 사면체 구멍이 여덟 개 존재하고, 그 사면체 구멍 중앙에 산소 음이온 두 개가 위치하면 산화지르코늄이 형성된다. 산화지르코늄은 녹는점도 높다. 이온 결합을 이루는 세라믹은 모두 양이온이나 음이온으로 이뤄진 팔면체나 사면체를 규칙적으로 쌓아놓은 구조이다. 산화지르코늄은 녹는점이 높은데도 냉각 과정 중에 연속적으로 원자 구조가 변하기 때문에 고온에서는 그 자체로 유용한 구조 재료가 되지는 못한다.

고온에서 더욱 단단해지는 재료의 특성

새로운 고온 재료를 찾고 있는 과학자들은 단단하지만 취성이 있는 물질을 어떻게 하면 안전하게 사용할 수 있는가, 라는 질문에 직면해 있다. 그들은 뼈나 나무와 같은 복합 구조에서 실마리를 얻었다. 뼈를 이루는 복합 구조는 탄성계수가 비교적 높다는 큰 장점을 갖고 있다. 만일 무거운 물건을 들 때 팔뼈가 구부러져 버린다면 우리는 우리가 원하는 대로 물건을 들지 못한다. 즉, 뼈는 하중을 받았을 때 많이 구부려져서는 안 된다.

복합 재료의 탄성계수는 개별 면적만큼 하중을 받는 각 구성 요소, 즉 섬유나 판이나 망의 개별 계수를 합한 것이다. 이 원리를 우리는 '혼합 법칙rule of mixture'이라고 부른다. 일반적으로 섬유는 탄성계수가 높고 망은 탄성계수가 낮다. 만약 복합 재료 속에 섬유의 양이 충분히 많다면, 이 재료의 탄성계수는 섬유에 의해 결정된다. 하지만 이 섬유에 취성이 있어서 재료가 급작스럽게 파괴될 여지가 있다면 이런 상황을 어떻게 피할 수 있을까? 바로 여기서 복합 재료의 강성에 별다른 기여를 못하는 부드러운 망 구조가 큰 역할을 한다. 취성이 있는 섬유를 따라 번지던 균열이 부드러운 망 구조에 이르면, 망 구조는 균열에서 방출된 상당량의 에너지를 흡수하거나 분산시켜 균열이 계속해서 뻗어나가는 것을 방지한다.

놀랍게도 섬유가 파괴된다고 해도 복합 재료가 견디는 하중은 급격하게 줄어들지는 않는다. 그 이유는 단단한 구성 성분의 단면적이 줄어들기 때문이다. 망 구조는 하중이 섬유가 끊긴 부위에서 끊기지 않은 부위로 전달되도록 도와준다. 단단하지만 취성이 있는 섬유가, 약하지만 연성이 있는 망 구조 속에 들어 있는 복합 재료는 망 구조가 하중을 파손 부위에서 다른 부위로 분산시켜서 재료가 급작스럽게 파괴되는 사태를 막아준다.

인공 복합 재료에 대한 기록이 최초로 등장하는 문헌은 성경일지도 모른다. 〈출애굽기〉를 보면 이집트에서 노예 생활을 하는 히브리인들이 뙤약볕 아래에서 굳어가는 벽돌에 균열이 생기지 않도록 짚을 넣는 내용이 나온다. 그 대목의 어조는 파라오의 마음이 굳어 있고 그 굳은 마음을 파고들 틈이 없다는 것을 넌지시 알려준다.

파라오는 바로 그날 감독들과 작업반장들에게 이렇게 명령하였다. 너희는 벽돌 제작에 필요한 짚을 백성들에게 더 이상 공급하지 말고 그들이 직접 가서 구하여 쓰게 하라. 그리고 지금까지 만들던 벽돌의 수를 그대로 만들게 하고 작업량을 조금도 줄이지 말라. 그들은 게을러졌고 그리하여 "우리 하나님께 희생제물을 드리게 해주십시오" 하고 부르짖고 있다. 너희는 그들의 일을 더욱 무겁게 하여 계속 고달프게 일하게 하고 허튼소리에 귀를 기울일 겨를이 없게 하라.

여기서는 망 구조 대신 유연한 섬유재인 짚이 재료의 파괴를 막는다. 20세기 초에 등장한 베이클라이트는 이와 마찬가지로 목재 펄프에서 얻은 셀룰로오스를 소량 첨가해 재료의 강도를 증진하고 파괴 저항성을 높였다. 제2차 세계대전의 암흑기 동안 알루미늄을 대체할 저렴한 재료를 찾던 영국은 폴리머 망 속에 아마 섬유를 넣은 재료로 스핏파이어 전투기의 조종석을 제작했다.

서로 상이한 물질로 복합 재료를 제작하는 것은 요즘 재료공학계에서 흔히 볼 수 있는 일이지만, 아시아의 활 제작공들은 이미 기원전 3000년경부터 이런 작업을 해왔다. 기본적으로 활은 궁수가 활시위를 당길 때 그 에너지를 저장하는 용수철과 같다. 활시위를 당기면 활의 바깥쪽에는 인장력이 작용하고, 안쪽에는 압축력이 작용한다. 인장력이 크게 걸리는 재료는 인장 파괴를 견뎌낼 수 있어야 한다. 활은 궁수가 활시위를 당겨서 수행한 일을 '탄성 에너지'의 형태로 저장한다. 활시위를 놓으면 화살이 날아가는데, 이때 저장되어 있던 탄성 에너지가 운동 에너지로 전환된다.

활을 만들 때는 활이 파괴되지 않는 것 이외에도, 활의 크기와 활시위를 당기는 폭을 최소화하면서도 저장되는 에너지의 양을 높여주는 것이 중요하다. 크기가 작은 무기는 특히 궁수가 말에 올라탔을 때 다루기가 용이하다. 활 제작공들은 탄성계수와 항복 응력, 파괴 응력이 높으면서도 활 모양으로 제작할 수 있는 가벼운 재료가 필요했다.

초창기 활은 느릅나무나 주목나무 하나로만 만들었는데, 우리는 이런 활을 '환목궁'이라고 부른다. 장인들은 활대 전체에 걸쳐 응력이 일정하게 작용하도록, 단면과 형태가 복잡한 활을 제작했다. 활의 길이는 활의 속도와 사거리를 극대화하기 위해 180센티미터로 제작한 영국의 장궁(에드워드 3세가 1346년에 일어난 크레시 전투에서 승리를 거둘 때 큰 역할을 했다)에서부터 기마병을 위해 길이를 60센티미터 미만으로 제작한 북아메리카 평원 원주민의 활에 이르기까지 다양하다.

아시아의 활 제작공들은 현지에서 구할 수 있는 재료의 상이한 특성을 활용해서 더욱 복잡한 형태의 활을 제작하고자 했다. 그들은 활 바깥쪽에 나무보다 인장 파괴 응력이 네 배 강한 동물의 힘줄을 덧붙였다. 힘줄은 활을 당길 때 저장되는 에너지의 양을 극대화시켰다. 이후 활 제작공들은 활의 안쪽 면을 이루는 목재를 동물의 뿔과 같이 강성과 강도가 더 높은 물질로 대체할 수 있다는 것을 알아냈다.

그들은 합성궁이라는 걸작품을 만들어냈는데, 이 합성궁은 얇은 목재 중심재의 겉면에는 힘줄을 붙이고, 안쪽 면에는 주로 물소와 같은 동물의 뿔을 부착했다. 힘줄은 인장 응력을 극대화시키고, 뿔은 단단한 목재보다 강도가 두 배 높은 특성을 바탕으로 압축 응력을 견뎌낸다. 또 뿔은 나무보다 탄성계수가 높기 때문에, 활시위를 당긴 거리가 똑같아도 합성궁은 목궁에 비해 더 큰 에너지를 저장할 수 있다. 활시위가 걸리지 않은 활의 끄트머리는 반대로 구부러져 있어서, 활시위를 당기면 활에 더 큰 인장력이 걸리면서 더 많은 에너지가 저장될 수 있다. 또한 합성궁은 활시위를 당기는 거리가 비교적 멀고 활의 길이가 짧기 때문에 비슷한 크기의 환목궁보다 활을 더 빠른 속도로 더 멀리 쏠 수 있다.

스키타이와 뒤이은 오스만투르크는 오랜 시간에 걸쳐 개량을 거듭해 가며 훨씬 더 강력한 활을 생산해냈다. 활의 최장 사거리는 약 888미터로 알려져 있으며, 전설에 의하면 이 기록은 1798년 오스만 제국의 황제 술탄 셀림 2세가 터키식 활을 쏴서 기록한 거리라고 한다. 하지만 화약, 대포, 권총이 발달하면서 자연스레 활은 무기로서 가치를 잃었고, 오늘날에는 스포츠용으로만 쓰이고 있다.

유리섬유는 상업적으로 첫 성공을 거둔 복합 재료이자 직경이 6~10만 옹스트롬인 미세 유리섬유로 구성된 재료로, 제2차 세계대전 중 영국과 미국 과학자에 의해 개발되었다. 용융 유리를 백금 도가니 속의 무수히 많은 미세한 구멍 사이로 통과시켜서 뽑아내는 이 가느다란 섬유는 강도가 강철 와이어에 버금갈 정도로 매우 높다. 처음에 유리섬유는 랭커스터 폭격기용 항공 레이더의 덮개인 레이돔의 재료로 제작되었다. 금속은 전파를 분산시키기 때문에 레이돔용 재료는 단단하면서도 가벼운 비금속이어야 했다. 이후 유리섬유는 낚싯대, 건축 자재, 기차 및 자동차 차제 제작까지 커다란 영향을 미쳤다.

또 유리섬유는 소형 선박 제작에도 혁명을 불러왔다. 선체용 주형틀은 한 번 제작을 해두면 폴리머 수지와 유리섬유 시트를 번갈아가며 적층하는 용도로 여러 번 재사용할 수 있다. 쉽게 말해서 유리섬유를 이용하면 주조와 비슷한 방식으로 물이 새어 들어오지 않는 단일한 소형 선박의 선체를 대량으로 생산할 수 있다. 또한 복합 재료의 표면은 나무에 비해 활성도와 흡수도를 낮게 제작할 수 있기 때문에 선체 도장 작업을 몇 년에 한 번씩 반복해줄 필요가 없다. 유리섬유는 강도가 강철만큼 강하지만 탄성계수는 강철보다 훨씬 낮다. 유리섬유는 폴리머 망 속에 섬유를 50퍼센트 넣은 재료이기 때문에 강성이 높아야 하는 상황에서는 금속의 경쟁 상대가 되지 못한다.

붕소 섬유나 탄소 섬유 혹은 배향성 폴리머인 케블라와 같이 강도와 탄성계수가 높은 섬유로 강화한 새로운 복합 재료는 밀도가 유리보다 낮거나 비슷해서, 무게가 중요한 상황에서는 금속 대신에 사용할 수 있다. 보통 폴리머 망 속에 기다란 섬유를 넣어서 제작하는 복합 재료는 테이프나 시트 형태로 제작되며, 이것을 적당한 형태로 중심체에 감은 다음에 열을 가해서 폴리머와 섬유를 하나로 결합시킨다. 요즘 나오는 낚싯대를 자세히 관찰해보면 낚싯대 몸체를 따라 테이프를 나선형으로 감아 놓은 모습을 볼 수 있다. 낚싯대나 테니스 라켓은 강성은 크고 무게는 가벼워야 해서 붕소나 탄소 섬유 복합 재료가 다른 재료보다 제작 소재로 더 각광받고 있다.

복합 재료는 금속에 비해 제작 공정이 복잡하고 비용도 많이 든다. 예를 들어, 탄소 섬유로 강화한 복합 재료를 이용해서 단일하게 만드는 수직이착륙기 해리어의 날개는 제작 마지막 단계 동안 엄청나게 큰 가마 안에서 양생을 해줘야 한다. 항공기 제작용 알루미늄 합금은 값이 1파운드당 수 달러이지만, 대개 탄소 섬유 복합 재료는 그보다 20배 더 비싸다. 값비싼 신소재는 운동용품에 가장 먼저 적용되는 경우가 많다. 주말 운동족은 테니스 라켓, 낚싯대, 스키, 골프채를 구매할 때 탄소 섬유 복합 재료가 주는 실질적 장점 혹은 자기 만족감에 이끌려 기꺼이 큰돈을 지불한다. 또 탄소 섬유 복합재는 항공 업계나 항공 우주 업계에서도 크게 각광받고 있다. 두 업계에서는 동체의 무게는 줄이고 유료 승객 및 화물의 수량은 늘리고자 하는 경제적 동기가 강하게 작용하기 때문이다.

처음에 복합 재료는 민간 분야보다는 군사 계획이나 우주 계획처럼 막대한 비용이 훨씬 더 쉽게 용인되는 분야에서 사용되었다. 그래서 복합 재료는 이동식 화물칸의 문짝과 우주 왕복선의 보조 로켓용 외피, 그리고 최신 전투기의 동체나 날개 부품 재료로 쓰였다. 복합 재료는 뛰어난 기계적 특성과 레이더 전파를 미약하게 분산시키는 특성이 있어서, 미 공군의 스텔스기는 모두 이러한 복합 재료를 바탕으로 제작된다. 복합 재료는 보잉 767기나 777기와 같은 최신 상업용 여객기에서도 점점 더 많이 사용되고 있다.

케블라는 특히나 흥미로운 폴리머로, 제작 과정에서 분자의 배향성을 높이는 방식으로 뽑아내기에 폴리에틸렌이나 나일론과 똑같은 장점을 가진다. 케블라는 밀도는 1.45그램/세제곱센티미터이고, (알루미늄은 2.7그램/세제곱센티미터, 흑연은 2.3그램/세제곱센티미터, 유리는 2.5그램/세제곱센티미터다) 탄성계수는 알루미늄보다 거의 두 배가 높아서 무게를 중요하게 고려해야 한다면 아주 좋은 선택지다. 탄소 골격체 폴리머에 바탕을 두는 복합 재료가 공히 가지는 큰 단점은 온도 상승에 따라 탄소가 산소와 강하게 반응하면 재료의 우수한 특성이 급격하게 악화된다는 것이다.

케블라는 대다수 폴리머보다 성능이 우수하지만 고강도는 180도까지만 유지되고, 산화 저항성은 400도까지만 유지된다. 케블라 섬유는 밧줄이나 케이블을 엮을 때 사용되고, 또 방탄조끼나 전투모, 경량 카누를 제작할 때도 쓰인다. 1980년대 들어 해마다 사용량이 20퍼센트씩 늘어난 케블라는 누가 봐도 성공적인 재료다. 사용량이 늘어나면서 케블라 제작법은 더욱 정교해졌고, 요즘은 내충격성을 훨씬 강화한 안전모를 제작하기 위해 케블라와 탄소 섬유를 섞어서 쓰고 있다.

복합 재료의 도전

복합 재료는 특성이 복잡하기 때문에 제작이나 적용 과정에 다양한 어려움이 따른다. 특히 복합 재료의 강도는 하중이 작용하는 방향에 대해 이방성anisotropic(섬유의 축, 즉 섬유의 결 방향에 따라 성질이 크게 달라지는 것)이 크다. 이러한 복합 재료의 거동은 물리적 특성이 방향에 따라 크게 달라지지 않는 등방성isotropic 다결정성 금속과는 상당히 다르다. 복합 재료는 섬유의 축 방향으로는 강도와 탄성계수가 제법 크지만, 축을 가로지르는 방향(즉, 축과 직각이 되는 방향)으로는 강도와 탄성계수가 부드러운 망 구조에 의해 결정되기 때문에 강도와 탄성계수의 크기가 작다.

섬유의 축 방향과 그 직각 방향은 강도와 강성이 1,000배까지 차이가 나기도 하기 때문에, 엔지니어들은 복합 재료를 설계할 때 섬유를 최대 하중이 가해지는 방향을 따라 배열하거나 등방성이 더 생기는 방향으로 엮어주도록 신경 쓴다. 복합 재료를 정밀하게 적층하는 작업 역시 중요하다. 테이프나 시트 형태의 복합 재료를 서투르게 결합하면 재료 파괴의 원인으로 작용할 수 있다. 더불어 섬유와 망 구조 사이의 결합 역시 제대로 이뤄져야 한다. 결합부가 약해서 섬유가 쉽게 빠져나와 버리면 더 이상 섬유가 하중을 실어 나르지 못하기 때문에 계획 하중보다 훨씬 낮은 하중에도 재료가 파괴될 수 있다. 탄소 섬유로 강화한 복합 재료는 섬유와 망 구조 간의 결합력이 우수하다. 두 구성 요소 모두 탄소 기반 물질이고 또 원자 결합 방식이 유사하기 때문에 서로 단단하게 결합한다.

개발 단계에서 세심한 테스트가 필요한 까닭은 롤스로이스가 겪은 뼈저린 경험에서 잘 드러난다. 1970년대에 롤스로이스는 엔진 압축기에 장착하는 회전 날개의 무게를 줄이고자 탄소 강화 복합 재료를 사용해 RB211이라는 신형 제트 엔진을 설계했다. 불행히도 엔지니어들은 엔진 설계가 막바지에 이르러서야 압축기 날의 내충격성 검사를 실시했다. (새가 엔진에 빨려 들어가는 상황을 가정해) 닭 사체를 엔진 안으로 던져 넣자 실망스럽게도 새로 개발한 회전 날이 산산조각났다. 롤스로이스는 어쩔 수 없이 큰돈을 들여 설계 작업을 새로 진행해야 했고, 그 여파로 파산에 이르면서 회생을 위해 영국 정부로부터 40억 달러를 지원받아야 했다.

혁신에는 늘 실패할 위험이 뒤따르며 그로 인한 대가는 더러 무지막지하기도 하다. 하지만 그로 인한 보상 역시 마찬가지다. 복합 재료로 만든 엔진용 회전 날은 2000년이 다가오기 전에 개발될 것으로 보인다[현재는 실제로 개발되어 GE90과 같은 비행기 엔진에 사용되고 있다]. 오늘날 복합 재료는 엔진 흡입구의 외피와 같이 내충격성이 상대적으로 중요하지 않은 부품에 사용되고 있다.

고온 재료를 찾으려는 시도는 세라믹 섬유와 금속성 망 구조를 결합하자는 생각으로 이어졌다. 금속과 세라믹은 원자 결합 방식이 상당히 다르기 때문에 서로 간의 접합 강도가 상당히 약할 때가 많다. 세라믹 섬유 복합재의 성능을 향상시키는 것은 차세대 복합 재료를 개발하기 위해 넘어야 할 과제다. 연구계는 이 과제에 큰 관심을 갖고 있으며, 물리적·화학적 성질이 크게 다른 두 물질을 결합하는 것과 관련된 문제는 우리에게 때로는 난관을 때로는 기회를 안겨줄 것이다.

실리콘의
시대

The

Substance

of

Civilization

역사에 얽매이지 마라.

가서 뭔가 멋진 일을 하라.

− 로버트 노이스

실리콘의 다양한 변신

이 책을 쓰는 동안 나는 20세기 기술계의 쾌거인 퍼스널 컴퓨터에 의존해왔다. 컴퓨터는 기업계와 과학계의 업무방식을 완전히 뒤바꾸어 놓았고, 학생과 교사, 학자, 건축가, 작가, 작곡가의 작업 방식에 큰 영향을 주었으며, 정부와 군대, 방송계뿐 아니라 우리의 삶이 매끄럽게 돌아가도록 도와준다. 컴퓨터는 실리콘이라는 재료의 놀라운 전기적 특성과 그 특성을 기발하게 활용하도록 고안된 방법에 전적으로 의존한다. 앞서 살펴봤듯이 사면체를 이루는 산소 원자 네 개와 결합하는 실리콘은 점토, 세라믹, 유리, 그리고 우리 지구를 구성하는 중요한 물질이다. 또한 놀랍게도 실리콘은 컴퓨터의 두뇌와 기억 장치를 이루는 물질로 변신할 수도 있다.

컴퓨터는 프로그램이라는 연속된 명령 체계에 따라 정보를 빠르게 저장하고 처리하는 장치다. 컴퓨터는 이 작업을 모두 전기적으로 처리한다. 19세기가 되면 컴퓨터의 조상인 계산기가 등장하는데 계산기는 전적으로 기계식이었다. 계산 장치를 제작하기 위해서는 정보(숫자나 단어) 및 정보를 다루는 요령을 알려주는 명령 체계(프로그램)가 필요했다. 계산기는 어떻게 숫자를 전기적으로 저장하는 것일까? 일상 속에서 숫자 계산을 할 때 우리는 앞서 살펴봤던 아라비아식 십진법을 사용한다. 아라비아식 십진법은 0~9까지의 서로 다른 숫자 열 개로 모든 숫자를 표현할 수 있다.

328을 예로 들어보자. 각각의 자리는 10의 n제곱, 즉 10^n만큼의 자릿값을 가진다. 오른쪽에서부터 왼쪽으로, 첫 번째 자리인 1의 자리는 n의 값이 0이고, 두 번째 자리인 10의 자리는 n의 값이 1이며, 그 뒷자리들도 똑같은 방식으로 자릿값이 부여된다. 328의 경우 첫 번째 자리인 8에는 10^0인 1을 곱해주고, 두 번째 자리인 2에는 10^1인 10을 곱해주고, 세 번째 자리인 3에는 10^2인 100을 곱해준다. 그러므로 328이라는 숫자는 8과 20과 300의 합이다. 컴퓨터에서 십진법을 사용하려면 각 자릿수마다 열 개의 다른 숫자를 표현할 수 있는 방법을 찾아내야 한다. 하지만 이것은 쉽지 않은 일이다. 이것보다는 각 자릿수에 두 가지 숫자만 사용하는 수 체계가 더 적절하다. 그러면 전등을 '켜거나' '끄는' 스위치와 유사한 방식으로 숫자를 표현할 수 있다. 이진법을 사용하면 이 작업이 가능해진다.

이진법에서는 0과 1 두 가지 숫자만 사용한다. 그렇다면 이진법에서는 숫자를 어떻게 표현할까? 111_2라는 숫자를 한 번 살펴보자(아래 첨자 '2'는 이진법을 사용한 숫자라는 표시다). 십진법에서 각 자리의 자릿값을 부여한 방식을 돌이켜보자면, 가장 오른쪽에 위치한 첫 번째 자리의 숫자 1은 이진법에서는 2^0인 1을 곱해준다. 한 자리 왼쪽으로 가서 두 번째 자리에 있는 숫자 1은 2^1인 2를 곱해주고, 마지막으로 세 번째 자리에 있는 1에는 2^2인 4를 곱해준다. 111_2를 십진법으로 표현하자면 $1(2^0)+1(2^1)+1(2^2)$ 즉, $1+2+4=7_{10}$이 되며, 여기서 아래 첨자 10은 십진법 숫자라는 뜻이다(아래 첨자 10은 일반적으로는 잘 표기하지 않는다). 다시 말해서 이진법 숫자 111은 십진법 숫자 7과 같다.

그렇다면 앞서 예로 들었던 328은 이진법으로 어떻게 표현할까? 위에서 설명한 방법에 따르자면 328_{10}은 101001000_2로 표현된다. 101001000_2을 다시 십진법으로 바꾸자면 $1(2^8)+0(2^7)+1(2^6)+0(2^5)+0(2^4)+1(2^3)+0(2^2)+0(2^1)+0(2^0)$이 되며 이 값은 328_{10}과 같다. 분명 아라비아식 십진법은 훨씬 더 간결하고 효율적인 숫자 체계다. 하지만 현재 컴퓨터용 수 체계로 널리 쓰이는 것은 투박하기 그지없는 이진법이다.

만일 각 자리마다 전등 스위치를 설치한다고 가정한다면, 111_2는 전등 스위치 세 개가 모두 연달아 '켜져' 있어서 전류를 통과시키고 있는 상태다. 축전기와 같이 전하를 저장하는 장치의 도움을 받는다면, 스위치는 축전기를 충전시키는 용도로 쓰일 수 있고 이것은 1로 표시할 수 있다. 축전기가 방전되고 있다면 이 상태는 0으로 표시된다. 만약 가장 오른쪽에 위치한 스위치를 내려서 축전기를 방전시킨다면 그 숫자는 110_2가 되고, 십진법으로는 6이 된다.

숫자를 전기적으로 표현하는 가장 단순한 방법은 스위치를 사용해 전류를 저장 및 감지하는 것이다. 단, 이 전등 스위치는 머릿속으로 그려 보기에는 편리하지만 크기가 크고 기계적으로 작동시켜야 해서 우리가 원하는 용도로 쓰기에는 부적합하다. 제2차 세계대전이 끝나 가던 무렵, 펜실베이니아대학교 전기공학과의 무어스쿨에서 제작한 최초의 컴퓨터 에니악ENIAC에서는 전등 스위치와 비슷한 성격의 스위치가 사용되었다. 에니악의 기억 장치는 10진수 20개로 구성되어 있어서 벽체 셋을 덮는 스위치 6,000개가 필요했고, 프로그래밍을 작업을 다시 실시하려면 수일이 걸렸다. 당시로는 놀랍게도 에니악은 초당 333번의 곱셈을 수행할 수 있었다. 하지만 스위치 말고도 전류를 통과시키거나 통과시키지 않을 수 있고, 게다가 초소형으로 제작할 수도 있는 장치가 있다. 그것이 바로 반도체라는 재료를 바탕으로 제작한 트랜지스터다.

앞서 나는 금속이 훌륭한 전기 전도체라고 설명했다. 배터리에서 금속 전선으로 전압을 가하면, 전압이 아무리 작아도 전류가 쉽게 흐른다. I로 표기하는 전류는 $E = I \times R$이라는 옴의 법칙을 따르는데, 여기서 E는 전압이고 R은 전류에 대한 재료의 저항이다. 옴의 법칙은 전압이 높을수록 전류도 그에 정비례해서 높아진다고 설명한다. 금속은 결정 속 개별 원자에 묶여 있지 않은 전자를 많이 갖고 있으며, 이 음전하 입자들은 전압의 힘에 의해 쉽게 이동한다. 우리가 실제로 얻는 전류는 저항에 따라 달라진다. 고정 전압 아래에서 전류는 저항이 커질수록 작아진다.

이런 식의 거동을 전압이 증가한다는 가정하에 실리콘과 같은 반도체의 거동과 비교해보자. 반도체의 경우 전압이 낮으면 전류가 흐르지 않는다. 전압이 문턱전압 값(이 경우에는 1.1볼트)에 이르러야 감지 가능한 전류가 흐르기 시작하며 이후에는 전류가 급증하다가 안정화된다. 이와 같이 전류와 전압 사이에 비선형적인 반응이 강하게 나타나는 것이 반도체의 독특한 특성이며, 이로 인해 반도체는 전압이 가해졌을 때 전류를 연결하고 끊는 스위치와 같은 역할을 담당할 수 있다. 반도체의 거동이 어떻게 컴퓨터 저장 장치의 근간을 이루는지를 알아보기 전에 그러한 특성이 어디에서 비롯되는지부터 살펴보자.

그러려면 알루미늄과 실리콘의 특성을 비교해보는 것이 좋다. 알루미늄은 여느 금속처럼 선형적 거동을 보이고, 실리콘은 앞서 살펴본 것처럼 비선형적 반도체의 거동을 보인다.[48] 알루미늄과 실리콘은 원소 주기율표상에서 이웃해 있다. 알루미늄에는 양성자 13개와 전자 13개가 들어 있고, 실리콘에는 양성자 14개와 전자 14개가 들어 있으며, 따라서 알루미늄과 실리콘의 원소 번호는 각각 13번과 14번이다. 알루미늄과 실리콘을 관찰해보면 각기 은빛과 검은빛이 도는 금속처럼 보인다. 또한 둘 다 밀도가 비슷하고(알루미늄 2.7그램/세제곱센티미터, 실리콘 2.3그램/세제곱센티미터) 집었을 때 가벼운 느낌이 든다.

그렇다면 차이점은 무엇일까? 두 물질의 전기 저항값(옴의 법칙에서 R로 표기하는 값)을 측정해보면 알루미늄이 실리콘보다 전기 전도성이 10^{11}배 더 높다. 이러한 차이는 앞서 살펴본 대로 두 물질의 전압-전류 거동이 상당히 다르기 때문에 나타난다. 또 알루미늄은 660도에서 녹지만 실리콘은 1,414도에서 녹는다. 이러한 차이는 두 물질의 원자 간 결합에 대해 시사하는 바가 있다. 실리콘 원자 간의 결합력이 알루미늄 원자 간의 결합력보다 훨씬 더 강한 것이다. 또한 직경 2.5센티미터짜리 알루미늄 막대와 실리콘 막대를 무릎에 대고 구부려보면 순 알루미늄 막대는 소성 변형이 쉽게 일어나는 반면, 실리콘 막대는 유리처럼 파괴된다. 이 역시 두 물질의 원자 간 결합 방식이 상당히 다르기 때문이다.

두 물질의 원자가 결합하는 모습은 멀리 떨어져 있는 원자를 한데 모아서 고체를 형성한 다음에 원자 간의 거리가 줄어들 때 원자의 에너지에 어떤 변화가 생기는지를 살펴보는 식으로 머릿속에 그려보면 좋다. 서로 간에 인력을 받는 원자들은 결합력으로 간주할 수 있는 힘을 받는다. 알루미늄의 경우에는 자유 전자 구름이 주기적으로 배열되어 있는 원자들을 감싼다. 이 전자들은 전압이 가해지면 쉽게 이동하는데, 금속의 전기 전도성이 좋은 이유는 바로 이 때문이다.

실리콘과 첨단 기술의 발전

앞서 우리는 실리콘이 다른 원자 네 개와 결합하기를 좋아하고, 실리콘과 결합하는 네 원자는 사면체의 꼭짓점에 배열된다는 것을 살펴보았다. 전자가 금속의 경우처럼 자유롭게 돌아다니지 못하고, 두 원자에 의해 공유되어서 묶여 있다면, 그 결합은 공유결합이다. 원자 사이의 특정한 위치에 있는 전자를 끄집어내리면 일정 수준 이상의 에너지를 가해야 하며, 앞서 우리가 살펴본 실리콘은 이 에너지가 1.1볼트다. 공유결합이 끊어지면 전자가 결정체 내에서 마음대로 돌아다닐 수 있게 된다. 이렇게 해서 우리는 전등 스위치를 갖게 되는 것이다.

실제 실리콘 스위치는 이보다 더 많은 과정을 거쳐서 제작된다. 예를 들어 실리콘 스위치를 제대로 작동시키려면 '도판트[반도체 제조 과정에서 극미량으로 첨가하는 불순물]'라는 물질을 소량 첨가해 '전계 효과 트랜지스터'를 만들어야 하는데, 이 전계 효과 트랜지스터는 벨 연구소 소속의 윌리엄 쇼클리William Shockley가 동료인 존 바딘John Bardeen, 월터 브래튼Walter Brattain과 협업해서 개발했다. 훗날 세 사람은 이 업적으로 노벨상을 공동 수상했다.

전계 효과 트랜지스터는 3극 진공관과 비슷하며 증폭기 역할을 한다. 가령 입력 전극과 출력 전극 사이에 전류를 흘리기에 충분한 전압인 1.1볼트를 걸어준다고 가정해보자. 실제로 전류가 흐를지 말지는 입력 전극과 출력 전극 사이로 난 통로의 조그만 전압 변화에 의해 결정된다. 여기에 -0.1볼트가 가해지면 입력 전극과 출력 전극 사이의 실제 전압은 1.1볼트에서 0.1볼트가 줄어들어 1.0볼트가 되는데, 1.0볼트는 공유결합상의 전자를 탈출시키기에는 부족한 전압이다.

전압이 조금만 변해도 입력 전극과 출력 전극 사이에 흐르는 전류는 크게 변하기 때문에, 전계 효과 트랜지스터는 증폭기처럼 행동하여 미약한 신호를 크게 증폭시킨다. 도판트는 실리콘의 전도성을 조절하여 전자를 비전도성에서 전도성으로 바꾸는 데 필요한 에너지를 변화시키고자 첨가한다. 이로써 트랜지스터가 정보를 이진법의 형태로 저장하는 용도로 쓰일 수 있게 되자 모든 컴퓨터는 이를 바탕으로 운영된다.

트랜지스터는 진공관보다 개선이 비약적으로 이뤄진 제품이다. 진공관은 크고 약하고 냉각이 많이 필요한 데다가 고장이 날 확률이 상대적으로 높았다. 초기 컴퓨터 설계자들은 조그만 전계 효과 트랜지스터를 일일이 조립한 다음에 기판 위에 하나씩 얹어서 컴퓨터를 제작했다. 트랜지스터를 일일이 만들어서 기판 위에 얹는 것은 어려운 작업이고, 또 이진법 숫자의 한 자리를 차지하는 정보(1'비트' 정보)를 저장하기 위한 용도로 단일한 트랜지스터-축전기 조합을 만들어줘야 하기 때문에, 방대한 정보를 저장하려면 수많은 트랜지스터가 필요했다.

1957년, 캘리포니아주 마운틴뷰에 소재한 페어차일드 반도체는 실리콘 트랜지스터를 제작하고 있었다. 그들은 얇은 단결정 실리콘 웨이퍼 위에 여러 트랜지스터를 만든 다음에 트랜지스터를 하나씩 잘라내고 전선으로 연결해 전기 회로를 형성했다. 초기 트랜지스터라디오와 보청기는 바로 이런 방법으로 제작되었다. 전선 연결 작업은 시간이 많이 걸리고 지루할 뿐 아니라 제작 과정에서 오류가 발생할 수밖에 없었고, 또 전기 펄스 자체는 빛의 속도로 이동한다지만 컴퓨터의 작동 속도는 연결 전선의 길이에 의해 제약을 받았다. 회로가 더 복잡해지고 연결 전선의 길이가 늘어나자 계산 작업에 소요되는 시간도 덩달아 늘어났다. 작동 속도를 향상시키기 위해서는 연결 거리를 줄여야 했는데, 그 말은 곧 트랜지스터를 더 작게 만들고 더 가까이 모아줘야 한다는 뜻이었다.

그렇다면 그 방법은 무엇일까. 전자 장치에 사용되는 실리콘 결정은 결함이 있으면 반도체의 전기적 거동에 국지적인 변화가 생기기 때문에 결함이 없어야 한다. 그 말은 전위나 결정립계가 없어야 한다는 뜻이다. 놀랍게도 현재는 결함이 없는 실리콘 결정을 직경 30센티미터에 길이가 수십 센티미터에 이르는 형태로 큼지막하게 제작할 수 있다. 이후에는 이 실리콘 결정을 살라미 소시지 모양의 얇은 웨이퍼로 조심스레 잘라낸다. 표면에 먼지 입자가 묻어도 실리콘의 전기적 거동에는 큰 문제가 생길 수 있다. 1958년, 페어차일드에서 일하던 진 호에르니Jean Hoerni는 표면에 얇은 이산화규소층을 평면형으로 입혀서 트랜지스터 칩을 먼지 입자로부터 보호하는 기술을 개발했다.

역시 페어차일드에서 일하던 로버트 노이스Robert Noyce는 트랜지스터의 제작 공정을 단순화하는 문제를 고민하던 차에 이산화규소를 평면형으로 입히는 기술을 살펴보고는 그와 비슷한 기술을 사용해 전기 회로 전체(트랜지스터, 저항기, 축전기)를 하나의 실리콘 칩 위에 올릴 수도 있겠다는 생각을 하게 되었다. 이산화규소는 각 부품을 따로 떼어놓는 절연체 역할을 했다. 노이스는 도판트를 특정한 위치에 첨가하면 개별 전기 부품을 제작할 수 있다는 것을 알아냈으며, 어떤 도판트는 트랜지스터를 생성하고, 또 다른 도판트는 저항기를 생성했다. 이후 노이스는 금속 전도체로 서로 다른 부품을 하나로 연결하는 과제에 도전했다. 그는 부품을 얇은 전선으로 연결하는 대신, 금속선을 이산화규소를 입힌 실리콘칩 위에 직접 새기는 아이디어를 생각해냈다. 이렇게 하면 각 트랜지스터가 모여 있는 개별 구역을 합쳐서 금속선으로 트랜지스터를 서로 연결할 수 있었다. 현대식 컴퓨터의 핵심인 집적 회로가 탄생한 것이다.

집적 회로는 처음에는 대륙 간 탄도 미사일인 미니트맨 미사일용으로 판매되었고, 이후 1960년대 말에는 존 F. 케네디 대통령이 인간의 달 착륙을 목표로 추진한 아폴로 우주 계획용으로 판매되었다. 계기판에 탑재하는 소형 컴퓨터는 미사일과 달착륙선을 조종하기 위해 필요했다. 집적 회로 기판이 처음에 주로 군사용이나 우주 계획용으로 판매된 것을 보면 혁신적인 기술 개발을 추진한다든가 아니면 적어도 재원을 투입하게 되는 계기는 주로 국가 방위상의 필요 때문이라는 것을 알 수 있다.

노이스가 마이크로칩을 개발한 지 5년 뒤인 1964년에는 똑같은 칩에 회로 10개가 들어갔다. 1969년에는 칩 하나에 회로 1,000개가 올라갔고, 1975년에는 회로 3만 2,000개가 들어가는 32킬로바이트 메모리칩이 제작되었다. 요즘은 칩 하나에 트랜지스터 몇백만 개가 올라간다. 반도체 업계의 목표는 2000년까지 트랜지스터 10억 개를 집적하는 것이다[요즘은 수십억에서 수백억 개가 집적된다]. 관건은 트랜지스터의 크기와 트랜지스터 간의 연결 길이를 최소화하는 것인데, 그 이유는 초당 계산 속도가 회로상의 부품 사이에 전기 펄스를 보내는 시간에 따라 결정되기 때문이다. 현 기술로는 크기가 1마이크로미터 이하인 트랜지스터와 굵기가 2,500옹스트롬(0.25마이크로미터)인 금속선을 제작할 수 있어서, 인간의 머리카락 굵기인 50마이크로미터와 견줄 수 있는 수준이다. 이 수치는 가까운 시일 안에 절반 이상으로 줄어들 것이다.

노이스는 페어차일드에서 나와 인텔을 공동 창업했으며, 현재 인텔은 컴퓨터의 두뇌인 마이크로프로세서 시장을 주름잡고 있다. 인텔이 내놓은 첫 제품은 마이크로프로세서 4004와 8008이었으며, 두 제품 모두 집적회로를 바탕으로 제작되었다. 노이스가 실리콘칩 위에 회로를 올리자는 생각을 하고 있었을 때, 텍사스 인스트루먼트의 잭 킬비Jack Kilby도 그와 똑같은 목표에 매진하고 있었다. 킬비는 칩 위에 회로를 처음으로 집적해 1958년에 회사 중역들 앞에 선보였다. 불행히도 킬비는 개별 부품을 칩 표면에 들어가는 증발 처리한 금속선으로 연결하지 않았고, 이 때문에 미국 특허청은 회로를 연결하는 문제를 처음으로 해결한 노이스에게 특허 우선권을 주었다. 하지만 오늘날 로버트 노이스와 잭 킬비는 집적 회로의 공동 발명자로 평가받는다.

킬비의 독창적인 아이디어를 바탕으로 텍사스 인스트루먼트는 최초로 휴대용 계산기를 생산해냈다. 이 계산기는 처음에 수백 달러에 판매되었지만 요즘에는 단순한 형태의 계산기를 전국 슈퍼마켓 카운터에서 10달러 미만으로 구매할 수 있다. 이제는 계산자 대신 신용 카드만 한 계산기로 계산을 할 수 있다. 묘하게도 그로 인해 걱정되는 것은 과학 연구자들의 암산 능력이 예전과 같지 않게 되는 것이다. 나 역시 다른 사람들처럼 숫자 계산 능력을 잃어가는 것 같다. 때로 나는 다음 세대의 공학자나 과학자들의 마음가짐이 전자계산기 때문에 너무 게을러지는 건 아닌가 하는 생각을 하곤 한다. 우리는 경이로운 발명품을 통해 많은 것을 얻었다. 그렇다면 우리가 잃어버린 것은 무엇일까?

1960년대 들어 인텔의 또 다른 직원인 테드 호프는 획기적인 아이디어를 생각해냈다. 휴대용 계산기처럼 특정 계산만을 위해 특수한 부품을 설계하는 대신 컴퓨터의 모든 기능(논리 회로, 산술 연산 회로, 프린터 제어용 명령)을 단일한 실리콘칩에 집어넣고, 각 칩에 입출력 및 프로그램용 부품을 넣자는 것이었다. 호프가 개발한 첫 마이크로프로세서는 크기가 0.32센티미터×0.42센티미터인 칩 위에 트랜지스터 2,000개 이상을 넣은 제품으로, 성능이 1950~60년대에 에어컨이 딸린 방에 설치하던 초기 컴퓨터와 맞먹었다. 호프의 발명품은 아주 값싸게 제작할 수 있는 덕분에(1971년에는 약 100달러였으나 1970년대 말에는 5달러가 되었다) 혁명을 불러왔다.

진화하는 컴퓨터와 실리콘의 미래

이제 소형 컴퓨터는 정밀한 제어를 위해서 냉장고, 자동차의 전자식 점화 장치, 전자레인지에 들어간다. 후속 모델이 오래도록 출시된 인텔의 8080 마이크로프로세서칩은 초당 29만 회의 연산을 실행할 수 있었다. 1993년에 인텔이 출시한 펜티엄 모델은 초당 1억 회의 연산을 수행한다. 1940년대에 개발된 에니악의 연산 속도는 초당 333회였으며, 이를 위해 진공관 1만 7,000개 이상, 스위치 6,000개를 사용하여 길이 2.4미터, 무게 30톤으로 제작해야 했다. 약 50년 사이에 컴퓨터의 성능은 수 킬로그램짜리 작은 상자에 들어가는 손톱 크기만 한 실리콘칩 덕분에 100만 배 가까이 향상되었다.

현재 실리콘칩에 들어가는 트랜지스터의 크기와 트랜지스터 간의 거리, 그리고 트랜지스터를 연결하는 금속선의 굵기와 실리콘칩을 형성하는 여러 층의 두께는 1만 옹스트롬 이하이다. 그중 일부는 치수가 100옹스트롬 이하로 내려가기도 한다. 인텔, 모토로라, IBM과 같은 회사의 과학자들은 이 치수를 더 줄여가고자 노력할 것이다. 하지만 이러한 소형화 작업은 개별 원자 단위 이하로 이뤄질 수는 없을 것이기에 언젠가는 한계에 부딪히게 될 것이다.

그렇다면 그다음에는 어떻게 해야 할까? 현재 연구실에서 일하는 과학자들은 개별 원자를 다룰 수 있다. 과학자들은 개별 원자를 기본 재료로 삼는 장치를 만들어낼 수 있을까? 이것이 우리 앞에 놓여 있는 도전 과제다.

•

21세기의 물질들

이타카에 엄청나게 덥고 습한 여름철 오후가 또다시 찾아왔다. 나는 집 주변을 쉴 새 없이 오가며 소소한 일거리로 시간을 보냈다. 테라스에 피라미드형으로 쌓여 있는 화분 앞에 서서 메말라 축 늘어진 화초에 차례차례 물을 줬다.

마당을 둘러보다가 하릴없이 내 삶의 형태를 이루고, 내 삶을 이리도 편하게 만들어준 재료들을 살펴보았다. 고무호스, 석조 테라스에 가지런히 늘어선 토기 화분, (타이어를 제외하고) 모두 금속으로 만든 정원용 트랙터, 목조 단층집. 여기에 쓰인 재료는 인류가 수천 년 혹은 수백 년 전부터 알고 있던 것들이다. 하지만 집 안에 있는 CD플레이어, 컴퓨터, 그리고 텔레비전은 지난 60년간 실리콘 관련 기술이 발달하면서 등장한 제품들이다.

나는 1950년대 뉴욕에서 보낸 내 어린 시절을 돌이켜보았다. 그 당시 나를 가장 뿌듯하고 즐겁게 해주던 물건은 아버지가 시킨 심부름을 하고 나서 받은 돈으로 산 단파 라디오 할리크래프터스 S38-C였다(값은 100달러 미만이었다). 나는 웨스트 브롱크스의 가로수 언덕길을 오르내리며 고기 꾸러미를 나르는 일로 시간당 75센트에 팁 25센트를 받았다. 이른 아침이면 라디오를 끼고 앉아 다정하게 다이얼을 돌리면서 내가 꿈에서나 볼 법한 지구 반대편에 있는 곳에서 흘러나오는 미약한 라디오 신호를 잡기 위해 노력했다.

요즘은 돈을 조금만 더 주면, 성능은 훨씬 더 좋고 크기는 손바닥만 한 단파 라디오를 살 수 있으며, 게다가 이런 라디오에는 예전에 내가 6층 아파트 지붕에 매달았던 15미터짜리 구리 전선 대신 짤막한 안테나가 달려 있다. 더군다나 텔레비전을 통해 선명한 이미지를 볼 수 있고, 인터넷을 통해 전 세계로부터 정보를 쉽게 받아볼 수 있게 된 마당에 단파 라디오를 굳이 고집할 필요가 있을까?

어린 학생이었던 시절의 나는 앞으로 어떤 세상이 펼쳐질지 짐작조차 하지 못했다. 십 년 만에 내 라디오에 들어 있던 거대한 진공관 증폭기가 실리콘칩 위에 얹힌 조그만 트랜지스터로 바뀌리라는 생각은 한 번도 해보지 못했다. 누가 그런 일을 상상이나 했을까?

정보 통신 기술, 유통, 여가 활동, 인공 관절 분야는 모두 혁신적인 물질 덕분에 이미 변화가 나타나고 있다. 실리콘 트랜지스터는 진공관을, 유리섬유는 구리 전선을, 제트 엔진은 피스톤 엔진을 대체했고, 탄소 섬유로 강화한 테니스 라켓과 낚싯대는 목재 제품에 비해 성능이 월등히 좋으며, 세라믹과 금속으로 만든 엉덩이 관절은 인체 관절을 대신하고 있다. 이러한 변화 속도는 21세기에 들어서도 기세를 늦추지 않고 지속될까? 이것은 기술계의 예언가들이 대답을 내놓기 위해 자신의 명성을 걸어야 할 질문이다.

분명 세상은 변할 것이다. 먼저, 인류와 지구에 도움이 될지 안 될지 의문스러운 점이 있기는 하지만 우리가 더 개선해나가고자 하는 기술들에 대해 살펴보자. 뉴욕에서 도쿄까지 초고속으로 이동하는 기술은 기업계 인사들에게 매우 요긴할 것이다. 이것은 1980년대에 미항공우주국이 야심차게 추진한 우주 항공 계획이었다. 이 계획에 따르면 비행선은 뉴욕 케네디 공항에서 출발해 음속의 25배로 우주 공간을 날아서 세 시간 삼십 분 뒤에 도쿄 나리타 공항에 착륙한다.

우주 항공 계획은 소리소문없이 보류되었다. 비행선 동체나 엔진 제작에 사용할 재료가 마땅치 않았기 때문이었다. 그보다 조금 더 현실적인 계획안으로 음속의 두세 배로 승객을 실어나르는 초음속 여객기, 즉 콩코드기에 경제성을 더한 여객기가 대두되었다.

하지만 그런 비행기에 들어갈 만한 엔진은 아직 이 세상에 존재하지 않는다. 미래의 엔진이 현존하는 엔진보다 효율을 높이고, 오존층에 아산화질소 오염 물질을 남기지 않기 위해서는(차세대 비행기는 오존층을 비행할 것이다) 현존하는 엔진의 온도보다 200~300도 더 높은 1,400도에 도달할 수 있어야 한다. 이 정도 고온에서는 금속 합금만으로는 제대로 된 성능을 발휘하기가 어려워서 엔진 설계자들은 세라믹에 관심을 갖기 시작했는데, 세라믹은 녹는점이 높고 산화 저항성이 좋아서 매력적이기는 하지만 충격이 가해지면 급격하게 파괴된다는 단점이 있다.

그렇다면 어떻게 해야 할까? 앞서 14장에서 살펴봤듯이 자연에서 대략적인 해답을 얻을 수 있다. 엔진 회전 날의 사례에서와 같이 세라믹에 균열이 번지는 것을 막아주는 재료를 넣어서 복합 재료를 만드는 것이다. 두 재료는 당연히 뜨거운 가스의 열기를 견뎌낼 수 있어야한다. 연성을 더해주는 재료는 금속, 세라믹, 금속간화합물로 한정되어 있다. 회전 날은 약간의 연성이 필요하기 때문에 이럴 때 가장 적합한 선택지는 금속이다. 금속은 그 자체만으로는 고온에서 강도가 매우 약하지만, 세라믹이 갖춰야 할 성능을 보완해줄 수 있기 때문에 참사의 징조를 미리 여실히 보여주는 '점진적 성능 저하'를 가능하게 해준다.

현재는 고온에서 사용 가능한 금속-세라믹 복합 재료가 존재하지 않는다. 일부 과학자들은 금속이 이와 같은 조건을 제대로 견딜 가능성이 전혀 없다고 판단하고 그 대신 복합 재료 전체를 세라믹으로만 만드는 방법으로 눈을 돌렸다. 가장 유망한 후보 물질은 질화규소로, 질화규소는 질화규소 자체를 단단한 세라믹으로 강화해서, 회전 날을 제작하는 세라믹-세라믹 복합 재료로 쓰일 수 있다. 강화 질화규소의 파괴 저항성은 강화되지 않은 질화규소에 비해서는 훨씬 높지만, 금속에는 크게 미치지 못한다. 이와 관련된 연구는 21세기에도 계속해서 이어질 것으로 보인다.

자동차 연비를 세 배로 향상하는 것은 21세기의 주요 목표가 될 것이다. 현재로서는 갈 길이 멀다. 디트로이트에서 생산되는 멋진 자동차들은 연비가 30~34킬로미터/리터가 되어야 할 것이며, 현재 연비는 평균 10~13킬로미터/리터다. 그러자면 항공 산업계가 추력중량비(엔진의 중량에 대한 유효 추진력의 비율)를 바탕으로 개척해간 길을 따라 자동차 차체의 무게를 줄여야 한다. 현대식 항공기는 바로 이런 이유로 동체에 탄소 복합 재료를 점점 더 많이 사용해가고 있다. 또 항공기 엔진은 작동 온도가 높아질수록 효율이 높아지고 그에 따라 추력중량비도 높아진다.

포드, 제너럴모터스, 크라이슬러, 혼다, 도요타는 자동차 경량화를 위해 무엇을 할 수 있을까? 구조체 부품에 폴리머 소재나 폴리머 복합 재료를 더 많이 사용하는 방법부터 시작해볼 수 있을 것이다. 폴리머는 주로 가벼운 원소인 탄소와 수소로 이뤄져 있기 때문에 무게가 매우 가볍다. 그리고 엔진을 세라믹으로 제작하면 경량화에 도움이 될 뿐 아니라 주철이나 알루미늄 엔진보다 냉각을 덜 해줘도 된다.

마지막 장에서 살펴보았듯이, 현대식 컴퓨터는 전자 부품을 초소형화한 결과물이다. 부품을 점점 더 작게 만들 수 있게 되자, 모터나 센서와 같은 기계 장치를 아주 작게 제작하는 작업에도 관심이 쏠리고 있다. 내 동료 교수는 현재 소형화 기술이 어느 정도 수준인지를 보여주는 몇 미크론짜리 실리콘 기타를 제작했다. 어쩌면 앞으로 우리는 크기가 원자 수준에 육박하는 소형 기계 장치가 우리의 명령을 수행하는 장면을 목격하게 될 것이다. 현재 이런 일은 재료공학자나 기계공학자들의 상상 속에서나 존재한다. 하지만 학자들의 상상 속에서 존재한다는 말은 언젠가 현실화될 수도 있다는 뜻이다.

어느 기발한 과학자가 묘책을 고안해낸다거나 아니면 우연히 묘수를 발견해내서 우리가 마주한 도전 과제를 완전히 다른 방식으로 해결할 가능성도 있을 것이다. 바로 그런 가능성 때문에 과학자들과 공학자들은 일 년 내내 밤낮없이 연구실에서 연구 활동에 매진한다. 어쩌면 애덤 스미스의 말처럼, 순수한 호기심에 이끌리는 사람과 겉보기에 별로 상관없는 문제를 해결하려던 사람이 역사의 향방을 결정짓는 물질을 발견해낼지도 모른다.

인쇄술은 앞서 보았듯이 플랑드르 화가들의 능력에 힘입어 발전해 갔다. 어쩌면 새로운 가능성은 미국 조각가 데이비드 스미스의 말마따나 목표를 공유하는 예술, 공학, 과학의 연합체로부터 등장할지도 모른다. 누구든 새로운 가능성을 제시하려면 애덤 스미스가 말한 대로 "가장 동떨어져 있고 가장 이질적인 것들의 힘"을 하나로 결합시키는 능력을 갖춰야 한다. 문명은 항상 그런 능력에 의지해왔다.

·

문명의 레시피

비행기 조종사가 다 마신 콜라병을 창밖으로 던진다. 콜라병은 아프리카 사바나를 거닐던 부시맨 곁으로 떨어진다. 부시맨은 모래 속에 박힌 콜라병을 향해 터벅터벅 걸어가더니 난생처음 보는 콜라병을 두드리고 만져보며 난감한 표정을 짓는다. 영화 〈부시맨The Gods Must Be Crazy〉은 그렇게 시작된다.

난데없이 부시맨 이야기를 꺼낸 이유는, 누구나 현대사회를 살아가다 보면 하늘에서 뚝 떨어진 콜라병을 바라보는 부시맨의 심정을 느낄 때가 있기 때문이다. 나날이 발전해가는 기술 덕분에 우리는 각종 편의 도구를 사용하며 윤택한 삶을 누리지만, 이 문명의 이기가 어떻게 작동하고 또 무엇으로 제작되는지에 대해서는 아무것도 모를 때가 많다. 그래도 작동 원리나 구성 재료가 뭔지 모를 때는 그나마 괜찮다. 다들 그런 물건에 뒤덮여 살아가고 있는 신세이므로 그렇게

까지 크게 당혹스럽지는 않다. 그러나 난생처음 보는 물건 앞에서 이게 무엇이고 어디에 쓰는 물건인지 전혀 감이 잡히지 않을 때면 왠지 타인의 시선이 온통 나에게만 쏠리는 듯하면서 벌거벗은 느낌이 들때가 있다. 아랫도리만 걸친 채 콜라병을 골똘히 바라보는 부시맨처럼 말이다.

하지만 걱정할 필요 없다. 이제는 알고자 하는 의지만 있다면 누구나 웬만한 지식은 전문가 뺨치게 습득할 수 있는 시대다. 더욱이 이 세상에는 그런 지식을 아낌없이 나누고자 하는 좋은 사람들이 많다. 이 책의 저자인 스티븐 사스도 그런 사람들 중 하나다. 그는 재료공학과 교수이며, 이 책을 통해 "물질이 인류의 문명을 형성해온 과정"을 독자들에게 설명해준다.

"뭐라고? 재료공학이라고?" 누군가는 그렇게 반문할지도 모르겠다. 재료라는 단어만 해도 벌써 어딘지 모르게 딱딱하고 무거운데 거기다가 공학이라는 엄청난 단어까지 덧붙여 있으니, 이야기를 들어보기도 전에 부담감을 가지는 사람도 있을 수 있겠다. 저자도 수업 시간에 겪어봐서 그런 사정을 잘 알기에 이 책에서는 재료와 관련된 이야기에 누구나 흥미를 가질 만한 역사와 고고학 이야기를 다양하게 버무려 놓았다.

물론 이것은 문명을 이룬 물질을 찾아가는 이 책의 여정상 반드시 필요한 대목이기도 하지만 덕분에 우리는 물질 혹은 재료라는 주제를 더욱 다양한 관점에서 살펴보며 우리의 삶이 물질에 얼마나 크게 의존하고 있는지, 또 그러한 물질을 찾아내고 가공하고 개선해온 선조들의 노력에 우리가 얼마나 큰 빚을 지고 있는지를 깨달을 수 있다.

그렇다면 다양한 지식이 버무려져 있는 이 책은 어떤 식으로 읽는 것이 좋을까? 독자 개개인의 관심사와 지식 욕구에 따라 다르겠지만 옮긴이의 입장에서는 가급적이면 처음부터 끝까지 순서대로 읽기를 권한다. 그 이유는 이 책의 구성 자체가 시대순으로 배열되어 있고, 재료와 기술이 발전해나가는 양상이 시간의 흐름에 따라 차례차례 전개되기 때문이다(물론 책읽기에는 정해진 방법 같은 건 없으니 원하는 장부터 입맛대로 골라서 읽어도 문제될 건 없다).

초창기 인류가 처음에 사용하는 도구는 재료와 형태가 가장 단순하기 때문에 이 책의 초반부는 재료 자체에 대한 이야기라기보다는 거의 흥미로운 역사책에 가까운 양상으로 진행된다. 그렇게 역사 중심의 이야기를 재미있게 따라가다 보면 뗀석기, 구석기, 신석기, 청동기, 철기 시대 등으로 넘어가면서 재료 본연의 이야기에 조금씩 무게가 더 실린다.

이윽고 이야기는 어느덧 인류 문명의 극치인 최신 기술에 가닿는다. 영화 〈2001 스페이스 오디세이2001 A Space Odyssey〉에서 유인원이 하늘로 던져 올린 뼛조각이 우주선이 되듯, 초창기 인류의 어설픈 도구가 시간이 점점 흐르면서 금속, 유리, 폴리머, 반도체 등으로 발전해가며 증기기관, 플라스틱, 우주선의 개발로 이어지는 과정은 정말이지 경이롭기까지 하다.

저자는 이 책의 목적상 재료역학 이론을 아주 깊게 파고들지는 않는다. 하지만 물질이 발전하고 기술 혁신이 일어나는 과정과 원리를 설명하기 위해서 전문적인 내용이나 용어가 후반부로 접어들수록 더 많이 등장한다. 그중에는 독자들이 학창 시절에 접해본 것도 있고, 또 접해보지 못한 것들도 있을 것이다. 혹여나 책을 읽다가 너무 어렵게 다가오는 내용이 있다고 해도 너무 상심하지 않기를 바란다. 물론 모든 내용을 세세하고 완벽하게 이해한다면 그것만큼 좋은 것도 없겠지만 설령 그렇게 하지 못한다고 하더라도 이 책의 목표가 "물질이 인류의 문명을 형성해온 과정"을 살펴보는 것에 있다는 저자의 말을 잊지 말았으면 좋겠다.

문명이라는 위대한 요리를 만드는 레시피는 문명이라는 주제의 방대함이나 거대함에 걸맞게 그 깊이와 폭이 상당할 수밖에 없다. 우리가 반드시 그 모든 레시피에 통달해야 하는 것은 아니며, 또 그럴 필요도 없다. 애초에 문명 혹은 문명을 이루는 기술은 한 사람의 노력으로 이뤄진 것이 아니다. 오랜 시간에 걸쳐 다양한 지역의 수많은 사람이 자신의 영역에서 최선의 노력을 기울인 것이 한 방울 두 방울 모여서 오늘날의 문명을 이뤄냈다. 그러므로 자신이 좋아하거나 이끌리는 레시피에 집중하고, 그 레시피로 만들어낸 요리를 중점적으로 음미하는 것도 의미가 있는 일이라고 생각한다.

나는 이 책을 읽고, 옮기면서 이 책의 저자가 교편을 잡았던 코넬대학교 강의실에 앉아 있는 듯한 느낌을 수시로 받았다. 눈이 녹아내리고 봄기운이 서서히 찾아드는 어느 오후 시간, 성실하고 마음씨 좋은 선생님이 강단에 올라 재료역학 교양 수업을 시작한다. 오늘의 강의 주제는 강철의 열처리법이다.

선생님은 그날 준비해온 강의록을 들여다보며 차근차근 설명을 시작하지만 학생들은 하나둘 서서히 고개를 숙이기 시작한다. 그때 갑자기 선생님의 목소리 톤이 변한다. 선생님의 입에서는 여전히 수업과 관련된 이야기가 흘러나오지만 그 내용이 학생들의 호기심을 자극할 만한 주제로 바뀐 덕분에 강의실 분위기가 조금씩 좀 전과는 달라진다.

이윽고 자신감을 얻은 선생님이 체구가 조그마한 남학생 하나를 불러 순알루미늄 막대를 건네며 무릎에 대고 구부려보라고 말씀하신다. 어딘지 영 자신이 없어 보이는 남학생은 반신반의하면서 알루미늄 막대를 무릎에 대고 힘을 준다. 순식간에 막대가 힘없이 구부러지자 학생들이 '오오' 탄성을 내지르면서 박수를 친다. 남학생은 히죽 웃으면서 위풍당당하게 제자리로 걸어 들어간다. 이 책을 읽으며 나는 그런 광경을 자주 떠올렸다.

이 책은 약 20년 전에 출간된 책이다. 그러다 보니 현재와의 시간차 때문에 일부 내용이 지금 상황과 더러 맞지 않거나 보완이 필요한 곳이 있었다. 그런 부분은 필자가 글의 흐름에 크게 영향을 미치지 않는 선에서 수정 보완하거나 옮긴이 주를 달았다. 또 저자가 국제단위계와 미국 단위계를 혼용하고 있는데, 기본적으로는 국제단위계로 옮기되, 내용 전개나 이해 증진의 편의상 때로는 미국 단위계를 그대로 사용해서 옮기기도 했다. 책을 보시면서 이 점을 참고해주시면 좋겠다.

번역 작업 초반부에 자료 검색을 하다가 스티븐 사스 교수가 이미 고인이 되었다는 사실을 알게 되었다. 삼가 고인의 명복을 빌며, 모쪼

록 이 책을 통해 물질에 대한 고인의 열정과 노력이 우리 독자들에게
도 잘 전달되기를 바란다.

2021년 4월

옮긴이 배상규

1 J. S. Cooper and W. Heimpel, "The Sumerian Legend," *Journal of the American Oriental Society* 103 (1983): 67~82.

2 H. W. F. Saggs, *Everyday Life in Babylonia and Assyria*(New York: G. P. Putnam and Sons, 1965) p. 32.

3 이 결정상의 총 단위격자의 수는 엄청나게 커서 제대로 표현하려면 과학적 기수법을 사용해야 하며, 이에 따라 10의 거듭제곱을 사용하면 $10=10^1$, $100=10^1 \times 10^1=10^2$, $1,000=10^1 \times 10^1 \times 10^1=10^3$, $1,000,000=10^1 \times 10^1 \times 10^1 \times 10^1 \times 10^1 \times 10^1=10^6$이된다. 보다시피 밑수가 똑같은 숫자(여기서는 밑수가 10)를 곱하면 지수가 증가한다. 숫자 250만은 거듭제곱을 사용하면 25×10^6으로 표기되며, 입방체형 결정 속에 들어간 단위격자의 수는 250만×250만×250만=$(25 \times 10^6) \times (25 \times 10^6) \times (25 \times 10^6)=25 \times 25 \times 25 \times 10^6 \times 10^6 \times 10^6=15,625 \times 10^{18}$ 혹은 1.5625×10^{22}가 된다. 상당히 큰 숫자다! 비교를 해보자면 1995년 미국의 부채는 5조 달러였으며, 이는 $5,000,000,000,000$ 혹은 5×10^{12}달러다.

4 G. Agricola, *De Re Metallica*, trans. by H. C. and L. H. Hoover(reprint, New York: Dover Editions, 1950) p. 34.

5 J. B. Pritchard, ed., *Ancient Near Eastern Texts Relating to the Old Testament*(Princeton: Princeton University Press, 1955) pp. 229~230.

6　L. Legrain, "Business Documents of the Third Dynasty of Ur," *Ur Excavation Texts 3*, no. 385(1937).

7　T. A. Wertime and J. D. Muhly, *The Coming of the Age of Iron*(New Haven: Yale University Press, 1980) p. 46.

8　P. R. S. Moorey, "Materials and Manufacture in Mesopotamia: The Evidence of Archaeology and Art, Metals and Metalwork, Glazed Materials and Glass," *British Archaeological Reports*, 237(1985): 44.

9　B. Kienast, *Die Altassyrischen Texte des Orientalischen Seminars der Universitat Heidelberg und der Sammlung Erlenmyer-Basel*, Reproduced in K. R. Veenhof, *Aspects of Old Assyrian Trade and Its Terminology*(Leiden, Holland: 1972) pp. 307~308.

10　엄밀하게 말하자면 순수한 철의 상태는 여기서 설명한 것보다 조금 더 복잡하다. 이 책의 목적상 그렇게 복잡한 내용은 다루지 않도록 하겠다.

11　A. Goetze, "Kizzuwatna and the Problem of Hittite Geography,"(New Haven, Yale University Press, 1940) pp. 29~39.

12　J. Chadwick, *The Mycenaean World*(Cambridge: Cambridge University Press, 1976), p. 141; Wertime and Muhly, *Coming of the Age of Iron*, p. 44.

13　Wertime and Muhly, *Coming of the Age of Iron*, p. 44.

14　George Herbert Palmer, trans., *The Odyssey of Homer*, bk 2(Boston: Houghton Mifflin, 1886) p. 305.

15　British Archaeological Reports, vol. 237(1985), p. 103.

16　R. Pleiner and J. K. Bjorkman, "The Assyrian Iron Age," *American Philological Society Journal*, 118(1974): 283.

17　Anita Engle, *Readings in Glass History*, vol. 1(Jerusalem: Phoenix Publications, 1973) p. 2.

18　Chloe Zernick, *Short History of Glass*(Corning, N.Y.: Corning Museum of Glass Press, 1980) p. 17.

19　Engle, *Readings in Glass History*, pp. 36~37.

20　A. L. Oppenheim, R. H. Brill, D. Baraga, and A. Von Saldern, *Glass and Glassmaking in Ancient Mesopotamia*(Corning, N.Y.: Corning Museum of Glass Press, 1988) p. 73.

21　Zernick, *Short History of Glass*, pp. 21~22.

22　N. K. Sandars, *The Epic of Gilgamesh, prologue*(New York: Penguin Classics, 1971) p. 59.

23　Vitruvius, R. H. Bogue, *Chemistry of Portland Cement*(New York: Reinholt Publishing,

1947) p. 5에서 인용.

24 Pliny the Elder, *Natural History*, R. Parkinson and S. Quirke, *Papyrus*(Austin: University of Texas Press, 1995) p. 9에서 인용.

25 C. J. Humphreys and W. G. Waddington, "Dating the Crucifixion," *Nature*, 306(1983): pp. 743~746을 볼 것.

26 Zernick, *Short History of Glass*, p. 42.

27 J. G. Thompson, Mining and Metallurgy(New York: American Institute of Mining and Metallurgical Engineers publication, May 1940).

28 Wang Chen, *Treatise on Agriculture*(Nung Shu), Joseph Needham, *Science and Civilisation*, vol. 5, pt. 1(Cambridge: Cambridge University Press, 1985), pp. 206~207에서 재인용.

29 Roger Bacon, *Thirteenth-Century Prophecies, A History of Technology*, vol. 3, ed. C. Singer, E. J. Holmyard, A. R. Hall, and T. I. Williams(Oxford: Oxford University Press, 1957) p. 719에서 인용.

30 같은 책, p. 650.

31 Lacey Baldwin Smith, *The Horizon Book of the Elizabethan World*(Boston: Houghton Mifflin, 1967) p. 22.

32 Needham, *Science and Civilisation in China*, vol. 5, p. 112.

33 같은 책, pp. 118~122.

34 같은 책, p. 167.

35 A. Y. al-Hassan and D. R. Hill, Islamic Technology(Cambridge: Cambridge University Press/Unesco, 1986) p. 112.

36 D. A. Fisher, *The Epic of Steel*(New York: Harper & Row, 1963) p. 31에서 인용.

37 *Economic History of Europe*, vol. 4, ed. E. E. Rich and C. H. Wilson(Cambridge: Cambridge University Press, 1967) p. 113에서 인용.

38 Adam Smith, *A History of Technology*, vol. 4, ed. Singer et al., p. 150에서 인용.

39 질량 보존의 법칙은 개별 원자들이 쪼개지거나 들러붙지 않는 한 유지된다. 개별 원자들이 쪼개지거나 들러붙는 현상은 물질이 파괴되어 에너지로 변하는 특수하고 극단적인 조건 아래에서 발생할 수 있다. 바로 이것이 핵무기의 기본 원리이며, 핵무기는 원자가 쪼개지느냐 아니면 융합하느냐에 따라 핵융합 폭탄과 핵분열 폭탄으로 분류된다.

40 균열이 임계 길이에 이르러야 급격하게 번져나가는 이유는 설명하기가 복잡하

다. 간단하게 말하자면, 고체는 탄성 응력을 받으면 원자 결합을 늘여놓은 형태로 에너지를 저장한다. 균열이 커지면 이 저장된 에너지의 일부가 방출되는데, 이로 인해 균열의 길이가 더 늘어날 수 있다. 균열이 늘어나는 것과 동시에 균열의 표면 면적 역시 늘어나고, 이렇게 새로 생긴 면적은 그와 관련된 추가 에너지를 갖게 된다. 그 이유는 표면부의 원자 결합은 내부에 있는 완전 결정의 원자 결합과는 (결합의 숫자와 강도가 모두) 다르기 때문이다.

균열은 균열이 성장하면서 방출되는 에너지가 새로운 두 표면을 만들 정도로 충분해지는 순간 임계 길이에 도달하는데, 그렇게 되면 균열은 급격하게 커지기 일보 직전의 상태가 된다. 이러한 설명은 유리나 세라믹처럼 취성이 있는 물질에는 잘 들어맞지만, 금속과 같이 연성이 있는 물질에는 그리 적합하지 않다. 금속의 경우 균열 끄트머리의 높은 응력이 전위의 이동에 따른 소성 변형에 의해 완화될 수 있다.

41 렌즈에는 광학축이라고 하는 대칭선이 있다. 초점 길이란 렌즈의 광학축에서부터 태양과 같은 광원에서 뻗어 나오는 광선이 모이는 지점까지의 거리를 일컫는다. 광선이 모이는 지점은 렌즈의 초점이라고 부른다. 최대 온도가 형성되는 곳은 바로 이 초점부다.

42 반응하는 분자들은 표면부의 규칙적인 원자 구조 위에서 가지런히 배열되며, 이때 표면부는 분자들의 반응 속도가 높아지도록 분자들을 가까이 끌어모으는 평판과 같은 역할을 한다.

43 Henry Bessemer, *Sir Henry Bessemer: An Autobiography*(London: n.p., 1905) p. 170.

44 Charles Goodyear, Gum Elastic and Its Variations, *With a Detailed Account of Its Applications and Use*, vol. 1(New Haven, n.p., 1855), p. 23.

45 R. Hooke, *Micrographia*(New York and London: Dover Editions, 1961) p. 7.

46 이것은 두 가지 일반적인 중합 과정 중의 하나인 첨가중합으로, 첨가중합이란 기다란 폴리머 사슬을 형성하기 위해서 단순하고 단일한 분자인 단량체를 잇달아 있는 다른 분자들에 더해주는 것이다. 일부 합성 고무는 이소프렌 단량체를 이용하는 축합 반응을 통해 생산된다.

47 이 대목과 관련해서는 한 가지 예외가 있다. 질화붕소의 강성은 다이아몬드의 약 4분의 3이다.

48 See J. W. Mayer and S. S. Lau, *Electronic Materials Science: For Integrated Circuits in Si and GaAs*(New York: Macmillan, 1990).

·

Adams, Robert, *Heartland of Cities*, Chicago: University of Chicago Press, 1981.

Agricola, G, *De Re Metallica*, Translated from the first Latin edition of 1556 by H. C. Hoover and L. H. Hoover. Reprint, London: Dover Editions, 1950.

al-Hassan, A. Y., and D. R. Hill, *Islamic Technology*, Cambridge: Cambridge University Press, 1986.

Bessemer, Henry, *Sir Henry Bessemer: An Autobiography*, London, n.p., 1905.

Bogue, R. H, *Chemistry of Portland Cement*, New York: Reinholt Publishing, 1947.

Chadwick, J, *The Mycenaean World*, Cambridge: Cambridge University Press, 1976.

Ciardelli, F., and P. Giusta, eds. *Structural Order in Polymers*, Florence, Italy: Lectures presented at the International Symposium on Macromolecules, September 1980, Oxford: Pergamon Press, 1981.

Cottrell, A., ed, *Ancient Civilizations*, London: Penguin Books, 1988.

de Jesus, P. S, "The Development of Prehistoric Mining and Metallurgy in Anatolia," *British Archaeological Reports 74*, 1980.

Engle, Anita, *Readings in Glass History*, vol. 1. Jerusalem: Phoenix Publications, 1973.

Fisher, D. A, *The Epic of Steel*, New York: Harper & Row, 1963.

Garnsey, P., and R. Saller, *The Roman Empire*, London: Duckworth Press, 1987.

Goetze, A. "Kizzuwatna and the Problem of Hittite Geography," New Haven: Yale University Press, 1940.

Goodyear, Charles, *Gum-Elastic and Its Variations, With a Detailed Account of Its Applications and Use, and the Discovery of Vulcanisation*, vol. 1. New Haven: n.p., 1855.

Gordon, J. E, *The New Science of Strong Materials*, 2d ed, Princeton, N.J.: Princeton Science Library, 1976.

Hooke, R, *Micrographia*, London: Publication of The Royal Society, 1665. Reprint, New York: Dover Editions, 1961.

Kampfer, F., and K. G. Beyer, *Glass: A World History*, New York: New York Graphic Society, 1966.

Kelleher, Bradford D. et al, *Treasures of the Holy Land*, New York: Metropolitan Museum of Art, 1986.

Kempinski, A., and S. Kosak, "Hittite Metal Inventories," *Tel Aviv*: Tel Aviv, vol. 4, 1977.

Kenyon, Kathleen, *Archaeology in the Holy Land*, New York: Praeger Press, 1966.

Lea, F. M, *The Chemistry of Cement and Concrete*, 3d ed, New York: Chemical Publishing, 1970.

Maillard, R., ed, *Diamonds*, New York: Crown Publishers, 1980.

McEwen, E., R. L. Miller, and C. A. Bergman, "Early Bow Design and Construction," *Scientific American*, June 1991.

McMillan, F. M, *The Chain Straighteners*, New York: Macmillan, 1979.

Mellaart, James, *Earliest Civilizations of the Near East*, New York: McGraw-Hill, 1965.

Mellaart, James, *Çatal Hüyük*, London: Thames & Hudson, 1967.

Moorey, P. R. S, "Materials and Manufacture in Mesopotamia: The Evidence of Archaeology and Art, Metals and Metal work, Glazed Materials and Glass," *British Archaeological Reports*, 237, 1985.

Muscarella, Oscar White, *Bronze and Iron*, New York: Metropolitan Museum of Art, 1988.

Needham, Joseph, *Science and Civilisation in China*, vol. 5. Cambridge: Cambridge University Press, 1985.

Oppenheim, A. Leo. "Mesopotamia in the Early History of Alchemy," *Revue d'Assyriologie* 60, 1966.

Oppenheim, A. L., R. H. Brill, D. Barag, and A. Von Saldern, *Glass and Glassmaking in*

Ancient Mesopotamia, Corning, N.Y.: Corning Museum of Glass Press, 1988.

Palmer, George Herbert, trans., *The Odyssey of Homer*, bks 1~12, Boston: Houghton Mifflin, 1886.

Parkinson, R., and S. Quirke, *Papyrus*, Austin: University of Texas Press, 1995.

Pleiner, R., and J. K. Bjorkman, "The Assyrian Iron Age," *American Philological Society Journal*, 118, 1974.

Postgate, J. N, *Early Mesopotamia*, London and New York: Routledge, 1994.

Postan, M. M., and E. Miller, eds, *Economic History of Europe*, vol. 2. Cambridge: Cambridge University Press, 1952, 1987.

Powell, Elias T, *The Evolution of the Money Market(1385–1915): An Historical and Analytical Study of the Rise and Development of Finances as Centralised, Coordinated Force*, London: n.p., 1915.

Price, M. J., ed, *Coins*, New York: Methuen, 1980.

Reade, J. E, *Assyrian Sculpture*, London: British Museum, 1983.

Rich, E. E., and C. H. Wilson, eds, *Economic History of Europe*, vol. 4 and 5. Cambridge: Cambridge University Press, 1967, 1977.

Saggs, H. W. F, *Everyday Life in Babylonia and Assyria*, New York: G. P. Putnam and Sons, 1965.

St. John, J., ed, *Noble Metals*, Alexandria, Va.: Time–Life Publications, 1984.

Sherratt, A, *Cambridge Encyclopedia of Archaeology*, New York: Crown Publishers, 1980.

Singer, C., E. J. Holmyard, and A. R. Hall, eds, *A History of Technology*, vol. 1 and 2. Oxford: Oxford University Press, 1979.

Slater, R, *Portraits in Silicon*, Cambridge: MIT Press, 1992. Smith, Lacey Baldwin, *The Horizon Book of the Elizabethan World*, Boston: Houghton Mifflin, 1967.

Thompson, J. G, *Mining and Metallurgy*, New York: American Institute of Mining and Metallurgical Engineers publication, May 1940.

Vandiver, P. D., O, Soffer, B. Klima, and J. Svoboda. Science 246, 1989.

Walker, C. B. F, *Reading the Past: Cuneiform*, Berkeley: University of California Press, 1987.

Wertime, T. A., and J. D. Muhly, *The Coming of the Age of Iron*, New Haven: Yale University Press, 1980.

Woolley, L., and P. R. S. Moorey, *Ur of the Chaldees*, Ithaca, N.Y.: Cornell University Press, 1982.

Yadin, Y. Bar, *Kokhba*, London: Weidenfeld and Nicolson, 1971.

Zeleny, R. O., ed, *World Book Medical Encyclopedia*, Chicago: World Book Inc., 1988.

Zernick, Chloe, *Short History of Glass*, Corning, N.Y.: Corning Museum of Glass Press, 1980.

| 찾아보기 |

·

땜납 95

문명과 물질
물질이 만든 문명, 문명이 발견한 물질

초판 1쇄 인쇄 2021년 4월 29일 초판 1쇄 발행 2021년 5월 7일

지은이 스티븐 L. 사스
옮긴이 배상규
펴낸이 이승현

지적인 독자 팀장 김남철
편집 신민희
디자인 이세호

펴낸곳 ㈜위즈덤하우스 출판등록 2000년 5월 23일 제13-1071호
주소 경기도 고양시 일산동구 정발산로 43-20 센트럴프라자 6층
전화 031)936-4000 팩스 031)903-3893 홈페이지 www.wisdomhouse.co.kr

ISBN 979-11-91583-53-3 03900

* 이 책의 전부 또는 일부 내용을 재사용하려면 반드시 사전에 저작권자와
  ㈜위즈덤하우스의 동의를 받아야 합니다.
* 인쇄·제작 및 유통상의 파본 도서는 구입하신 서점에서 바꿔드립니다.
* 책값은 뒤표지에 있습니다.